確実に速くなる

ランニングの科学

ランニングコーチ
アスレチックトレーナー
鈴木清和

池田書店

ランニングが大好きな人たちへ

『確実に速くなる ランニングの科学』を手にとっていただき、ありがとうございます。ランニングコーチ兼トレーナーの鈴木清和です。

本書を手にとった方は、間違いなくランニングが大好きなのだと思います。そんなランニングが大好きなみなさんの、今後のランニングライフがさらに充実したものになるようにという願いから、本書は生まれました。

「何で走っているの？」から「何で走らないの？」に変わるほどのランニングブームの中、ランニングに関する多くの情報や知識が広まるようになりました。情報や知識が豊富なのはよいことですが、そのためにかえって「本当は何が正しいのか？」「自分はどの情報を取り入れて走ればよいのか？」と困っている人もいるのではないでしょうか。このようなときに必要となるのは、情報や知識の交通整理です。ランナーにとって、本当に大切な情報や知識が正しく伝わってほしい――この思いは私自身の経験に由来します。

私はかつて、競技としてランニングに取り組んでいました。ランニングが大好きで、負けず嫌いのランナーでした。「とにかくがんばれば速くなるはず」と日々走っていたのですが、ある日突然、記録が伸びないばかりか、故障ばかりの日々となってしまいました。そのときはわかりませんでしたが、最大の原因は、「自分の体に合っていない走り方をしていた」からです。

走力、年齢、性別などに関係なく、ランニングで故障してしまう人はたくさんいます。「なぜ故障するのか」「どうしたら故障しないで走り続けられるようになるのか」、その答えを探し出したいと思いから、私はトレーナーとなりました。そして、横浜市スポーツ医科学センターなどで働きながら、スポーツ障害や人間の体について学び、研究を続けてきました。その後、ランニング障害専門のクリニック「スポーツマイスターズコア」を開業し、故障を抱えた多くのランナーに接してきました。また、ランニングチーム「チャレンジャーズ」ではコーチを務め、多くのランナーさんの目標達成をサポートしています。

競技者から一般の市民ランナーさんまで、本当に多くの人たちを見てきました。その中で、記録が伸びる人と伸びない人、怪我をする人としない人の傾向がわかってきました。その命運を分ける分岐点が、先述した「自分の体に合った走りができているかどうか」だったのです。

人の体は、そのしくみに合わせて適切に動かさなければ、いくら走ってもなかなかレベルアップにつながらず、ひどいときには故障してしまいます。また、人それぞれで骨格がちがいますから、自分の体に合った走り方を身に付けることが重要です。そのためにはランニングに必要な技術を習得し、筋力を強化して、身体能力を高めていく必要もあります。

そこで、本書の前半では、ランニングに必要なスポーツ解剖学・生理学・力学についてまとめ、体型別に適した走り方と、それを身に付けるための身体能力の鍛え方を紹介しています。後半では、効率よく走力を高めていくためのトレーニング方法や栄養素の基礎知識、休養のとり方、故障したときの対処法、レース対策についてまとめています。

本書の内容は、私が学んだ科学的な情報・知識と、現場の経験によって培ってきたノウハウがミックスされて出来上がったものです。

自分の体のことを理解して走ることができれば故障しないばかりか、より速く長く走るのにもつながります。その走り方を身に付けたランナーは、よいトレーニングを積み重ねることができるので、さらに速く走れるようになっていくでしょう。

本書は、ランニングを始めたばかりの人はもちろん、何年も走り続けてきたランナーにとっても、新しい発見があるにちがいありません。気になるものから実際に試してみて、自分に合うかどうか、気持ちよく走れるかどうかを体で感じてみてください。

「なぜ走るのか」は、人それぞれです。しかし、私の願いはただ1つ、「ワクワクしてほしい」の一言に尽きます。本書の内容をヒントにして、今まで感じたこともないような心地よい走りができて、ますますランニングが大好きになることを願っています。

鈴木 清和

確実に速くなる　ランニングの科学　もくじ

PART 1 強いランナーを目指そう!

ランニングの強さは何で決まるのか? …… 10
ロスの少ない走りってどういうこと? …… 12
体力と走るペースはどう決まるの? …… 14
誰でもフルマラソンを完走できるの? …… 16
ランニングには故障がつきものなの? …… 18
Running Column 1 体を柔軟にするだけのストレッチは必要ない …… 20

PART 2 ランニングを科学する

Section 1 ランニング解剖学

ランニング動作のメカニズムを知ろう …… 22
ランナーが知っておくべき5大筋肉! …… 26
理想のフォームって何だろう? …… 28
ランニングは関節の動きで決まる …… 30
脚を速く動かすには反射を活かす …… 32
なぜ長距離ランナーの体は細いのか …… 34
どんな筋肉の使い方をするといいの? …… 36
ランニングにおける運動連鎖って何? …… 38
【カラー資料】筋肉図・骨格図 …… 40

Section 2 ランニング生理学

長い距離を速く走り続けるためには? …… 42
マラソンに使われるエネルギーとは? …… 44
心肺機能はどう成長していくのか? …… 46
ロスを少なくする呼吸法を考える …… 48
どうして脚が動かなくなるの? …… 50
水分はどう使われて、失われるの? …… 52

Section 3 ランニング力学

着地時のブレーキを減らすには? …… 54
省エネランニングでブレーキを減らせ …… 56
運動連鎖を生むにはどうしたらいい? …… 58
坂道を少しでも楽に走るには? …… 60

Running Column 2
脳は想像以上にたくさんの
エネルギーを消費している……62

PART 3
自分に最適なフォームを見つける

ランニングフォームの正解は？……64
自分の体に合った走法を見つけよう……66
ツイスト走法のフォームとポイント……68
これがツイスト走法だ！……70
スイング走法のフォームとポイント……72
これがスイング走法だ！……74
ピストン走法のフォームとポイント……76
これがピストン走法だ！……78
男女の骨格のちがいを考えてみよう……80

Running Column 3
写真や動画を撮って
トレーニング日誌をつけよう……82

PART 4
悩み別！ 理想の走り方を身に付ける方法

理想のフォームを習得するために……84
猫背を直したい ➡ 広背筋を鍛える……86
O脚を直したい ➡ 大腿二頭筋長頭を鍛える……88
X脚を直したい ➡ 半膜様筋と大腿二頭筋を整える……90
出っ尻を直したい ➡ 僧帽筋を鍛える……92
脚が流れてしまう ➡ 大腿直筋を鍛える……94
アゴが前に出てしまう ➡ 中臀筋を鍛える……96
腰が落ちてしまう ➡ 大臀筋を鍛える……98
手に力が入りすぎてしまう ➡ 大胸筋を鍛える……100
着地の足音がうるさい ➡ 大臀筋を鍛える……102
ストライドを伸ばしたい ➡ 半腱様筋と半膜様筋を鍛える……104

Running Column 4
力を抜くためには
拮抗筋を使う……106

PART 5
効率よく走力を高めるためのトレーニング

どうすれば走力は成長するの？ …… 108
トレーニング効果を高めるためには？ …… 110
トレーニング計画はどう立てるの？ …… 112
基本的なトレーニングのプログラム方法 …… 114
半年後にレースに出る場合のプログラム例 …… 115
トレーニング① スキップ［技術習得＋体づくり］ …… 116
トレーニング② LST［スタミナ］ …… 118
トレーニング③ インターバル走［スピード］ …… 120
トレーニング④ ペース走［スタミナ＋スピード］ …… 122
トレーニング⑤ ビルドアップ走［スタミナ＋スピード］ …… 124
トレーニング⑥ 坂道走［パワー＋瞬発力］ …… 126
Running Column 5 ホメオスタシスを利用して体を変化させる …… 128

PART 6
走力をさらに上げるランニングの科学

体を運動モードに切り替える …… 130
ウォームアップとクールダウンの流れ …… 132
ドリル① ニーアップ …… 133
ドリル② チアリーダー …… 134
ドリル③ 手旗 …… 135
ランナーが知るべき栄養素の基礎知識 …… 136
ビタミンとタイミングで補給を制す …… 138
補給を効率化！ 消化・吸収のしくみ …… 140
疲労度を知って効率的にケアをする …… 142
体のケアの仕方を工夫して疲労回復を早める …… 144
ランナーの疲れは積極的休養で解消!! …… 146
強いメンタルを手に入れるには？ …… 148
Running Column 6 交感神経と副交感神経でオンとオフを切り替える …… 152

PART 7 どんなに走っても故障しない走り方を身に付ける

故障のメカニズムを知ろう …… 154
故障① ヒザの外側が痛む（テンション型） …… 156
故障② ヒザの外側が痛む（まさつ型） …… 158
故障③ ヒザの下側が痛む …… 160
故障④ ヒザの内側が痛む …… 162
故障⑤ 腰が痛む …… 164
故障⑥ 足の裏が痛む …… 166
故障⑦ ふくらはぎが痛む …… 168
故障⑧ アキレス腱が痛む …… 170
故障⑨ スネが痛む …… 172
故障⑩ 脚の力が抜けてしまう（カックン症） …… 174
故障⑪ ツメが黒くなる …… 176
Running Column 7 レース前の「生もの」は本当にいけないのか？ …… 178

PART 8 レース本番で最高のパフォーマンスを発揮するために

レースを攻略するには？ …… 180
強い向かい風のときは人のナナメ後ろを走る …… 182
エネルギーに変わる早さを考えて食事をとる …… 182
ウエアは季節とペースで調整する …… 183
レース前日からレースまでの過ごし方 …… 184
ピークをレースに合わせるには？ …… 186
マラソン振り返りノートをつける …… 188
付録 マラソン振り返りノート …… 190

PART 1

強いランナーを目指そう!

強いランナーの条件とは、「何kmでも走れること」でもなければ、「すごく速いペースで走れること」でもありません。「本番で自分の実力をきちんと発揮できること」「故障せずに走り続けられること」の2つです。つまり、マラソンの記録とは関係なく、誰もが強いランナーになることができるのです。

ランニングの強さは何で決まるのか？

ランニングにおける新しい心・技・体の概念

レースでしっかりと実力を発揮できること、故障せずに走り続けられること、これらができる人は強いランナーといえます。では、**〝ランニングの強さ〟とは、何で決まるのでしょうか。答えは心・技・体の3つ。**これらが3階建てのビルのような関係になっているのが理想です。

ここでいう**「心」とは、根性とか平常心といった精神論ではなく、どれだけランニングを理解しているかということです。**「走りという運動を理解している」「自分の体を理解している」「どうすれば人の体は成長するのかを知っている」といったことが「心」なのです。そうした「心」が基礎となって、その上に、走るための技術である「技」と、走るための体力である「体」が乗ります。

「ランニングといえば、まずは体力づくりから」と考える人は、少なくないように思います。しかし、**筋力や心肺機能がいくら強くなっても、無駄なくそれらの力を発揮する方法、つまり技術を知らなければ、強いランニングをする**

心・技・体は3階建てのビル

心・技・体は、下図のような3階建てのビルとなることが理想。「心」という土台が大きいほど、上に大きな「技」と「体」を乗せることができる。つまり、「心」の大きさで、どれだけ成長できるかが決まる。

体 各ランナーが持つ体力や適正ペースなど、身体的な能力がどれくらいあるかということ。 ← 「体」の能力が高いほど、より長い距離をより速く走れる力を持っていることになる。

技 どれだけロスの少ない体の動かし方ができているか、つまりランニングフォームのこと。 ← 「技」の能力が高いほど、効率よく「体」の力を発揮することができる。

心 **ランニングや自分の体をどれだけ理解しているかということ。** ← 成長するためには、どうすればいいかを理解する「心」によって、新たな「技」を習得でき、さらにそれに必要な「体」を上積みできるようになる。

ことはできません。だから、「技」が2番目で、「体」が3番目なのです。

「心」がすべての土台となる

土台となる「心」の能力が低いランナーは、伸び悩むことが少なくありません。

ランニングを始めたばかりの頃は、走れる距離がみるみる増えて、誰でも成長を実感することができます。しかし、そこからさらに伸びていくためには、同じことを繰り返しているだけではいけません。

大会などでよい結果を残したときほど注意が必要です。なぜなら、最高の成功体験を味わったときほど、**成功したときのやり方にこだわり、いつまでも同じ練習を繰り返してしまいやすい**からです。

もちろん、成功したよろこびを味わうことは大切です。ただし、そこからさらに成長するためには、新たな可能性を探る必要があります。そのように考えて、さらにレベルアップしたトレーニングにチャレンジできるかどうか、それを左右するのが「心」の能力の高さなのです。

心のあり方次第でその後の成長は大きく変わる

うまくいったときのトレーニングに固執するか、さらなる成長を求めて新しいトレーニングを行うか、どちらを選ぶかでそのあとの成長は大きく変わる。その成長力を大きく左右するのが、「心」の能力の高さだ。

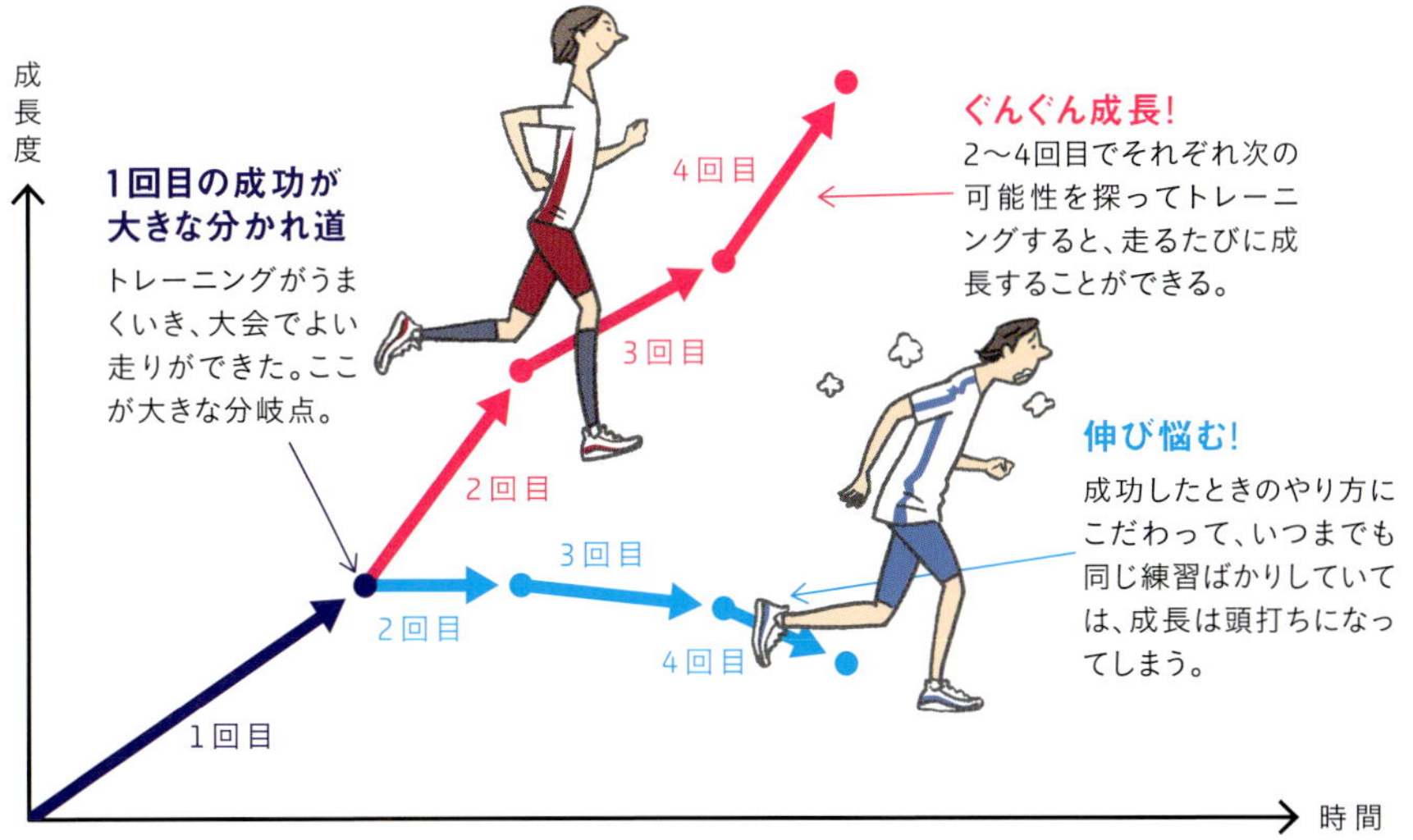

成長度
時間
1回目
1回目の成功が大きな分かれ道
トレーニングがうまくいき、大会でよい走りができた。ここが大きな分岐点。
2回目
3回目
4回目
ぐんぐん成長!
2〜4回目でそれぞれ次の可能性を探ってトレーニングすると、走るたびに成長することができる。
2回目
3回目
4回目
伸び悩む!
成功したときのやり方にこだわって、いつまでも同じ練習ばかりしていては、成長は頭打ちになってしまう。

ロスの少ない走りってどういうこと？

自分の体に合った回転運動を起こす

現在、ランニングエコノミーという言葉がよく使われています。いかに発揮された力を無駄なく推進力に変えるか、つまりどれだけロスの少ない走り方をするかということです。

走るときに、脚は回転運動を起こしています。**ロスの少ない走り方をするためには、脚の回転運動がなめらかになっていることが大切です。**

なめらかな回転運動を生み出すポイントは、自分の骨格に合った脚運びをすることです。このとき、脚の回転が小さければ、小さなタイヤと同じで、スピードは出にくくなります。大きい車輪ほど速いスピードを出せるのですが、自分の骨格に合わない大きな回転で走ろうとすると、なめらかな回転が失われてしまいます。

つまり、**自分の骨格に合わせて脚をスムーズに回転させることが重要であり、これが「心・技・体」のうち、「技」に当てはまります。**

理想のフォームは4つの能力のバランスで決まる

理想のランニングフォームは、**①関節可動域、②筋力指標、③筋肉の収縮スピード、④運動連鎖**のバランスで決まります。

①関節可動域：ランニングで行う動き以上に広い可動域は必要ありません。関節が柔軟すぎると、ふんばりたいところでふんばることができず、ロスが生じてしまいます。

②筋力指標：ランニングに必要な可動域の範囲の中で、どれだけの力を発揮できるかが重要になります。

③筋肉の収縮スピード：脚の回転速度は、筋肉の収縮スピードに左右されます。筋肉を構成する筋線維には速筋《そっきん》線維と遅筋《ちきん》線維があり、速筋線維が多いほど、速い運動ができるようになります。

④運動連鎖：運動連鎖とは、体の各部が連動して大きな運動エネルギーを生み出すしくみのことです（→38ページ）。全身がうまく連動して力を発揮することで、なめらかな脚の回転を生み出せます。

ロスの少なさは脚の回転によって決まる

走りのロスを少なくするためには、なめらかな脚の回転を生み出す必要がある。そのためには、自分の骨格に合ったランニングフォーム（技術）の習得が欠かせない。

○ 自分の骨格に合った脚の回転が起きている

脚がなめらかな回転を起こしていることで、体がぐんぐん前に進む。

× 自分の骨格に合わない大きな脚運びになっている

脚の回転がギクシャクしている。脚運びが小さすぎる場合も、同じことが起こる。

回転のなめらかさは技で決まる！

技（フォーム）

ROM《レンジ・オブ・モーション》
関節可動域

どれだけ関節を広く動かせるか。ランニングに必要なだけの可動域があればOK。

Chain《チェーン》
運動連鎖

体の各部をどれだけ連動させられるか。全身が連動するほど、楽に大きな力を発揮できるようになる。

MMT《マニュアル・マッスル・テスト》
筋力指標

ランニングに必要な関節可動域（ROM）の中で、どれだけ強い力を発揮できるかが大事。

Speed《スピード》
筋肉の収縮スピード

どれだけ素早く体を動かせるか。速筋線維の割合が多いほど、速い運動が可能になる。

体力と走るペースはどう決まるの？

酸素を体内に取り込む能力VO_2maxが大きく影響する

「体」に含まれるのは、「体力」と「ペース」です。つまり、「体」の能力が高いほど、長い距離を、より速く走ることができます。「体」の能力を示すものとして、**VO_2max（最大酸素摂取量）**と**ＡＴ（無酸素性代謝閾値《たいしゃいきち》）**の２つがあります。

VO_2max（最大酸素摂取量）は、限界までがんばったときに、体にどれだけたくさんの酸素を取り込むことができるかを表すものです。具体的には体重１kgあたり、１分間に、何mℓの酸素を摂取できるかで示されます。この値が大きい人ほど、一定時間内にたくさんのエネルギーをつくり出せるため、「体力が高い」といえます。

VO_2maxを高めるには、現在の自分の限界を超えてからどれだけ走れるかというトレーニングが必要になります。距離が長すぎるとペースを維持して走るのが難しいので、短めの距離を繰り返すインターバル走（→１２０ページ）が最適です。

血液中の乳酸の増え方（ＡＴ）で維持できるペースが決まる

強度の高い運動をしていると、筋肉で**乳酸**という物質が生まれます。その乳酸が一定以上たまると、筋肉の収縮に支障をきたし、思うように体を動かせなくなります。

走る速度と血液中の乳酸値の関係を調べると、ゆっくり走っているときは乳酸値が低く保たれているのですが、ある速度以上になると、急に高くなります。**乳酸値が急に上がり始める速度を、ＡＴ（無酸素性代謝閾値）**と呼びます。ＡＴを超える速度で走ると乳酸値がどんどん高くなり、いずれそのペースを維持できなくなるのです。

トレーニングによってＡＴの値が向上すると、以前はＡＴを超えていたペースで走っても、乳酸値が上がらないようになります。より速いペースを維持して、走り続けられるようになるわけです。つまり、**ＡＴの値が高いほど、長い距離を走れるペースが向上する**ことになります。

ＡＴを高めるには、ＡＴペースで走るペース走（→１２２ページ）が効果的です。

「体」は酸素の最大摂取量とATで決まる

ランナーの「体」の指標は、VO_2max（最大酸素摂取量）とＡＴ（無酸素性代謝閾値）の2つ。それぞれの能力を高めることで、長い距離をより速く走れるようになる。

1分間でいかに多くの酸素を体内に取り込めるか

$$VO_2max = \frac{\frac{\text{mℓ（酸素量）}}{\text{1kg重}}}{\text{1分間}}$$

体重1kgあたり、1分間に何mℓの酸素を取り込めるか。それによってエネルギーを生み出せる量が変わる。トップレベルのランナーが80（mℓ/kg/分）前後、30代成人男性の平均が31〜39（mℓ/kg/分）前後と言われている。

VO_2max（最大酸素摂取量） **体** **AT**（無酸素性代謝閾値）

いかに乳酸が体にたまらないペースで走れるか

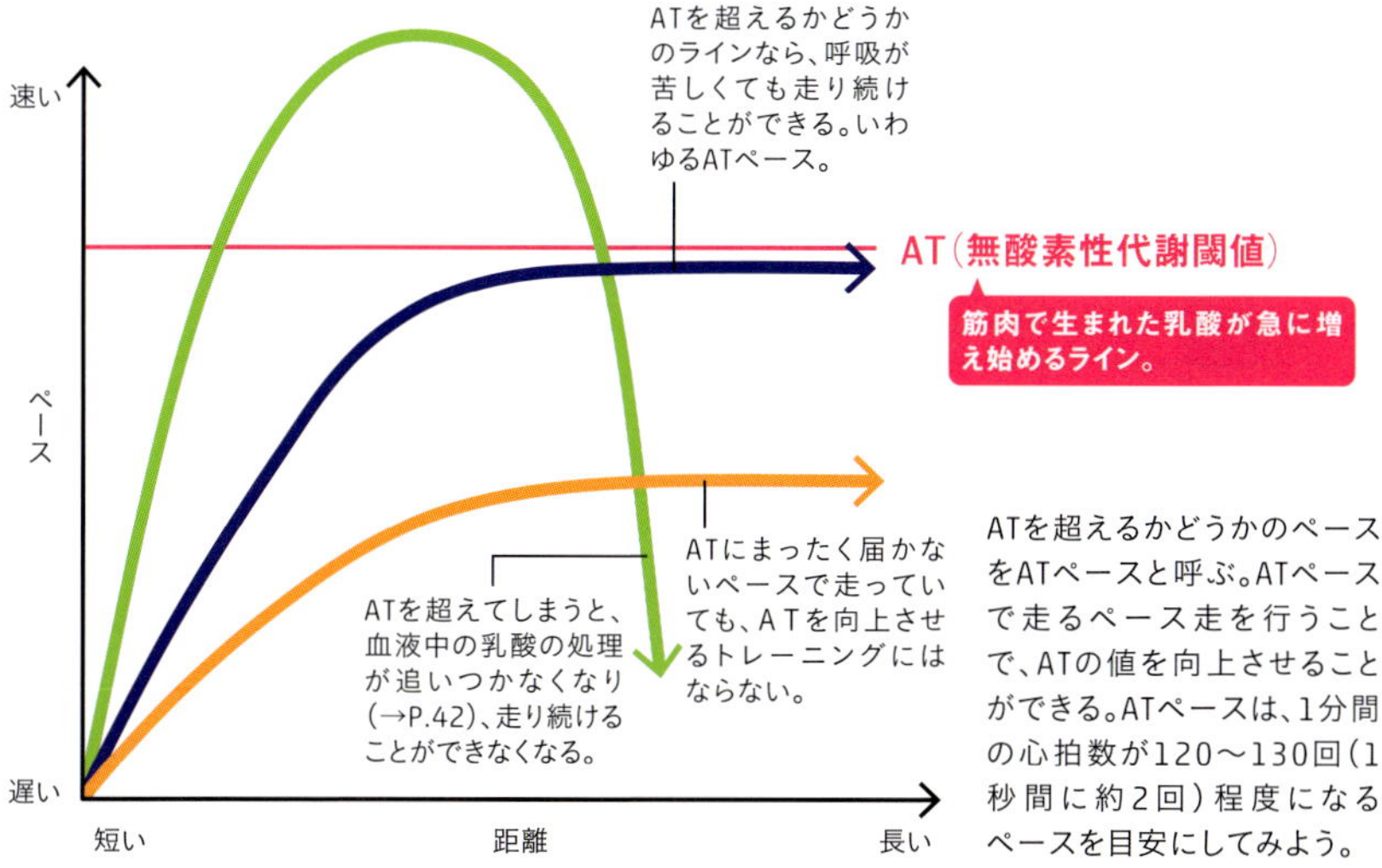

速い
ペース
遅い
短い
距離
長い
ATを超えるかどうかのラインなら、呼吸が苦しくても走り続けることができる。いわゆるATペース。
AT（無酸素性代謝閾値）
筋肉で生まれた乳酸が急に増え始めるライン。
ATを超えてしまうと、血液中の乳酸の処理が追いつかなくなり（→P.42）、走り続けることができなくなる。
ATにまったく届かないペースで走っていても、ATを向上させるトレーニングにはならない。

ATを超えるかどうかのペースをATペースと呼ぶ。ATペースで走るペース走を行うことで、ATの値を向上させることができる。ATペースは、1分間の心拍数が120〜130回（1秒間に約2回）程度になるペースを目安にしてみよう。

誰でもフルマラソンを完走できるの？

ほとんどのランナーが大きな可能性を残している

まだフルマラソンを完走したことがない人にとって、42kmという距離はあまりにも長く感じられるかもしれません。しかし、**ほとんどのランナーがフルマラソンを完走できる**と考えていいでしょう。

多くのランナーにとって、現在の走力は、その人が持っているポテンシャルの一部が表れているにすぎません。なかなか実感できないかもしれませんが、みなさんの中にはまだまだ大きな可能性が眠っているのです。

下図のような、回っているコマをイメージしてみてください。コマの大きさが現在の走力を示し、透明になっている部分がポテンシャル（可能性）を表しています。このように、人それぞれに成長する可能性が残されています。**トレーニングとは、いわばその人の可能性の限界に最大限、近づいていくことなのです。**私は可能性の限界に近づくために、努力や工夫する力を「才能」と呼んでいます。「才能」は誰にでもあるものなのです。

自分の可能性を最大化する

ランナーの走力は、「スタミナ」「スピード」「パワー」で構成されるコマの大きさで示すことができる。まだ見ぬ可能性の限界を探るために、自分のコマを少しでも大きくしていこう。

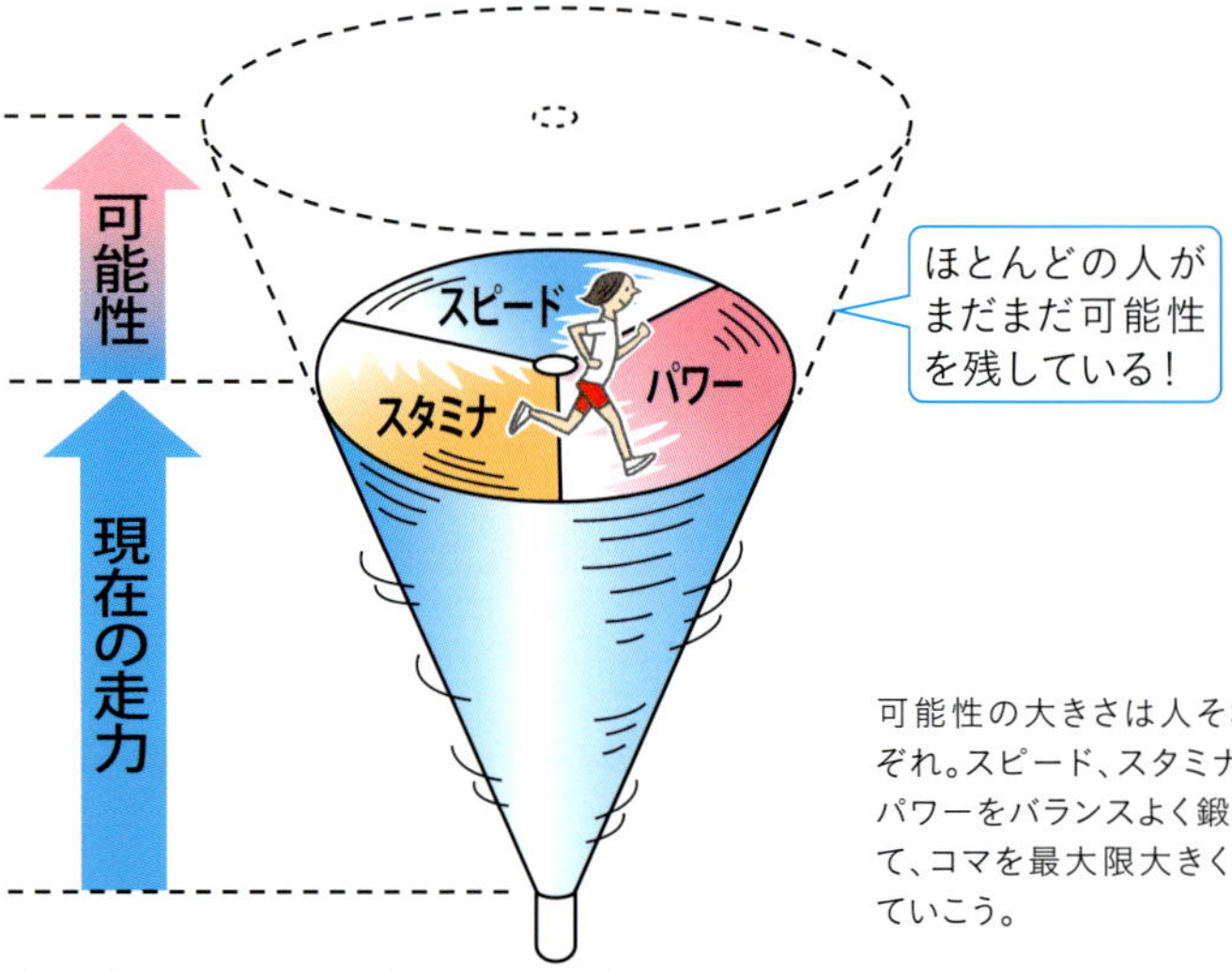

可能性の大きさは人それぞれ。スピード、スタミナ、パワーをバランスよく鍛えて、コマを最大限大きくしていこう。

スタミナだけではない パワーとスピードも大事

走力が高い人ほどコマのサイズが大きく、回転もきれいです。そのような状態を目指すためには、ランニングに必要となるスタミナ、スピード、パワーの3つをバランスよく鍛えていく必要があります。

どれかの能力だけ突出して鍛えても、バランスをくずすことになり、スムーズに回転するコマはつくれません。トレーニングしたことを無駄にしないためには、バランスよくトレーニングを行うことが大切なのです。

フルマラソンには、スタミナだけ強化すれば十分という考え方もあるでしょうが、それでは無意味なトレーニングを重ねてしまう可能性があります。

たとえば、スタミナトレーニングだけを行って、何時間でも走り続けられる体力が養われたとしましょう。しかし、スピードが足りなければ、ゴールしても体力にはまだ余裕はあるのに、それほど記録が伸びない、ということになる可能性があります。

バランスよくトレーニングして、自分の走力を最大化できるようにしましょう。

LEVEL UP《レベルアップ》

「効果」と「効率」を考えて トレーニングしてみよう

「効果」と「効率」、似た言葉ですが、それぞれにきちんとした意味があります。

まず、効果とは、一定の時間・労力の中で、どれだけ成果を得たかということです。一方、効率とは、いかに短い時間、少ない労力で目標を達成するかということです。

たとえば、「マラソンの自己記録を更新する」という目標を立ててトレーニングに臨むとします。これまでと同じ負荷のメニューをこなしているだけでは、なかなか目標を達成できないでしょう。「距離を増やす」「ペースを速くする」など、トレーニングのレベルを上げて、目標を達成できるだけの走力を身に付ける必要があります。そうして自分を成長させることができたら、それは「効果的なトレーニングだった」ということになります。そして、その効果を得るのに1年かかるよりは、半年で済んだほうが、「効率がよいトレーニング」だったということになります。

トレーニングに使える時間は限られています。「どれだけ大きく成長するか」だけでなく、「どれだけ早く成長するか」という意識も持って、練習していきましょう。

ランニングには故障がつきものなの？

故障しているときには痛みの出ない走りを探す

ランニングを続けていれば必ず故障する、などということはありません。**故障するのは、走り方のどこかに問題があるからです。**

走る動作は、運動連鎖（→38ページ）が起こることによって行われています。運動連鎖のことをキネティック・チェーンとも呼びますが、**故障とはチェーンのどこかに過度なストレスが加わり、切れてしまった状態と考えられます。**

故障しているときは、その原因を突き止めるチャンスでもあります。なぜなら、故障しているときは、痛みを感じる体のセンサーがいつもより敏感になっているからです。無理のある走り方をすれば、すぐにセンサーが反応します。故障しているときこそ、いろいろな走りを試して、どうしたら痛みを感じずに走れるかを探ってみましょう。

そうして特定の部分に加わっていたストレスをなくし、体にやさしい走り方を身につけていけば、故障のリスクは限りなくゼロに近づけられるようになります。

故障は運動連鎖のどこかに無理があった証拠

運動連鎖とは足首、ヒザ、股関節、腰、肩、ヒジ、手首の各部の筋肉が順番に連動することで体を速く動かしたり、大きな力を生み出したりするもの。故障は、このうちのどこかの部位に過剰な負荷がかかって起こる。

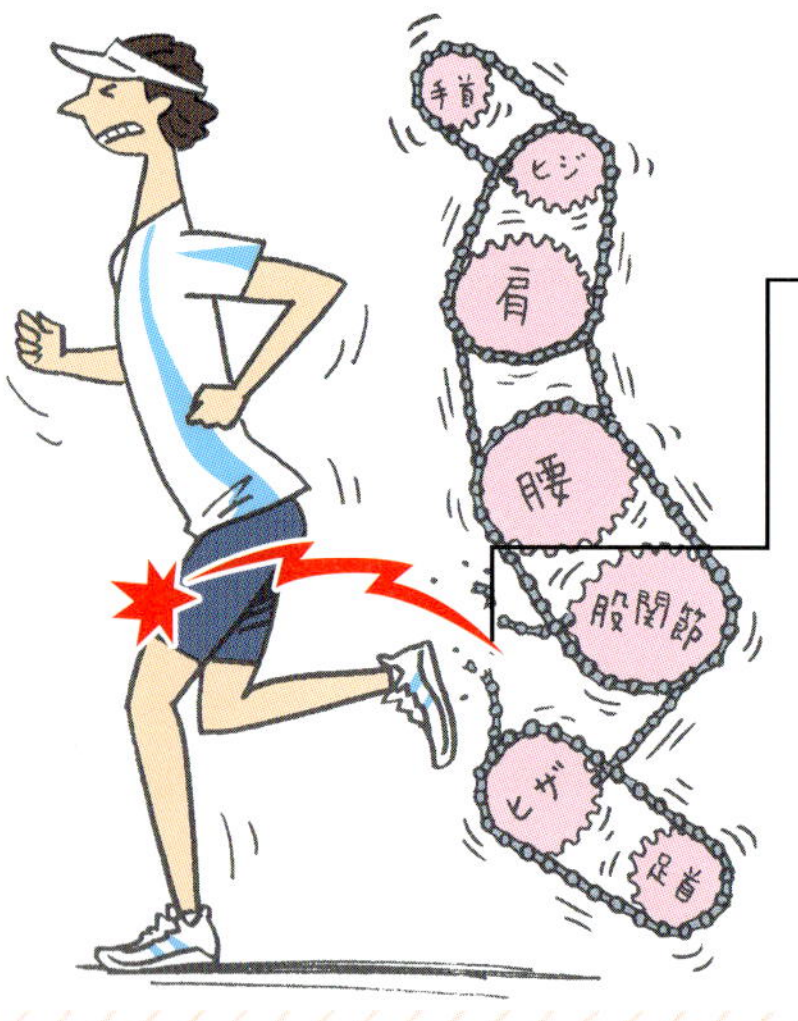

股関節とヒザをつなぐ筋肉で運動連鎖が止まっている

↓

運動連鎖が止まった部分に無理が生まれてストレスがかかる

↓

ストレスがかかり続けることで、運動連鎖のチェーンが切れる!

↓

故障する

故障しやすい人には共通点がある

走るたびに体のどこかに痛みを感じ、故障を起こしてしまう人がいる。そのような人には、下の4つのような共通点がある。

1 力みがある

体のどこかに力みがあると、そこで運動連鎖が止まる。連鎖が止まれば、その箇所に過剰なストレスがかかり、故障を引き起こす。

主な原因 足の指に力が入っていることなどが原因。ふくらはぎなどの故障（→P.168）を引き起こす。爪が黒くなることもある（→P.176）。

2 衝撃がある

着地のたびに、地面をたたくように足を着いていると、その衝撃が脚から腰と伝わって故障の原因となる。

主な原因 脚を上から下へ、強く振り下ろして走っていることなどが原因。シンスプリント（→P.172）などの故障につながる。

3 スリップがある

地面を蹴るときに力が入りすぎていると、足が路面から離れるときにすべるような動きになり、ヒザなどに負担がかかって故障しやすくなる。

主な原因 路面をしっかり押して走ることができていないことなどが原因。腸脛靱帯炎（→P.158）などになりやすい。

4 足音が大きい

足音の大きさ＝ブレーキの大きさ。1歩ごとに大きなブレーキがかかっているので、その分、脚への負担も大きくなる。

主な原因 足裏で地面をはたくように着地していることが原因。腸脛靱帯炎（→P.156）などを故障しやすくなる。

1 体を柔軟にするだけのストレッチは必要ない

トレーニングやレースの前に、ストレッチを行っている人は多いでしょう。大会の会場では、これからレースに出場する多くのランナーが、熱心にストレッチを行っている姿を目にします。

ストレッチを行えば、筋肉や腱が伸びて関節可動域が広がります。しかし、それによって、もっと速く走れるようになったり、もっと長く走れるようになったり、レース成績が向上したりすることはないでしょう。理由は、**ストレッチを行っているときの関節の角度**にあります。

たとえば、太ももの前側にある大腿《だいたい》四《し》頭筋《とうきん》を伸ばすストレッチでは、床に座って片ヒザを深く曲げ、上体を後ろに倒します。大腿四頭筋がストレッチされますが、ランニング中にこんなに大腿四頭筋が引き伸ばされることはありません。

太ももの後ろ側にあるハムストリングを伸ばすには、脚を伸ばして上体を深く前に倒します。やはり、ランニング中にハムストリングがこんなに引き伸ばされることはありません。

ランニング時に起こらない動きができるようになっても、ランニングの走力アップにはつながりません。それどころか、過度なストレッチで関節可動域が広がりすぎることで、走力ダウンにつながる可能性すらあります。ランニングに合ったROM（→13ページ）で力を発揮したいのに、その角度で力を受け止められなくなってしまうことがあります。関節がゆるんでしまった状態です。

133〜135ページでは、ランニングのウォームアップに最適な3つのドリルを紹介しています。ランニング動作の範囲内で、必要な筋肉にスイッチを入れるためのものなので、ぜひ実践してみてください。

PART 2

ランニングを科学する

「強いランナー」を目指すため、まずはランニングと体のしくみの関係を理解しましょう。そのために、「ランニング解剖学」と「ランニング力学」でどのように体を動かすのがよいのかを知り、「ランニング生理学」で人間の体はどのように変化するのかを学んでください。そうすることで、ランニングのレベルは確実に上がっていきます。

ランニング動作のメカニズムを知ろう

ランニング動作は6つのフェーズに分けられる

ランニングの動きは流れるような連続動作なので、1つの動作を意識するのはなかなか難しいかもしれません。しかし、野球の投球やサッカーのキックなどと同じように、いくつかのフェーズに分けて捉えることができます。

そこで、具体的にランニング動作を6つのフェーズに分けて考えてみましょう。**①イニシャルコンタクト、②プル、③ボトムデスセンター、④プッシュ、⑤ディスエンゲイジメント、⑥フライ（リカバリー）**の6つです。

体の前側と後ろ側の筋肉を切り替えて使い分ける

①**イニシャルコンタクト**は、足が路面に接地する瞬間。脚を振り戻しながら接地するのがポイントになります。

②**プル**は、接地した脚を引き戻すようにして路面をかくことで、推進力を生み出すフェーズです。

③**ボトムデスセンター**は、プルからプッシュへと切り替わるポイント。プルでは主に体の前側の筋肉を使い、プッシュでは主に体の後ろ側の筋肉を使うのですが、それが切り替わるニュートラルなポジションといえます。

④**プッシュ**は、体の後ろ側で路面を押して体を前へと進めるフェーズです。とくにヒザ関節を伸ばすことで強い推進力を得て、体を空中に跳ばします。

⑤**ディスエンゲイジメント**は、足が路面から離れる瞬間です。足は路面に触れているだけで、路面を押してはいません。

⑥**フライ（リカバリー）**は、路面を離れた足が前方に振り出されて、ふたたび接地するまでのフェーズです。体の後ろから脚を巻き込むように前へと振り出し、そこから少し振り戻されたところでイニシャルコンタクトへとつなげていきます。

③ボトムデスセンターを境に、体の前後を使い分けるイメージで走れるようになると、なめらかに足を回転させられるようになります。

ランニング動作を6フェーズに分けて捉えよう

①イニシャルコンタクトで接地した足が⑤ディスエンゲイジメントで路面を離れ、⑥フライ(リカバー)を経てふたたび接地する。ランニング動作は、この回転の繰り返しとなる。

※左脚の動きを見た場合。

1

イニシャルコンタクト

足が路面に接地する瞬間。前に振り出された足が、少し振り戻されたタイミングで着地することで、なめらかにプルにつなげることができる。

2

プル

体の前側で路面をつかんで、脚を体側へ引き戻す段階。足で路面をたたくのではなく、かくようにして進むイメージが大事。

3

ボトムデスセンター

プルからプッシュへ切り替わるポイント。このとき、体の重心は接地している足より少し前方向にあるのが理想。

4

プッシュ

体の後ろ側で、脚で路面を押して前へと進む段階。路面を蹴るのではなく、押すことで無理なく前へ進むことができる。

5

ディスエンゲイジメント

路面から足が離れる瞬間。この瞬間まで路面を押そうとすると、体の後ろで脚が伸びきってしまい、脚を前に振り出すまでにロスが生じる。

6

フライ(リカバリー)

足が路面から完全に離れている状態。脚を巻き込むように前へと振り出し、イニシャルコンタクトにつなげる。

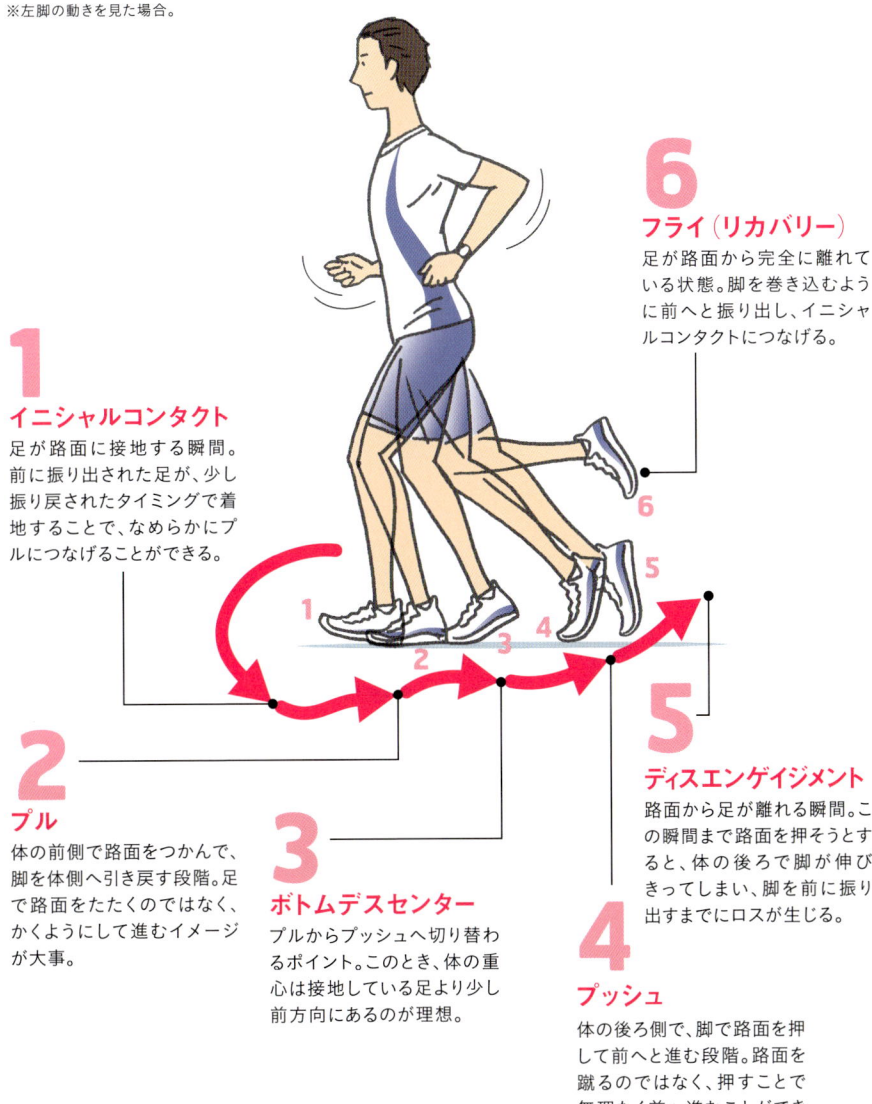

フェーズごとの動きをチェックしよう

とくに大きな推進力を生み出すのは、②プルと④プッシュ。その2つをつなげるほかの4つのフェーズを含めて、脚の回転がなめらかになるようにしたい。

3

ボトムデスセンター

重心の真下に脚があり、体がもっとも深く沈み込む瞬間。推進力を妨げないように、全身はリラックスさせる。

2

プル

効率よく体重移動するために、ヒザ下が地面に対して垂直になっている状態で接地し、そこから股関節の力で地面をたぐり寄せるように動かす。

1

イニシャルコンタクト

前に振り出された脚を、少し後ろに引き戻しながら接地。ヒザ下の力が抜けていることで着地時のブレーキが少なくなる。

右脚のイニシャルコンタクトにつながっていく

6

フライ（リカバリー）

足が空中にあって、路面に接していない状態。脚は無理に引き寄せるのではなく、自然に前へと振り出す。

5

ディスエンゲイジメント

足が路面から離れる瞬間。生み出した推進力を減速させないため、地面と足が接地しているものの、地面を押そうとはしない。

4

プッシュ

路面を押して、前への推進力を得る。ボトムデスセンターでためた、太もも前側とふくらはぎの筋肉の力を開放する瞬間。

ランナーが知っておくべき5大筋肉！

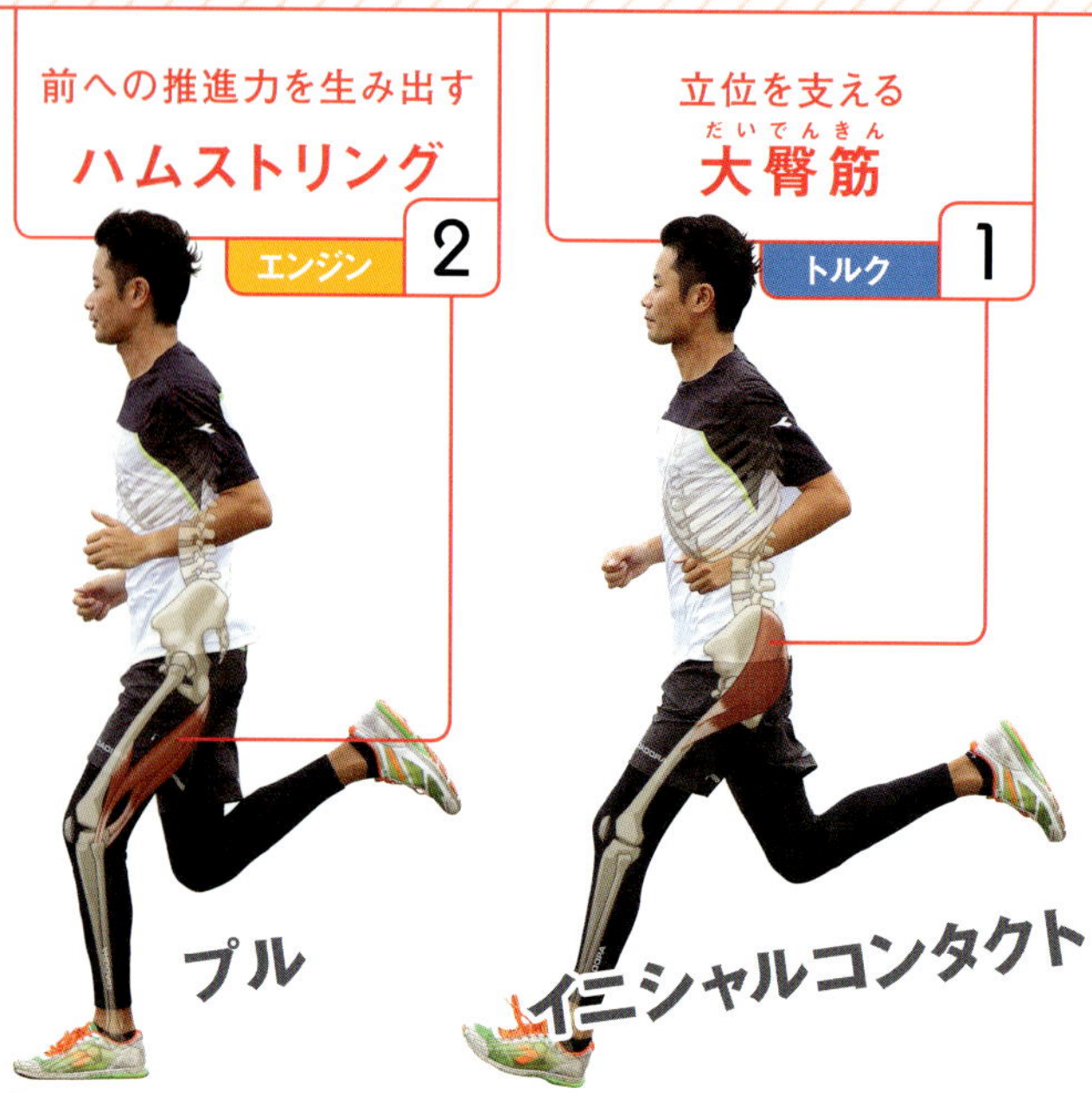

前への推進力を生み出す
ハムストリング
エンジン
2
立位を支える
大臀筋《だいでんきん》
トルク
1
プル
イニシャルコンタクト

股関節とヒザをつなぐ筋肉で、ダイナミックな動きに適している。ランニングでは、プルで地面をかくときにはたらかせる。

骨盤から大腿骨へと付着部が大きいので、負荷がかかっても耐えられる強さがある。もっとも負荷がかかる着地時に使いたい。

フェーズによって使われるべき筋肉が変わっていく

走るときには全身の多くの筋肉がはたらきますが、その中でもとくに大切なはたらきをしているのが、次に挙げる5つの筋肉です。

①**大臀筋**《だいでんきん》は、骨盤と大腿骨《だいたいこつ》（太ももの骨）をつなぐお尻の筋肉です。股関節が曲がらないように支えることで、立つ姿勢を保ちます。ランニングをしているときには、着地時に大きな力が加わりますが、大臀筋にはその力に耐えられる強さがあります。

太ももの裏側にある②**ハムストリング**は、前に振り出された脚を後ろに引き戻すはたらきをします。このはたらきによって力強い「プル」が生み出されるのです。

太ももの前面外側にある③**外側広筋**《がいそくこうきん》（大腿四頭筋《だいたいしとうきん》の1つ）は、着地後にいったん引き伸ばされますが、そのあと、一気に収縮してヒザを伸展させます。このときに路面を強く「プッシュ」するのです。

ふくらはぎの④**腓腹筋**《ひふくきん》は、プッシュの最後の局面で使わ

一瞬のパワーをため込む

外側広筋《がいそくこうきん》

エンジン 3

最後の一押しをする

腓腹筋《ひふくきん》

トルク 4

抜けた足を前に運ぶ

大腿筋膜張筋《だいたいきんまくちょうきん》

トルク 5

もっとも大きなパワーを発揮する筋肉。ボトムデスセンターにきた瞬間、外側広筋が収縮することで、力強いプッシュができる。

ふくらはぎの上部にある筋肉。プッシュする瞬間にはたらかせて、スナップを効かせることでスムーズに路面から足を抜くことができる。

脚の付け根にある筋肉。後ろに振られた脚を前に持ってくるだけの役割。自然な脚運びを意識すると、力まずに使える。

れます。足首のスナップを効かせて路面を押し出すのです。

脚の付け根の前側にある⑤大腿筋膜張筋《だいたいきんまくちょうきん》は、脚が後ろに振られたときに伸ばされ、その反動で収縮し、脚を前に引き戻す役割を担います。

これらの筋肉が各フェーズでタイミングよくはたらくことで、なめらかな走りができるようになるのです。

LEVEL UP《レベルアップ》

フォームづくりは形を固めることではない

理想的なランニングフォームとは、それぞれの筋肉が最適なタイミングで、効果的に力を発揮できるポジションに体を持っていくことになります。

ところが、フォームづくりというと、とかく〝型〟にはめて考えがちです。「腕を直角に曲げる」「つま先を正面に向ける」「アゴを引く」など……。こうしたフォームづくりの結果、力みのあるフォームになっているランナーをよく見かけます。トップランナーは姿勢よく走っているように見えますが、決して力んではいません。スピードは維持しながら、いかに力を抜くかを意識しています。みなさんも、楽に走れるフォームを探してみてください。

理想のフォームって何だろう？

楽に速く走るために必要になる要素がある

12ページで述べたように、**理想のフォームは①関節可動域（ROM）、②筋力指標（MMT）、③筋肉の収縮スピード（Speed）、④運動連鎖（Chain）のバランスで実現**します。ランニングは回転運動です。脚をなめらかに回転させることができれば、体に無理なく走り続けることができます。

脚の回転運動に必要なだけの関節可動域があり、その範囲で体が動かされていて、その動きを行うための筋力が発揮されること。筋肉の収縮スピードは伸張反射を利用することで、素早い動きを導き出します。

そして、ランニングに適した運動連鎖（キネティック・チェーン）を起こすことによって、脚全体のなめらかな回転運動を生み出すのです。

筋肉の収縮スピード（Speed）

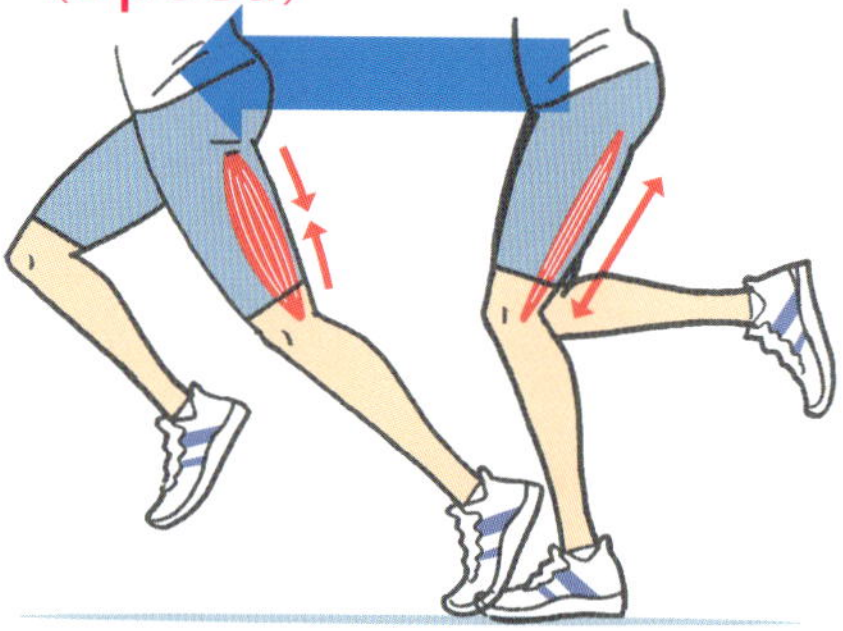

一番速いのは“反射”

筋肉の動きで一番速いのは“反射”です。反射とは特定の刺激に対して無意識に体が反応を起こすもので、ランニングではとくに伸張反射を利用します。たとえば、接地した瞬間、ハムストリングが急に引き伸ばされることで反射的に筋肉が収縮し、すぐに次のジャンプに移すというものです。このような反射による素早い筋肉の収縮（Speed）を活かすことで、脚を速く動かせるようになります。

運動連鎖 (Chain)

OKCとCKCのバランスがとれている

運動連鎖には、2つの流れがあります。1つめは、体の中心から末端に向かって連鎖を起こすOKC(オープン・キネティック・チェーン)。2つめは、末端から体の中心へと連鎖を起こすCKC(クローズド・キネティック・チェーン)です。ランニングでは、腕振りから足に向かうOKCで脚を動かし、路面から足に伝わる力を利用したCKCで体を前へと進めていきます。

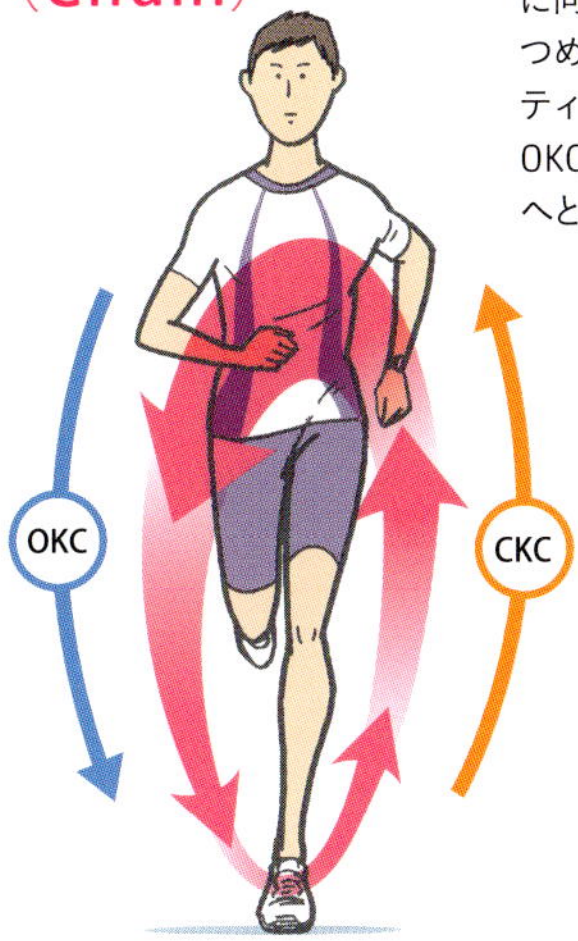

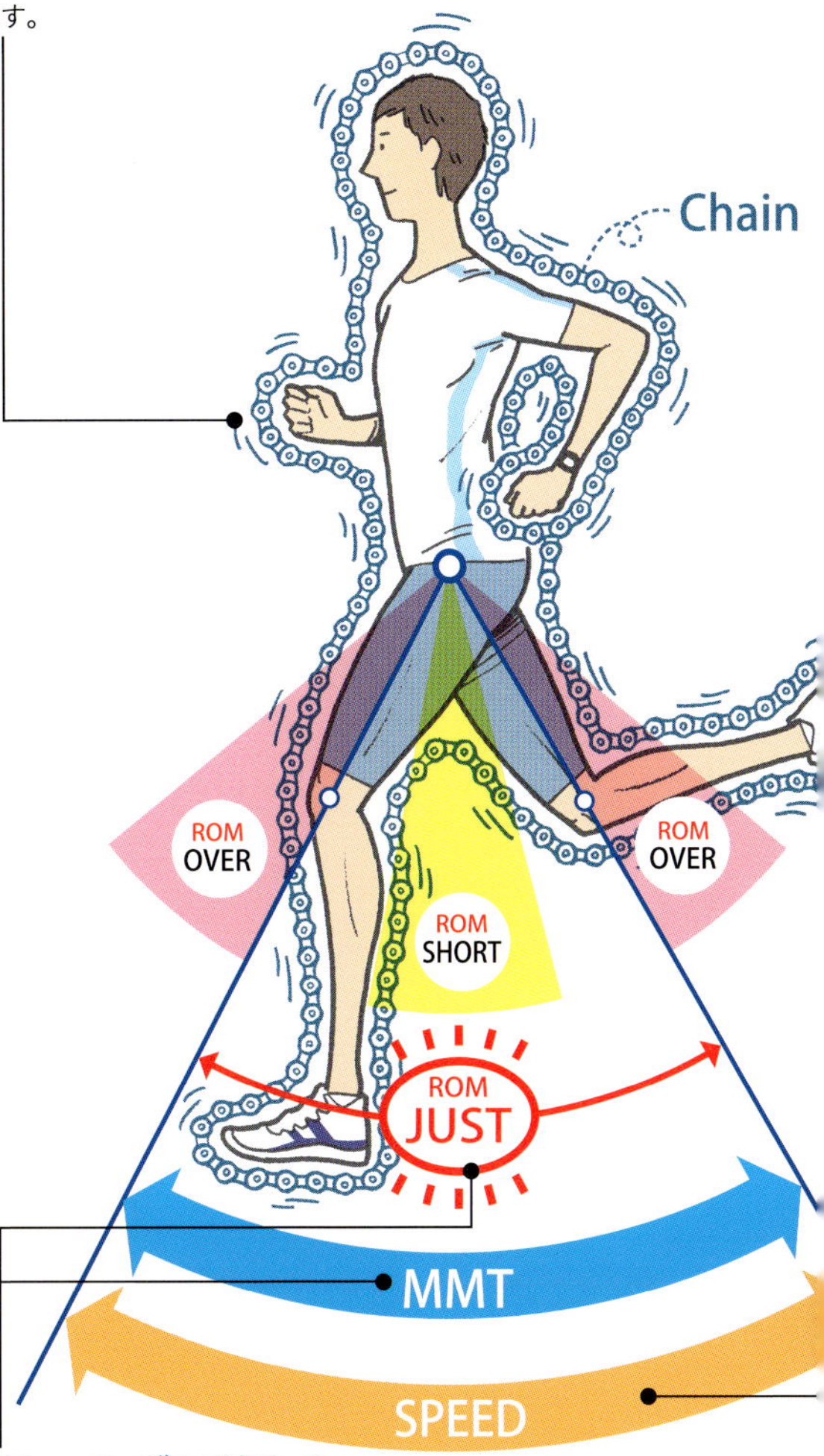

関節可動域(ROM)と筋力指標(MMT)

ランニングに適した関節可動域と筋力がある

ランニングでは、とくに広い関節可動域が必要になるわけではありません。大切なのは、ランニング動作に必要な範囲で関節を動かし、無駄のない脚の回転運動を行うことです。その関節可動域(ROM)の中で、どれだけ強い筋力を発揮できるか(MMT)が大事になります。関節可動域と筋力が、ランニングにとって最適な状態でかみ合っていることが大切なのです。

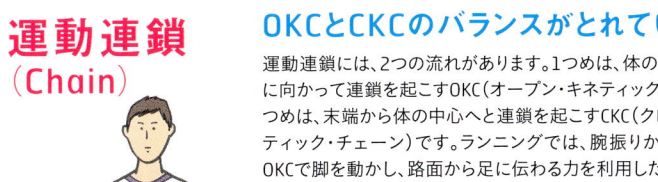

ランニングは関節の動きで決まる

「何でもまっすぐ走り」では ロボットのような走り方になる

人間のランニング動作は、細かく見るととても複雑なものです。ところが、ランニングフォームの指導では、「つま先は正面に向けて、脚をまっすぐ前に振り出す」とか、「腕は前後にまっすぐ振る」といった単純な動き方を教えることがよくあります。

このような動き方を忠実に行ったら、きっとロボットのようなぎごちない走りになってしまうでしょう。

なぜなら、関節の形状を踏まえた動かし方になっていないからです。**なめらかに走れる人は関節の形状に合わせて、股関節を微妙に回旋させたり、胴体を回旋させたりして走っています。**

たとえば左脚を前方に振り出したとき、骨盤は回旋して左側が少し前に出ます。それによって、無理なくストライドを伸ばせるわけです。前に振り出した脚はまっすぐではなく、骨盤に対してやや外向きに振り出されています。

骨盤の左側が前に出たときに、そのまま胴体が回旋してしまうのを防ぐため、胸や肩は右側が前に出ます。すると、頭はまっすぐ前を向くのではなく、胸に対してやや右を向くことになります。

人間らしい走りは 複雑だけど効率的

このように人間のランニングは、手足や胴体、顔が完全にまっすぐ前を向いたまま行われることはありません。体の動かし方として、非効率だからです。

しかし、前述のような指導による走り方を覚えてしまうと、この人間らしいなめらかな動きが失われ、ロボットのような走り方になってしまうのです。

私たち人間の体はもとから、小さな骨の1本まで、複雑な人間らしい走りができるようにつくられています。

人間の骨格に合った走り方を身に付けるためには、ランニングに適した関節の動かし方を理解することが大切です。上手な走り方をしている人を見て真似て走ると、イメージをつかみやすいでしょう。

関節の形状に合った回旋モーションを起こして走る

足、胸、顔が関節の形状に合わせて左右に回施することで、全身のバランスをとりながら無理なくストライドを伸ばすことができる。これを回旋モーションという。

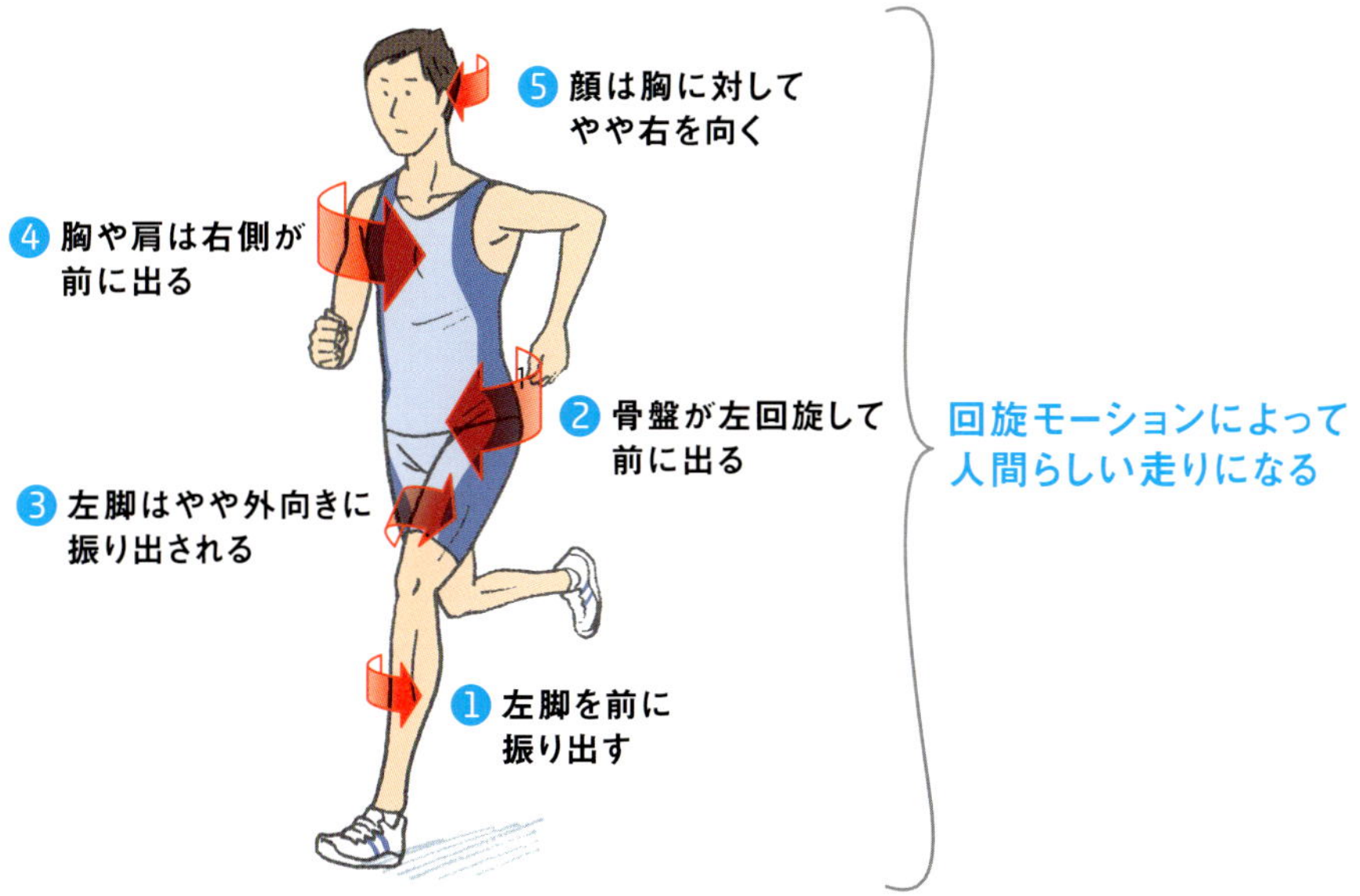

5 顔は胸に対して
やや右を向く
4 胸や肩は右側が
前に出る
2 骨盤が左回旋して
前に出る
3 左脚はやや外向きに
振り出される
1 左脚を前に
振り出す
回旋モーションによって
人間らしい走りになる

股関節を活かした走りにすることでストライドが伸びる

ロボット走りと人間走りの最大のちがいは、股関節の使い方にある。ただ前後に脚を振るだけのロボット走りにくらべて、回旋モーションを利用した人間走りは、ストライドをより大きく伸ばせる。

ロボット走り

脚の付け根から前後に振るだけ。骨盤は固定されたままなので、ストライドはあまり伸びないうえに、全身の運動連鎖も起こらない。

人間走り

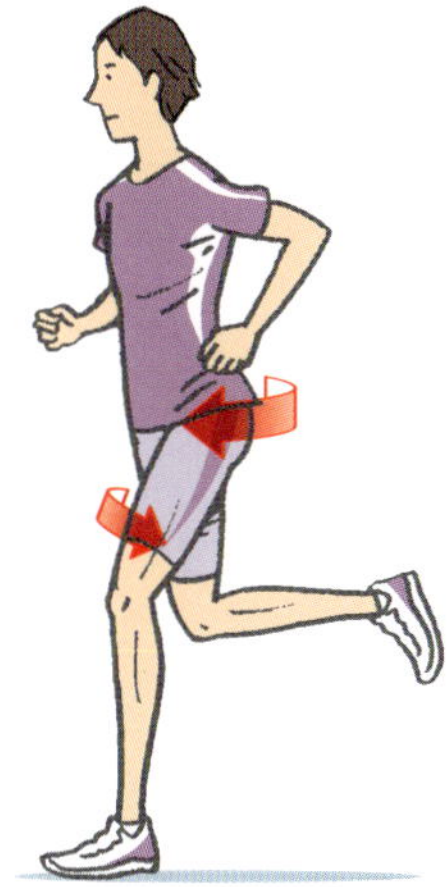

左脚を前に振り出すと同時に、骨盤を少し左回旋させる。すると、脚は骨盤に対してやや外側に出るので、無理なくストライドを伸ばせる。

脚を速く動かすには反射を活かす

釣りざおの先端のように足が速く動くようにする

釣りざおをしならせて振ると、手元で小さく動かしただけでも、先端はすごいスピードでビュッと動きます。走るときに、この原理を応用することができます。**釣りざおのように脚を動かすことで、速いスピードを出すことができるのです。**

ポイントとなるのは、体幹と脚がつながる部分です。

体の後ろ側には大臀筋《だいでんきん》（お尻）やハムストリング（太もも後ろ側）があり、前側には大腿四頭筋《だいたいしとうきん》（太もも前側）があります。**筋肉は、ふんばるように力を発揮するのに適したパワーマッスルと、動きを生み出すのに適したスパートマッスルに分類することができます。**大臀筋は代表的なパワーマッスルで、ハムストリングや大腿四頭筋は代表的なスパートマッスルです。

たとえば、脚を後ろに動かすときに、主に使われているのはハムストリングです。ハムストリングを使って脚を根元から動かすことによって、脚を速く動かすことができま

より速いスピードを出すには?

短いものと長いものを振った場合、先端のスピードは長いもののほうが速くなる。つまり、ヒザ下だけを振って走るよりも、股関節から脚を振って走ったほうが速く脚を動かせるのだ。

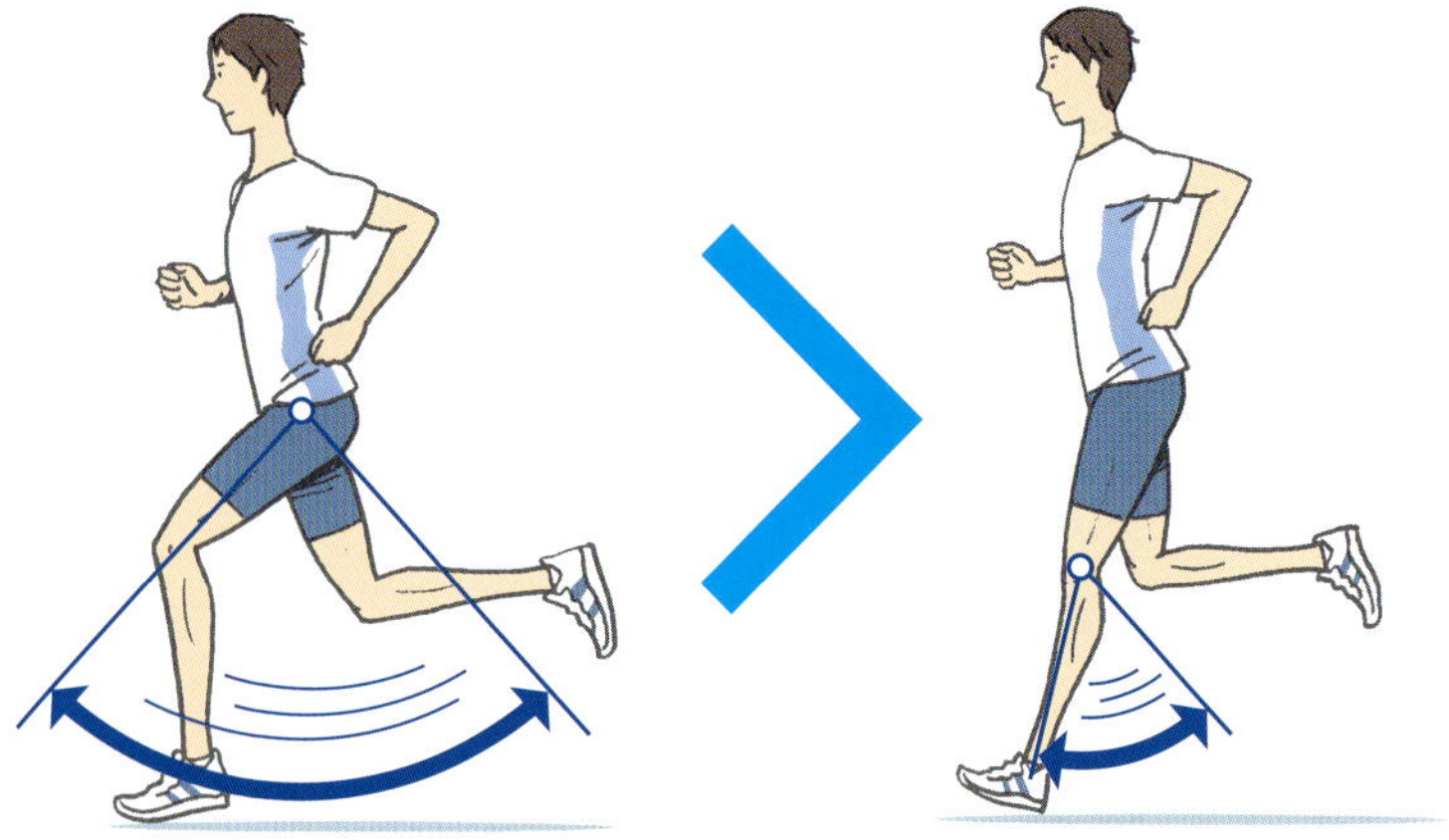

脚の根元から、大きく脚を振って走る。そうすることで、先端の足は速く動くようになる。

ヒザ下だけを振って走る。脚の根元から振って走るときとくらべて、先端である足のスピードは遅くなる。

す。そのためには、脚が釣りざおのように先端にいくほど細く、軽くなっているのが理想です。つまり、**ヒザ下は細く軽いほうが、無理なくスピードを出すことができます。**

伸張反射を利用すれば素早く脚を動かせる

しなった釣りざおのように、脚を根元から動かすためのポイントは伸張反射です。脚が前に振り出されるとき、ハムストリングは引き伸ばされ、反射的に収縮します。その収縮によって、足が接地する前から後ろへ振り戻されるようになります。これによって速いプルが行われるのです。

さらに接地すると、ヒザが軽く曲がって大腿四頭筋が引き伸ばされ、反射的に収縮します。足首も曲がることでアキレス腱と腓腹筋《ひふくきん》が引き伸ばされ、これも反射的に収縮します。これらの収縮によって、プッシュが行われます。

そして、プッシュを終えた脚が後ろに振られるときには、大腿筋膜張筋《だいたいきんまくちょうきん》が引き伸ばされ、反射的に収縮します。それによって、脚がふたたび前に振り出されるのです。

このように伸張反射を上手に活かすことで、無駄な力を使わずに脚を素早く動かせるようになっていきます。

伸張反射を活かすための脚の運び方

上手に伸張反射を起こすポイントは、反射が起きる位置に脚を持っていくこと。
そうすることで必要な筋肉が自然と引き伸ばされ、伸張反射が起きる。

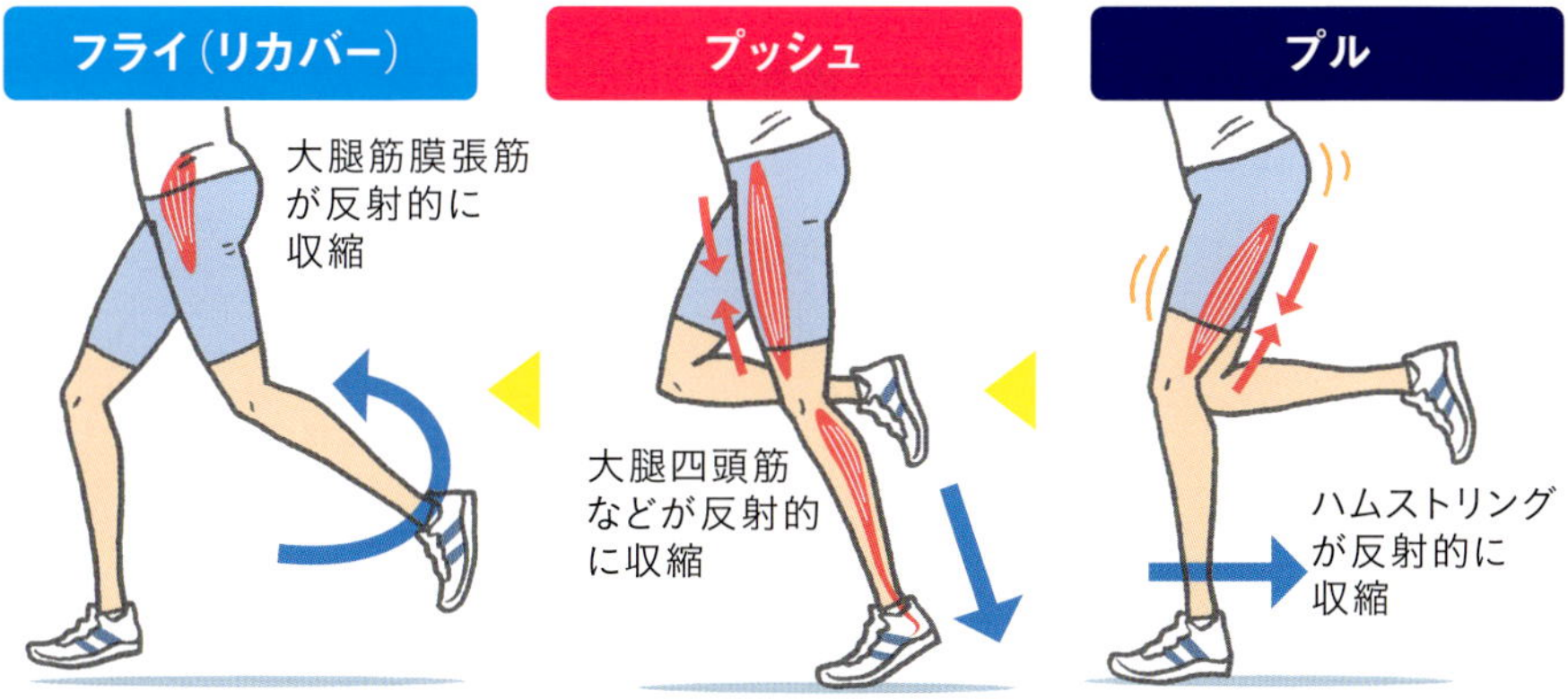

フライ（リカバー）
大腿筋膜張筋
が反射的に
収縮
プッシュ
大腿四頭筋
などが反射的
に収縮
プル
ハムストリング
が反射的に
収縮

大腿筋膜張筋が引き伸ばされ、その伸張反射が起こることで、脚が後ろから前と素早く振り出されていく。

大腿四頭筋、アキレス腱、腓腹筋が引き伸ばされ、その伸張反射によってヒザと足首が伸ばされ、地面を押すように動く。

脚が前に振り出されたときにハムストリングが引き伸ばされ、その伸張反射によって脚が後ろへ振り戻され、地面をかくように動く。

なぜ長距離ランナーの体は細いのか

ランニングの動きに大きな力は必要ない

すぐれた長距離ランナーは、細い脚をしています。ハードなトレーニングを繰り返しているはずなのに、格闘家のように筋肉が太くなることはありません。なぜなら、長距離を速く走るのに、太い筋肉は必要ないからです。

長距離のランニングでは、大きな力はほとんど使いません。短距離ランナーのような爆発的なスタートダッシュはしませんし、スクラムを組むラグビー選手のように全力でふんばることもありません。

筋肉が発揮する力の大きさは、筋線維の太さと動員数で決まります。発揮する力が小さければ、筋線維は細く、動員数も少なくて済みます。**筋線維の動員数が少ないことによるメリットは、すぐに次の収縮を行うことができること。**連続して素早く力を発揮できるようになるのです。

ランニングで使われる筋肉は収縮と弛緩《しかん》を繰り返しますが、発揮する力が小さいため、細い筋肉でもすべての筋線維を動員せずに済んでいるのです。

筋線維の太さと動員数で発揮される力は変わる

筋肉は筋線維と呼ばれる線維の束で構成されている。長距離のランニングは、小さい力を順番に発揮し続けるものなので、筋線維は細くてもよく、動員数は少なくてもいい。

太さ 1つの筋肉の中でも異なり、人によっても差がある。

動員数 はたらく筋線維の数。大きな力を発揮するほど、動員数は増える。

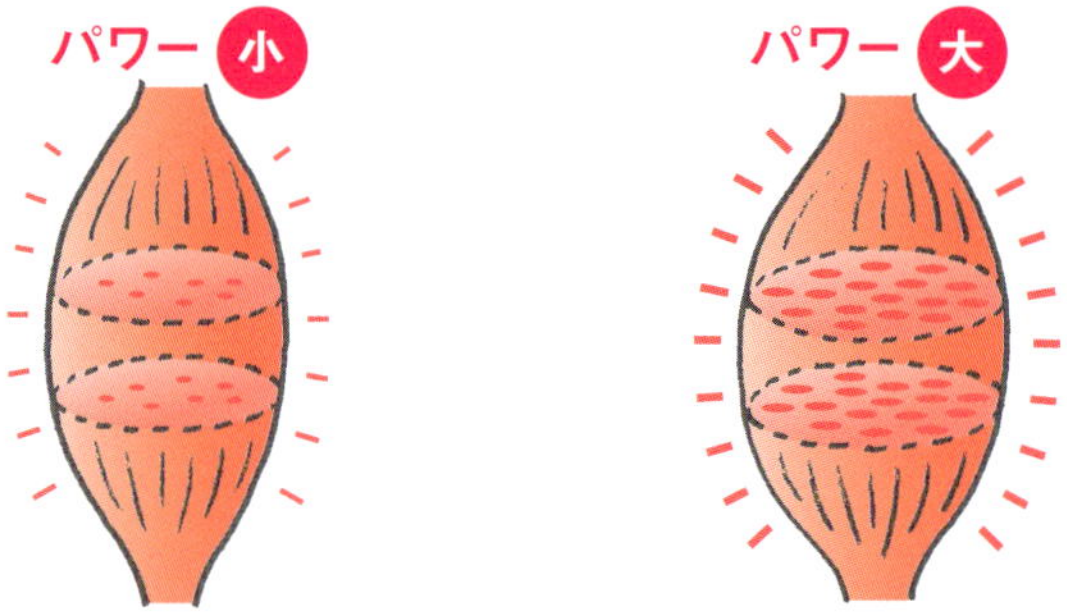

太さ	細	太
動員数	少	多

細い筋肉は効率よく力を発揮することができる

基本的に筋肉は細いほど発揮できる力が小さくなり、反対に太いほど力が大きくなります。しかし、**筋肉は太くなるほど、効率がわるくなってしまうデメリットもあります。**

筋肉は骨を引っ張ることで、関節を動かしています。このとき、細い筋肉なら、骨を引っ張る方向と筋肉の収縮する方向に、ずれはあまり生まれません。ところが、筋肉が太くなると、引っ張る方向と筋肉の収縮する方向が大きくずれるようになります。したがって、**太い筋肉の場合、細い筋肉と同じだけ収縮させても、細い筋肉ほど関節を大きく動かせない**という現象が起きてしまうのです。

効率よく走るためには、関節を大きく動かす必要があります。太い筋肉が細い筋肉と同じだけ関節を動かすためには、細い筋肉よりも筋肉を収縮させる必要が出てきます。これが太い筋肉の効率のわるさです。長距離ランナーの細い筋肉は、一気に強い力を発揮することには向きませんが、小さく発揮した力を効率よく体を動かすことに活用できているのです。

筋肉が太くなると力を発揮する効率が下がる

細い筋肉と太い筋肉が同じだけ収縮した場合、細い筋肉のほうが関節を大きく動かすことができる。2人が向かい合って荷物を持つ場面で考えるとわかりやすい。2人の間隔が狭いほうを細い筋肉、広いほうを太い筋肉とすると細い筋肉の効率のよさがわかる。

細い筋肉

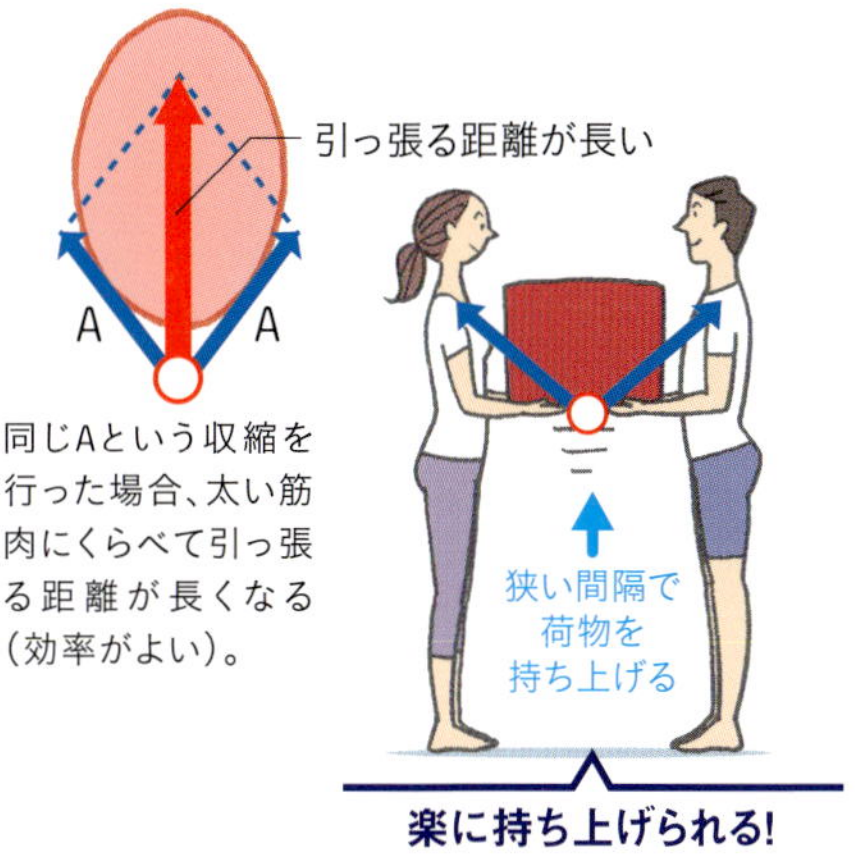
引っ張る距離が長い
A
A
同じAという収縮を行った場合、太い筋肉にくらべて引っ張る距離が長くなる（効率がよい）。
狭い間隔で荷物を持ち上げる
楽に持ち上げられる!

太い筋肉

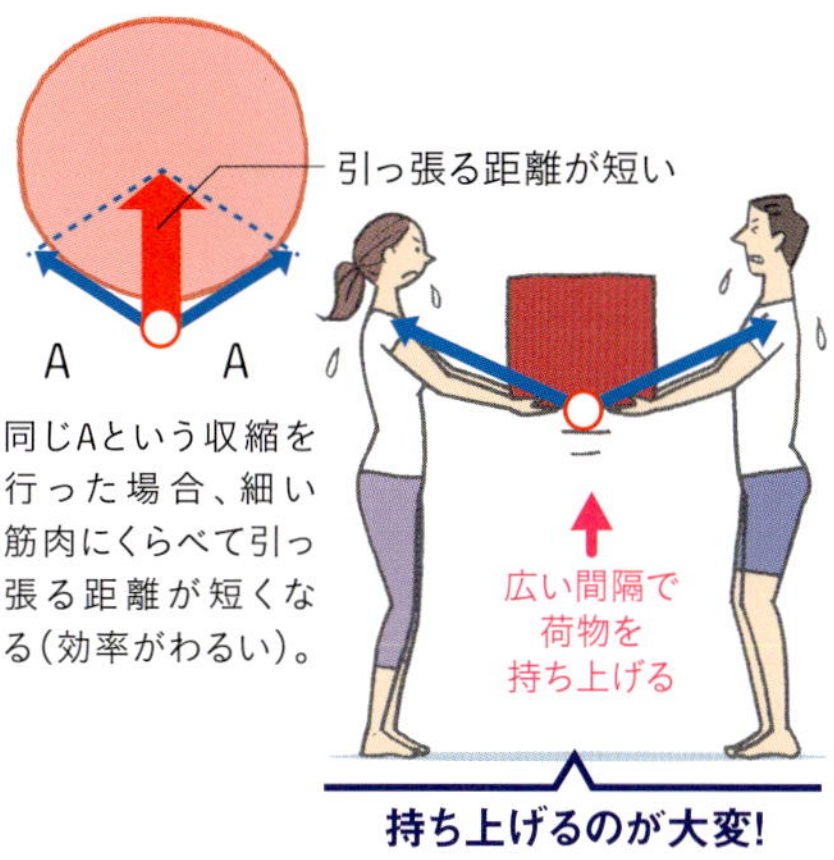
引っ張る距離が短い
A
A
同じAという収縮を行った場合、細い筋肉にくらべて引っ張る距離が短くなる（効率がわるい）。
広い間隔で荷物を持ち上げる
持ち上げるのが大変!

どんな筋肉の使い方をするといいの？

ランニングに必要なのは速いリズムで繰り返す「単収縮」

筋肉の収縮には、**強収縮**《ごうしゅうしゅく》と**単収縮**《たんしゅうしゅく》の2種類があります。**強収縮は、筋肉を構成している筋線維を総動員して行う収縮で、大きな力を発揮することができます。**その筋肉にとって、最大限の力を発揮するのが強縮です。

たとえば、ラグビー選手がスクラムで押し合っているときのように、ふんばる力を生み出しているのが強収縮です。いったん強収縮した筋肉は、すぐには収縮できません。筋線維を総動員してしまうので、少し休ませないと、次の収縮が行えないのです。このことから、強収縮はランニングには向いていません。

単収縮は、筋線維の一部を動員して行う収縮です。発揮される力は小さいのですが、速いタイミングで繰り返し収縮できるメリットがあります。一部の筋線維を動員するだけなので、すぐ次に使用していない筋線維を使うことで連続した収縮ができるのです。つまり、ランニングには単収縮のような筋肉の使い方が適しているといえます。

ランニングに必要な筋力はスキップで鍛えられる

走力アップをねらって筋トレを行うことがありますが、実はランニングのための練習としてはあまり意味がありません。筋トレは筋肉を強収縮させるものなので、ランニングにうまく活用できないからです。

そこで、おすすめなのがスキップ。**スキップは誰でも無理なく単収縮を起こすことができるので、ランニングに必要な筋収縮の仕方を身に付けることができます。**

また、スキップはランニングのための筋力強化にも最適です。**スキップ動作はプルで使う体の後ろ側の筋肉と、プッシュで使う体の前側の筋肉を、バランスよく鍛えることができる**からです。

ポイントは、かかととつま先の両方を使ってスキップすることです。かかとを着けたときには体の後ろ側の筋肉を、つま先を着けたときには体の前側の筋肉をそれぞれ使うことができるので、ランニングの動きに直結した筋力強化ができます。

ランニングに適している筋収縮は単収縮！

筋肉の収縮には、強収縮と単収縮の2つがある。ランニングに適しているのは、小さくても連続して長く力を発揮できる単収縮だ。長く速く走り続けられる、効率のよい筋収縮の仕方を目指そう。

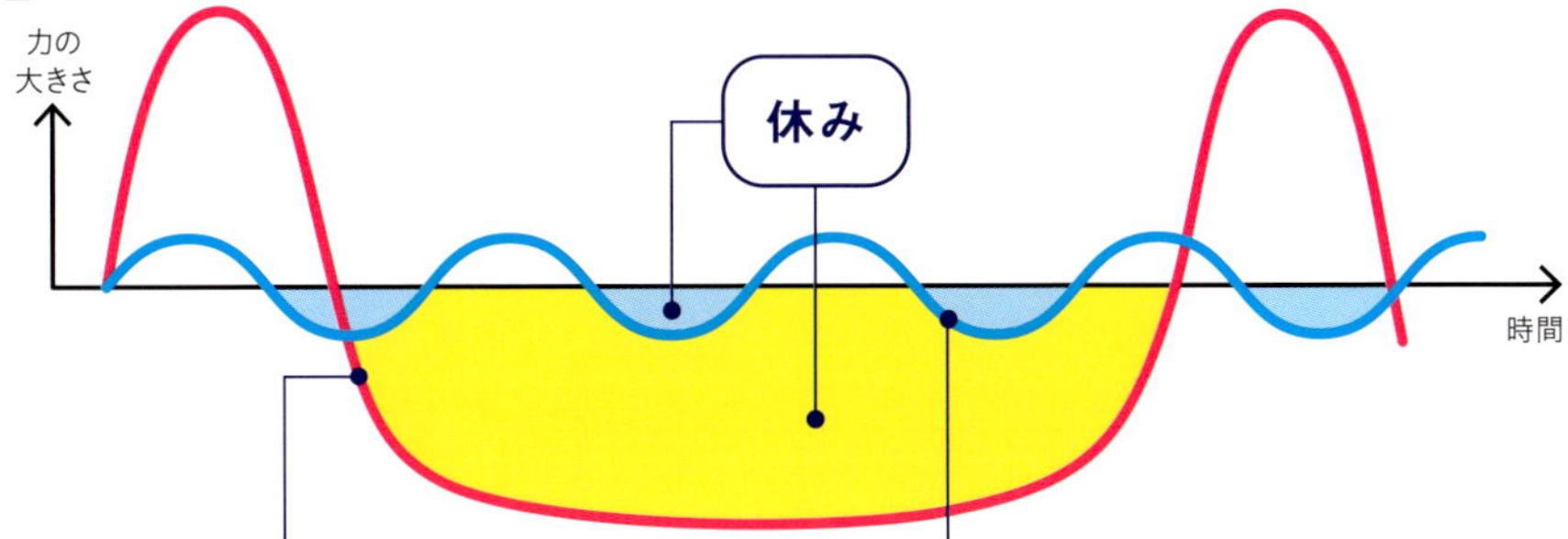

力の
大きさ
休み
時間

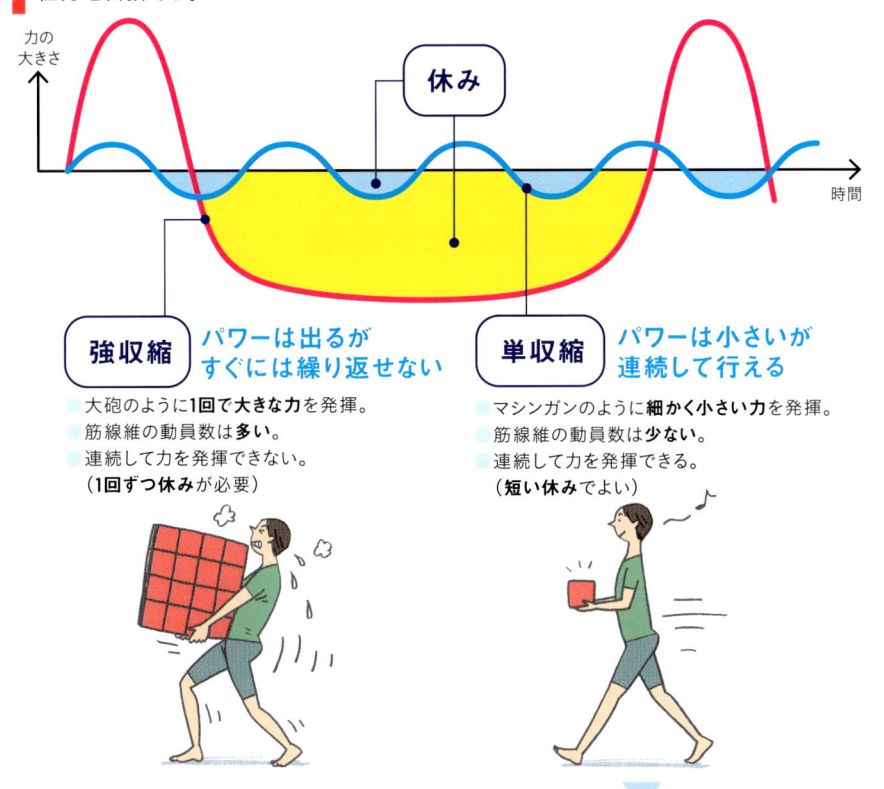

強収縮 **パワーは出るが すぐには繰り返せない**

- 大砲のように**1回で大きな力**を発揮。
- 筋線維の動員数は**多い**。
- 連続して力を発揮できない。
  （**1回ずつ休み**が必要）

単収縮 **パワーは小さいが 連続して行える**

- マシンガンのように**細かく小さい力**を発揮。
- 筋線維の動員数は**少ない**。
- 連続して力を発揮できる。
  （**短い休み**でよい）

表裏を使ったスキップで単収縮動作を身に付ける！

スキップは単収縮を起こしやすいので、ランニングの基礎づくりに最適。スキップのやり方を工夫すれば、ねらった筋肉を単収縮させることもできる（→PART4）。

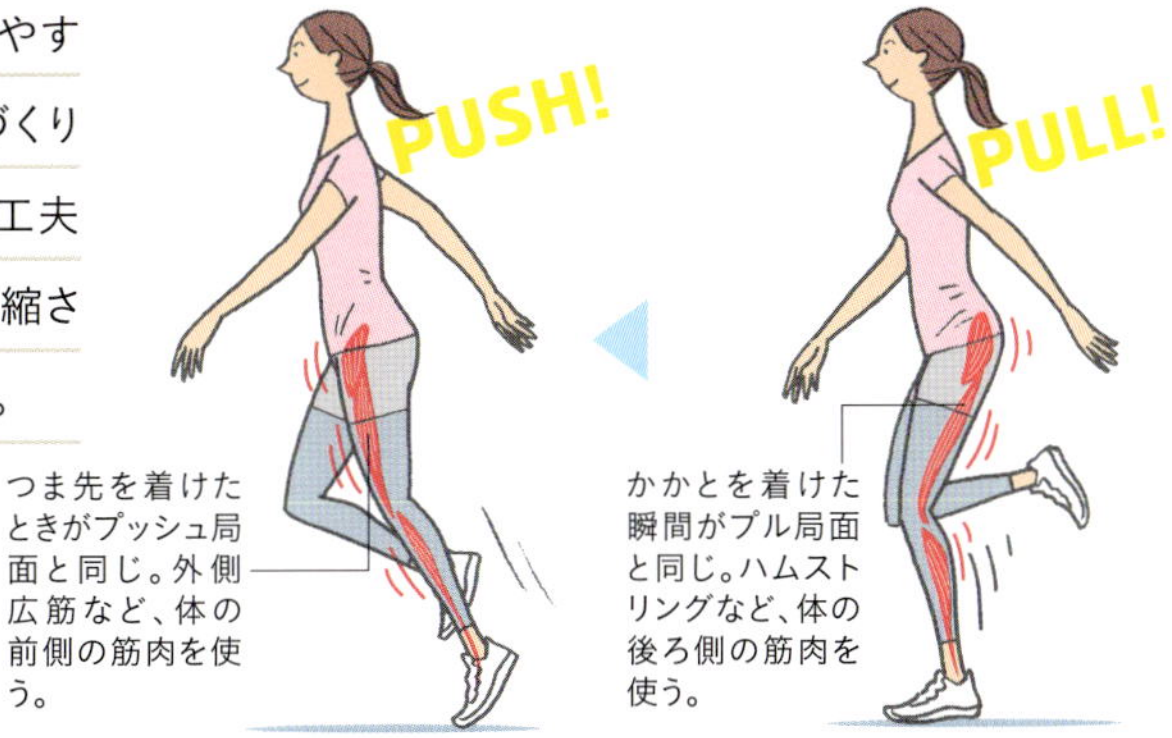

PUSH!
PULL!
つま先を着けたときがプッシュ局面と同じ。外側広筋など、体の前側の筋肉を使う。
かかとを着けた瞬間がプル局面と同じ。ハムストリングなど、体の後ろ側の筋肉を使う。

ランニングにおける運動連鎖って何？

筋肉が順番にはたらきスムーズな運動を行う

人間が運動をするときには、複数の筋肉が順番にはたらく**運動連鎖（キネティック・チェーン）**が起きます。**運動連鎖を利用することで、体を速く動かしたり、大きな力を生み出したりすることができるのです。**

たとえば、野球のピッチャーがボールを投げるときには、地面に着いた前足から体幹、上半身へと筋肉が順にはたらいて、ボールが指先から離れていきます。このように筋肉が連動してはたらくことで力を増幅させ、速いボールを投げることができるのです。

ランニングするときには2種類の運動連鎖を使う

運動連鎖には、**開放性運動連鎖（オープン・キネティック・チェーン＝ＯＫＣ）**と**閉鎖性運動連鎖（クローズド・キネティック・チェーン＝ＣＫＣ）**の2種類があります。体の中心の筋肉からはたらき始め、順番に末端に向かっていくのがＯＫＣ、末端部の筋肉からはたらき始め、体の中心へと向かうのがＣＫＣです。ボールを投げる運動は、足（末端部）から始まり、それが手に向かって連動していくことになりますが、これはＣＫＣということになります。

ランニングでは、ＣＫＣとＯＫＣの両方が常に使われています。ＣＫＣは着地した足からヒザ、股関節、肩、ヒジ、手という順番で運動連鎖が起こるものです。つまり、**ランニングにおけるＣＫＣは着地から始まります。**

一方、**ＯＫＣは腕振りが起点となります。**ＣＫＣとは反対に、手、ヒジ、肩、股関節、ヒザ、足へという順番で起こる運動連鎖となります。

ランニングでは、常にこのようにＣＫＣとＯＫＣの運動連鎖が起こり続けることになります。これがランニングの回転運動の正体です。ただし、大きな推進力を得るためには、ＣＫＣとＯＫＣの起点がどこにあるかは重要ではありません。**ＯＫＣとＣＫＣが切れ目なくつながり、回転し続けていることが大事**なのです。

運動連鎖のメカニズムを知る

運動連鎖とは、複数の筋肉が順番にはたらくこと。連鎖を起こすことで、体を速く動かしたり、大きな力を生み出したりすることができる。ランニングの場合、着地からCKCが始まり、腕振りがOKCの起点となる。

ピッチング

足、ヒザ、股関節、肩、ヒジ、手首、指と順番に筋肉がはたらくことで、指先からリリースされるボールに速いスピードが与えられる。

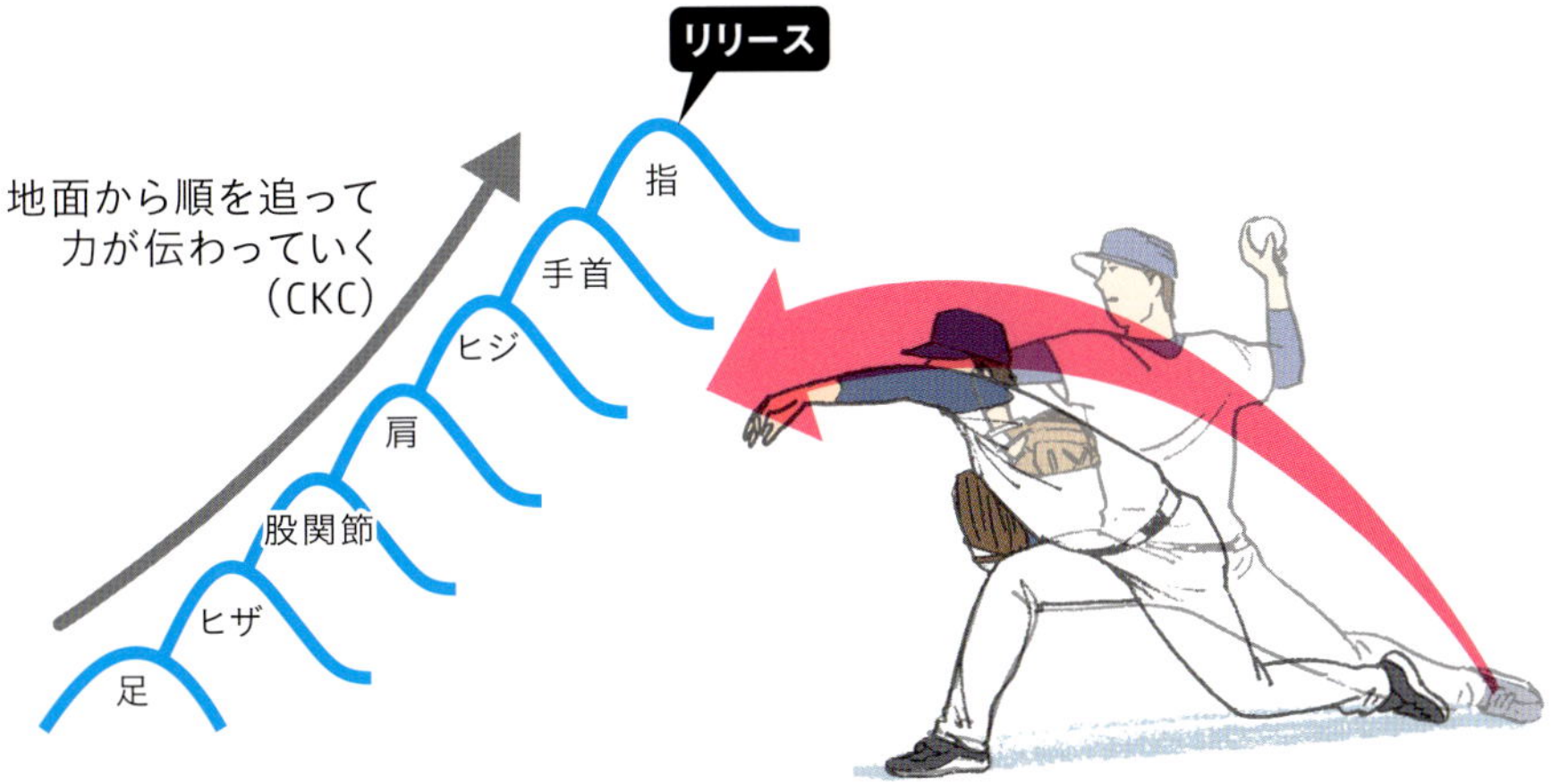

リリース
指
手首
ヒジ
肩
股関節
ヒザ
足
地面から順を追って
力が伝わっていく
（CKC）

ランニング

プル局面ではCKCが起こり、プッシュ局面ではOKCが起こる。この２つの運動連鎖を上手に繰り返すことで、大きな推進力を得ることができる。

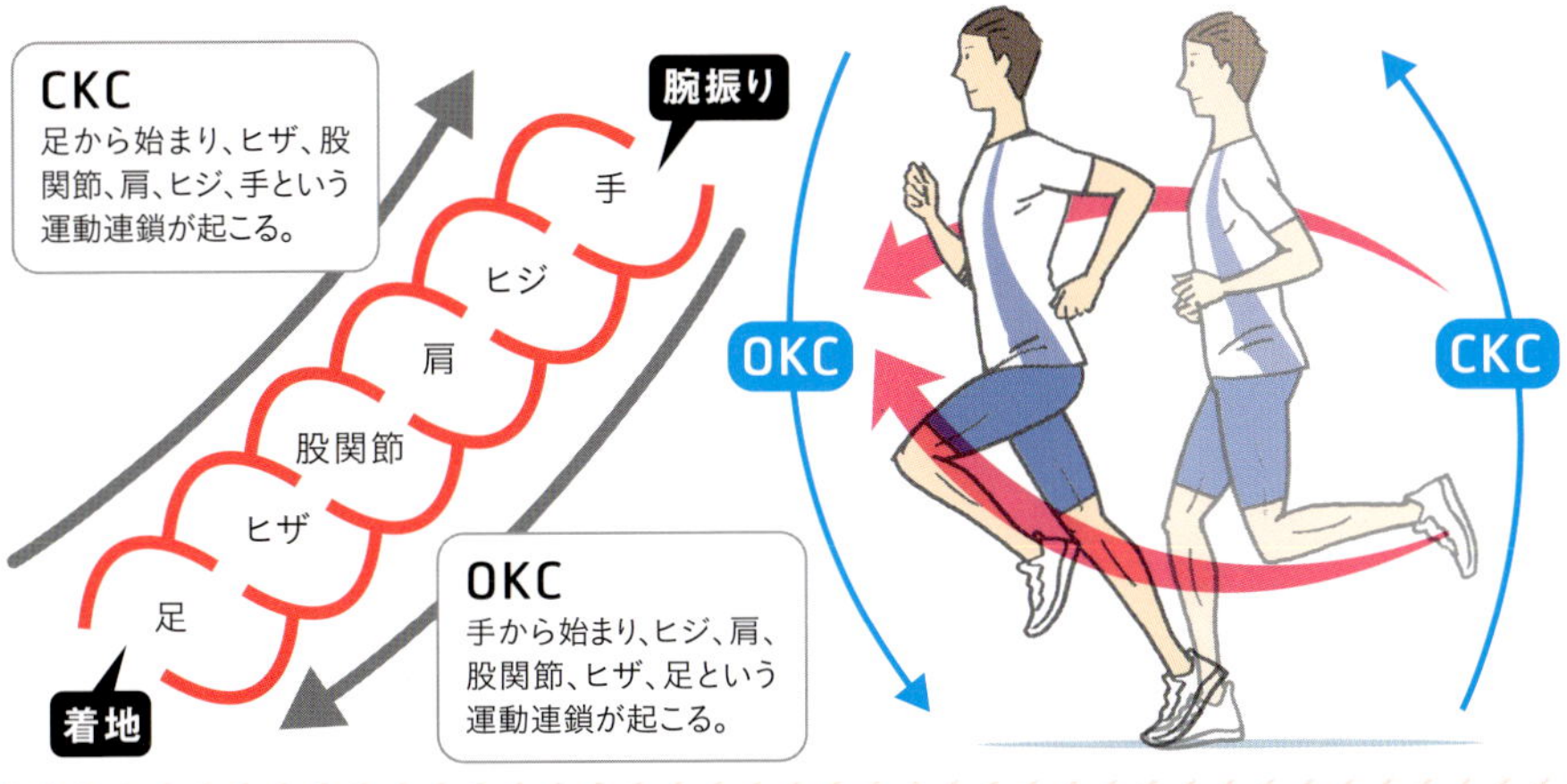

CKC
足から始まり、ヒザ、股関節、肩、ヒジ、手という運動連鎖が起こる。
腕振り
手
ヒジ
肩
股関節
ヒザ
足
着地
OKC
手から始まり、ヒジ、肩、股関節、ヒザ、足という運動連鎖が起こる。
OKC
CKC

筋肉図

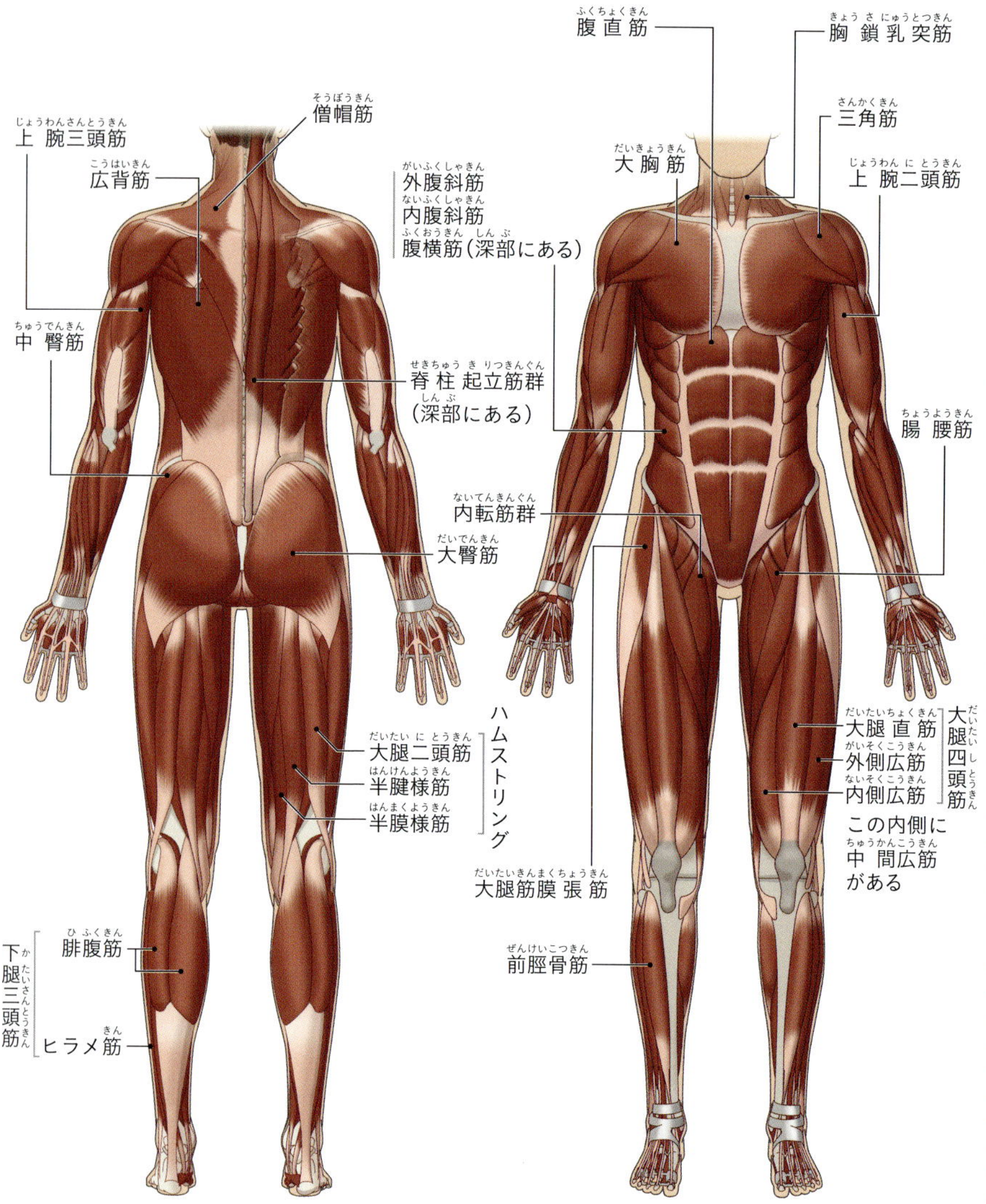

僧帽筋《そうぼうきん》
上腕三頭筋《じょうわんさんとうきん》
広背筋《こうはいきん》
外腹斜筋《がいふくしゃきん》
内腹斜筋《ないふくしゃきん》
腹横筋《ふくおうきん》(深部《しんぶ》にある)
中臀筋《ちゅうでんきん》
脊柱《せきちゅう》起立筋群《きりつきんぐん》
(深部《しんぶ》にある)
大臀筋《だいでんきん》
大腿二頭筋《だいたいにとうきん》
半腱様筋《はんけんようきん》
半膜様筋《はんまくようきん》
ハムストリング
腓腹筋《ひふくきん》
ヒラメ筋《きん》
下腿三頭筋《かたいさんとうきん》
腹直筋《ふくちょくきん》
胸鎖乳突筋《きょうさにゅうとつきん》
三角筋《さんかくきん》
大胸筋《だいきょうきん》
上腕二頭筋《じょうわんにとうきん》
腸腰筋《ちょうようきん》
内転筋群《ないてんきんぐん》
大腿直筋《だいたいちょくきん》
外側広筋《がいそくこうきん》
内側広筋《ないそくこうきん》
大腿四頭筋《だいたいしとうきん》
この内側に
中間広筋《ちゅうかんこうきん》
がある
大腿筋膜張筋《だいたいきんまくちょうきん》
前脛骨筋《ぜんけいこつきん》

骨格図

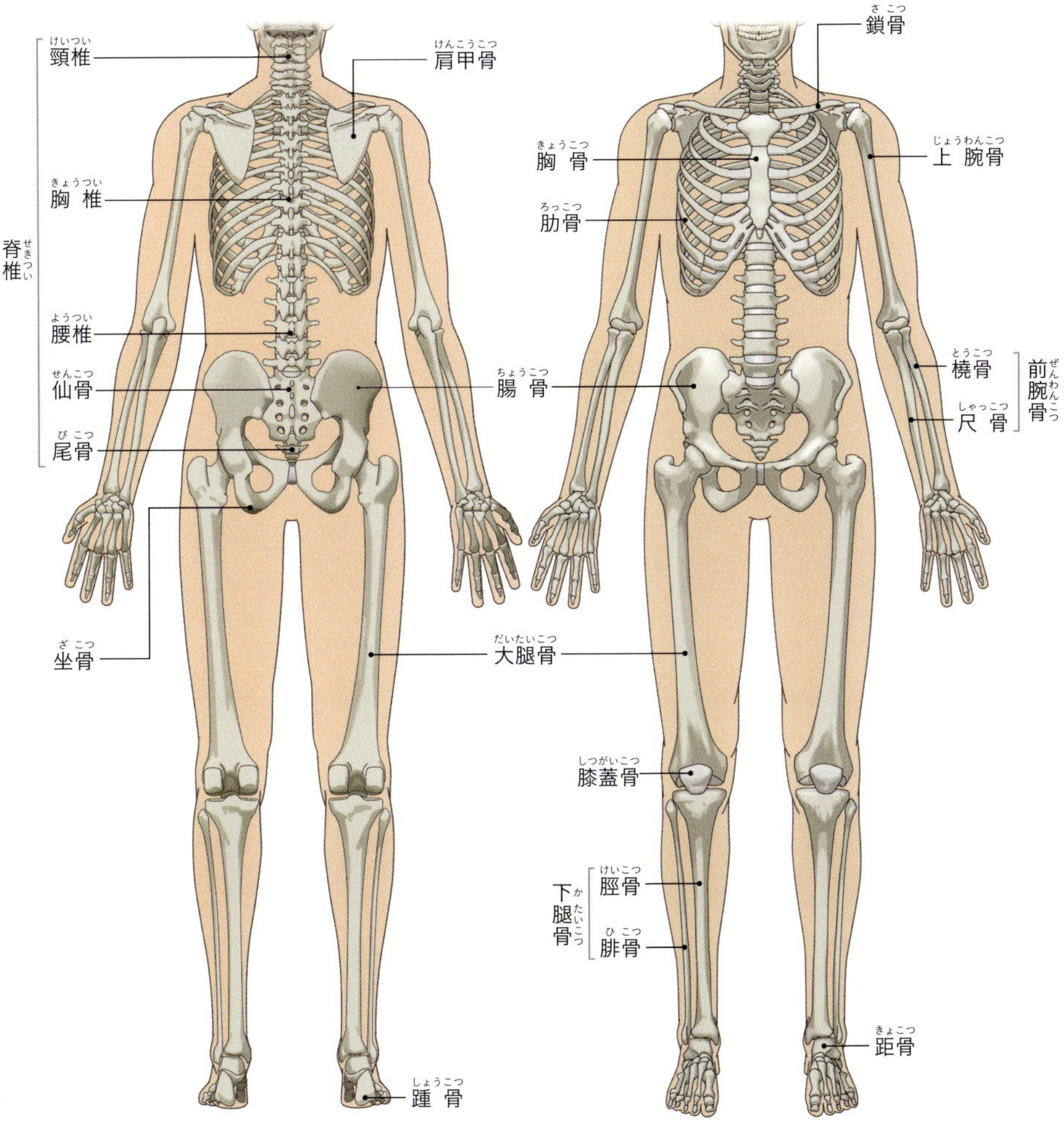
頸椎《けいつい》
肩甲骨《けんこうこつ》
胸椎《きょうつい》
脊椎《せきつい》
腰椎《ようつい》
仙骨《せんこつ》
腸骨《ちょうこつ》
尾《び》骨《こつ》
坐《ざ》骨《こつ》
大腿骨《だいたいこつ》
踵骨《しょうこつ》
鎖《さ》骨《こつ》
胸骨《きょうこつ》
上腕骨《じょうわんこつ》
肋骨《ろっこつ》
橈骨《とうこつ》
尺骨《しゃっこつ》
前腕骨《ぜんわんこつ》
膝蓋骨《しつがいこつ》
脛骨《けいこつ》
腓《ひ》骨《こつ》
下腿骨《かたいこつ》
距骨《きょこつ》

長い距離を速く走り続けるためには？

VO_2maxが高いと速いペースで走り続けられる

長く走り続けるためには、体内で脂肪や糖質を燃焼させてエネルギーをつくり出す必要があります。この燃焼には、酸素が必要です。つまり、**酸素を取り入れる能力が高い人ほど、速いペースで長く走り続けられるのです。この「酸素を取り入れる能力」を表すのが、最大酸素摂取量（VO_2max）**です。

スタミナのもう1つの指標として、**無酸素性代謝閾値《たいしゃいきち》（AT）**があります。遅いペースで走るときには、有酸素性エネルギー（酸素を使って脂肪や糖質を燃焼させてつくるエネルギー）が主に使われます。そこからペースが速くなってくると、無酸素性エネルギー（酸素を使わずに糖質からつくるエネルギー）を使う割合が増えてきます。

無酸素性エネルギーをつくり出すときに乳酸が生じますが、ペースが遅いときには発生する乳酸が少ないので処理が間に合い、血液中の乳酸値は高くなりません。ところが、**一定のペースより速くなると、急に乳酸値が高くなります。この境目となるペースが無酸素性代謝閾値です。**

乳酸が増えすぎて処理が追いつかなくなることで、血液中の乳酸が増えてしまうわけです。この状態になると、たまった乳酸の影響で、そのペースでは走り続けられなくなってしまいます。

ATペースぎりぎりで走り続ける

ハーハーと限界まで激しい呼吸をすることで出せるスピードが、最大酸素摂取量100％のペースです。ただし、マラソンのような長い距離を走る場合は、全力で走り続けるわけにはいきませんから、最大酸素摂取量50％のペースくらいまで落とす必要があるでしょう。一方、血中の乳酸値からいえば、マラソンを走り続けるためには、無酸素性代謝閾値を超えないペースであることが必要です。

これらのことから**最大酸素摂取量が大きいほど、また無酸素性代謝閾値が高いほど、速いペースでマラソンを走り切れる**ことがわかります。

VO_2maxとATペースを高める!

ランナーが持つ体力は最大酸素摂取量(VO_2max)、適性ペースは無酸素性代謝閾値(AT)で決まってくる。この2つの能力を高めれば、長い距離を速く走れるようになる。

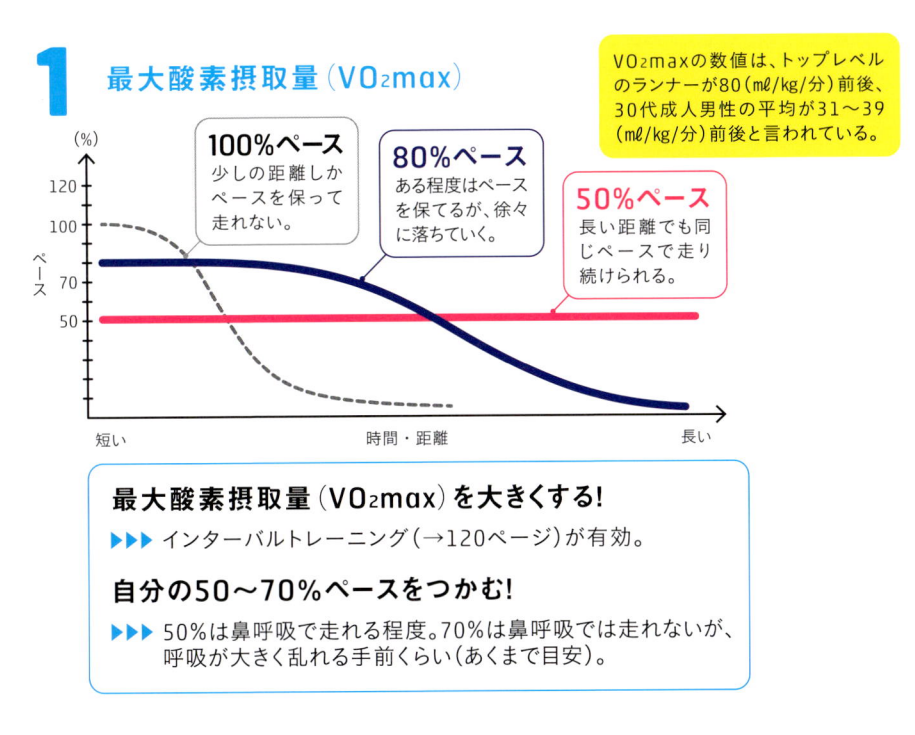

1 最大酸素摂取量(VO_2max)

VO_2maxの数値は、トップレベルのランナーが80(mℓ/kg/分)前後、30代成人男性の平均が31〜39(mℓ/kg/分)前後と言われている。

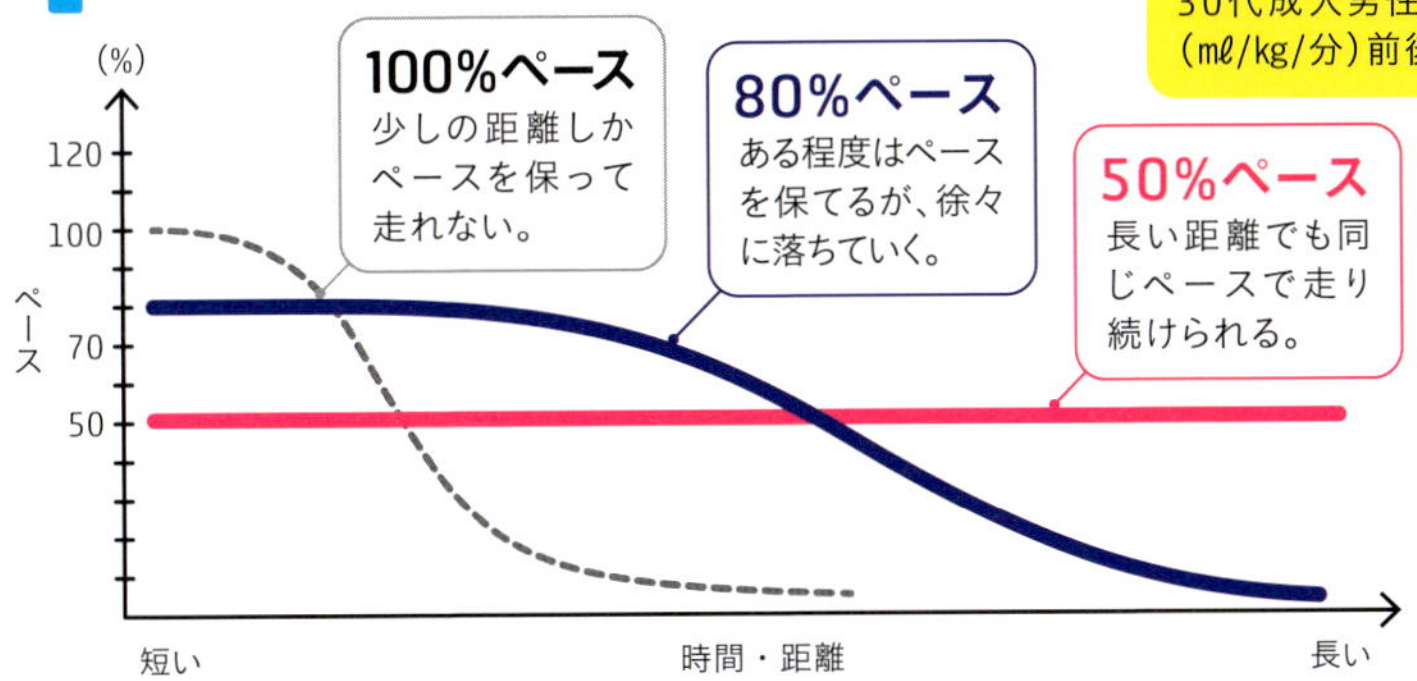

(%)
120
100
70
50
ペース
100%ペース
少しの距離しかペースを保って走れない。
80%ペース
ある程度はペースを保てるが、徐々に落ちていく。
50%ペース
長い距離でも同じペースで走り続けられる。
短い
時間・距離
長い

最大酸素摂取量(VO_2max)を大きくする!

▶▶▶ インターバルトレーニング(→120ページ)が有効。

自分の50〜70%ペースをつかむ!

▶▶▶ 50%は鼻呼吸で走れる程度。70%は鼻呼吸では走れないが、呼吸が大きく乱れる手前くらい(あくまで目安)。

2 無酸素性代謝閾値(AT)

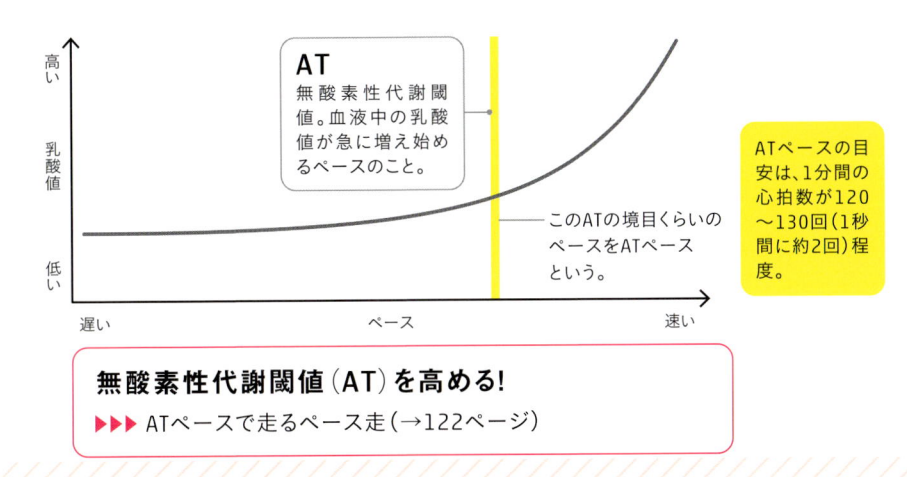

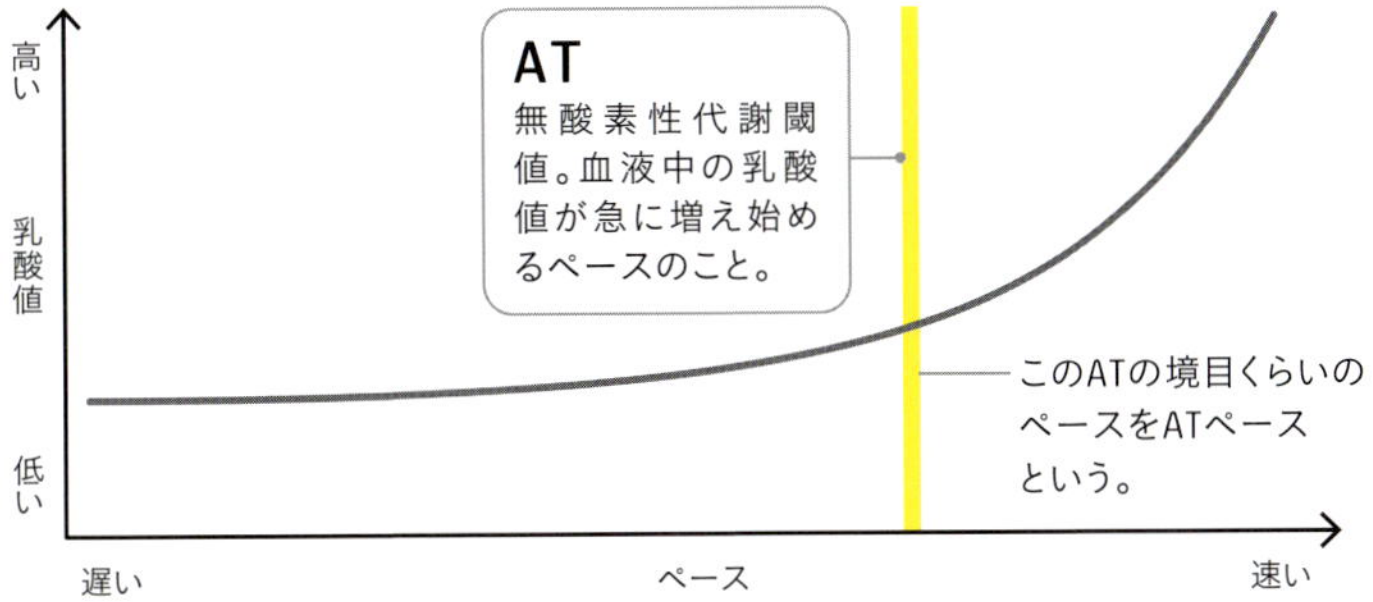

高い
乳酸値
低い
AT
無酸素性代謝閾値。血液中の乳酸値が急に増え始めるペースのこと。
このATの境目くらいのペースをATペースという。
遅い
ペース
速い

ATペースの目安は、1分間の心拍数が120〜130回(1秒間に約2回)程度。

無酸素性代謝閾値(AT)を高める!

▶▶▶ ATペースで走るペース走(→122ページ)

マラソンに使われるエネルギーとは？

グリコーゲンと脂肪をバランスよく使うのが理想的

マラソンを走るときには、主に中性脂肪（体脂肪）とグリコーゲンがエネルギー源として使われます。

中性脂肪のエネルギー量は膨大《ぼうだい》です。体重60kgで体脂肪率が20％の人の場合、体内には12kgの中性脂肪があることになります。そのエネルギー量は約10万8000kcal（1kg＝1kcal）で、これはマラソンを40回以上も走れる量です。

一方、グリコーゲンの貯蔵量は300〜400gにすぎません。そのエネルギー量は約1200〜1600kcalで、もしグリコーゲンだけ使って走ったと仮定すると、わずか20〜25kmで使い果たしてしまうことになります。

実際には中性脂肪とグリコーゲンを同時に使って走るものですが、42ページで述べたようにペースが速くなるほど無酸素性エネルギーの割合が多くなり、このときにグリコーゲンの消費が高まります。そこで**マラソンを走るときには、レースの途中でグリコーゲンを使い切ってしまわないように、ペースをコントロールして走ることが大切です。**

主なエネルギー源は中性脂肪とグリコーゲン

ランニングのエネルギーには、主に中性脂肪（体脂肪）とグリコーゲンが使われる。中性脂肪はいくらでも体に蓄えることができるが、グリコーゲンは上限が決まっている。両方のエネルギーをバランスよく使うことが大切になる。

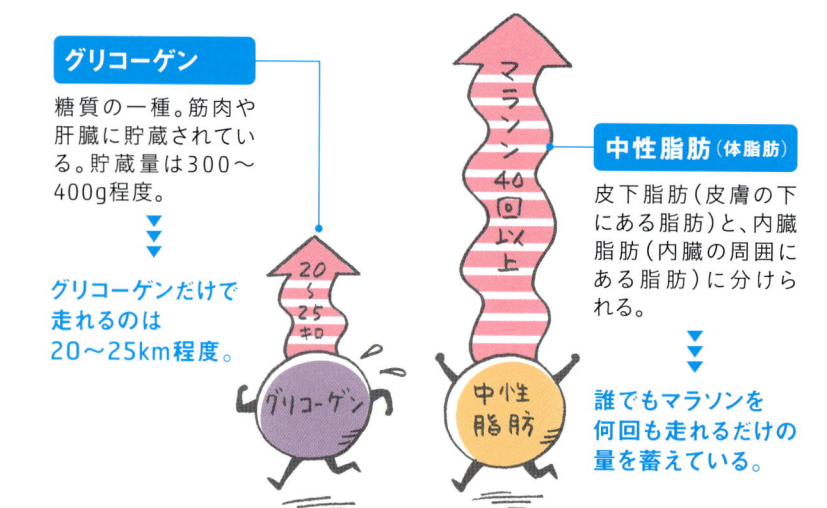

グリコーゲン

糖質の一種。筋肉や肝臓に貯蔵されている。貯蔵量は300〜400g程度。

グリコーゲンだけで走れるのは20〜25km程度。

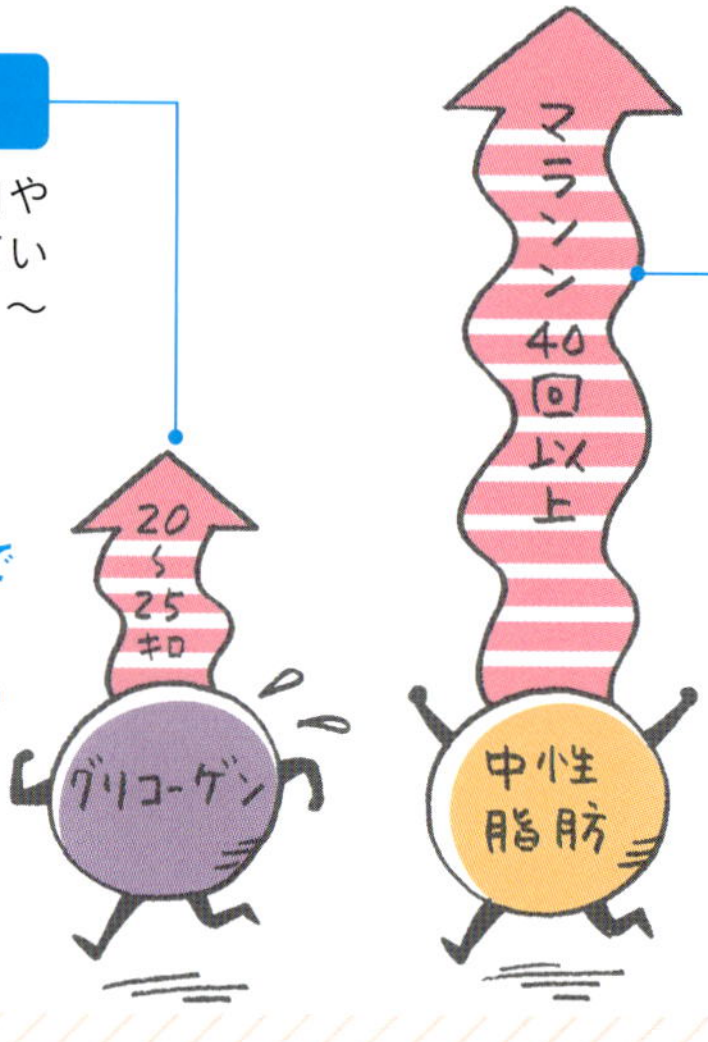

中性脂肪（体脂肪）

皮下脂肪（皮膚の下にある脂肪）と、内臓脂肪（内臓の周囲にある脂肪）に分けられる。

誰でもマラソンを何回も走れるだけの量を蓄えている。

2つのエネルギーを上手に使い分ける

ペースが速くなると、無酸素エネルギーの割合が増えていく。無酸素エネルギーの材料となるグリコーゲンは限りあるものなので、レースではゴールまでにグリコーゲンを使い切らないようにペースをコントロールして走るようにしたい。

有酸素性エネルギー

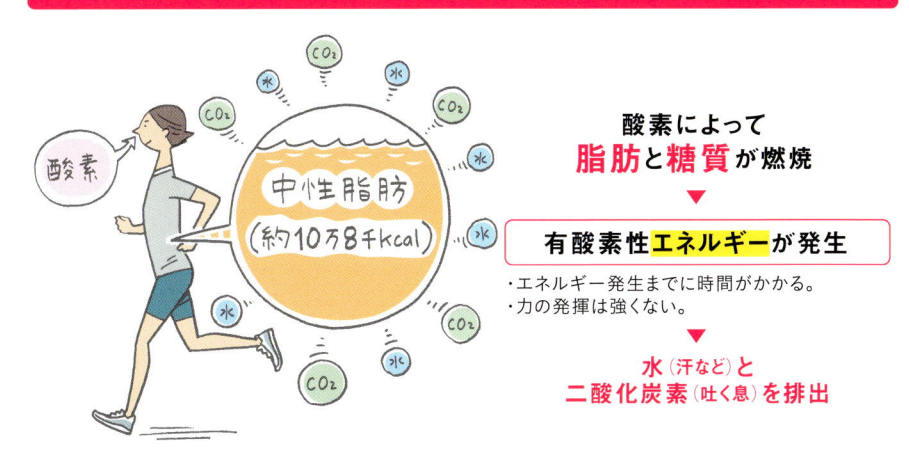

酸素によって
脂肪と**糖質**が燃焼

▼

有酸素性エネルギーが発生

・エネルギー発生までに時間がかかる。
・力の発揮は強くない。

▼

水（汗など）と
二酸化炭素（吐く息）を排出

▶ 豊富に蓄えられた脂肪は長くゆっくり走ることに活かす!

無酸素性エネルギー

筋肉中にある
グリコーゲンを活用

▼

無酸素性エネルギーが発生

・すぐにエネルギーが発生する。
・強い力を発揮する。

▼

乳酸を発生させる

ATを超えると

乳酸の処理が間に合わず、血中の乳酸値が高くなり、ペースを維持できなくなる。

AT未満なら

乳酸の処理が間に合うので、ペースを維持して走ることができる。

▶ レース途中でグリコーゲンを使い切らないようにする!

心肺機能はどう成長していくのか？

筋肉の酸素が不足した状態をつくることがカギ

長く走り続けるとき、筋肉の細胞内で脂肪やグリコーゲンを燃焼させ、エネルギーをつくり出しています。ですから、**長い距離をより速く走るためには、たくさんの酸素を筋肉の細胞まで送り届ける必要があります。その役割を担っているのが心肺機能（呼吸循環機能）です。**

トレーニングを続けることで、心肺機能は向上していきます。トレーニングによって筋肉の酸素が不足した状態が繰り返されると、体がその状態を解消するように変化していくからです。

心臓から送り出される血液量を増やす方法は？

カギをにぎるのは、心臓の拍出量と毛細血管数です。

まず、心臓は全身に血液を送り出すポンプ機能を担っています。**心臓のポンプ機能はペース走**（→122ページ）

心肺機能を決める5つの要素

心肺機能は、下の5つの機能が高まっていくことで成長していく。いかに多くの空気を体内に取り込み、そこから酸素を取り入れて、全身の筋肉に送り込むか。その量と効率のよさで、心肺機能の強さが変わってくる。

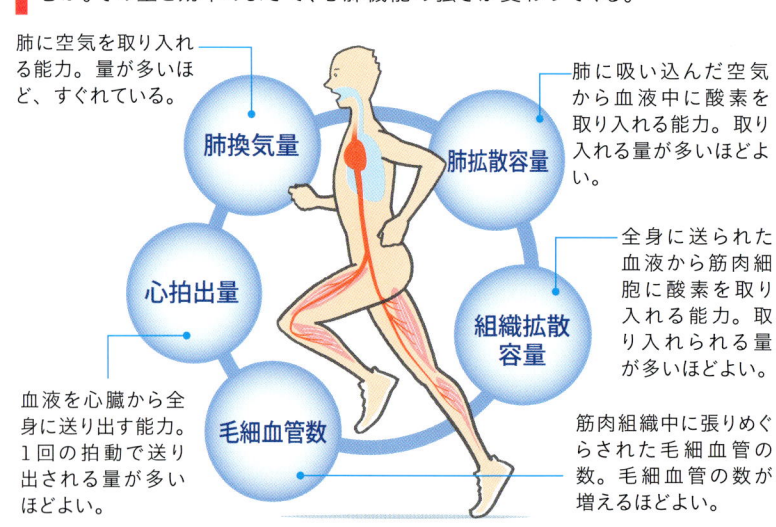

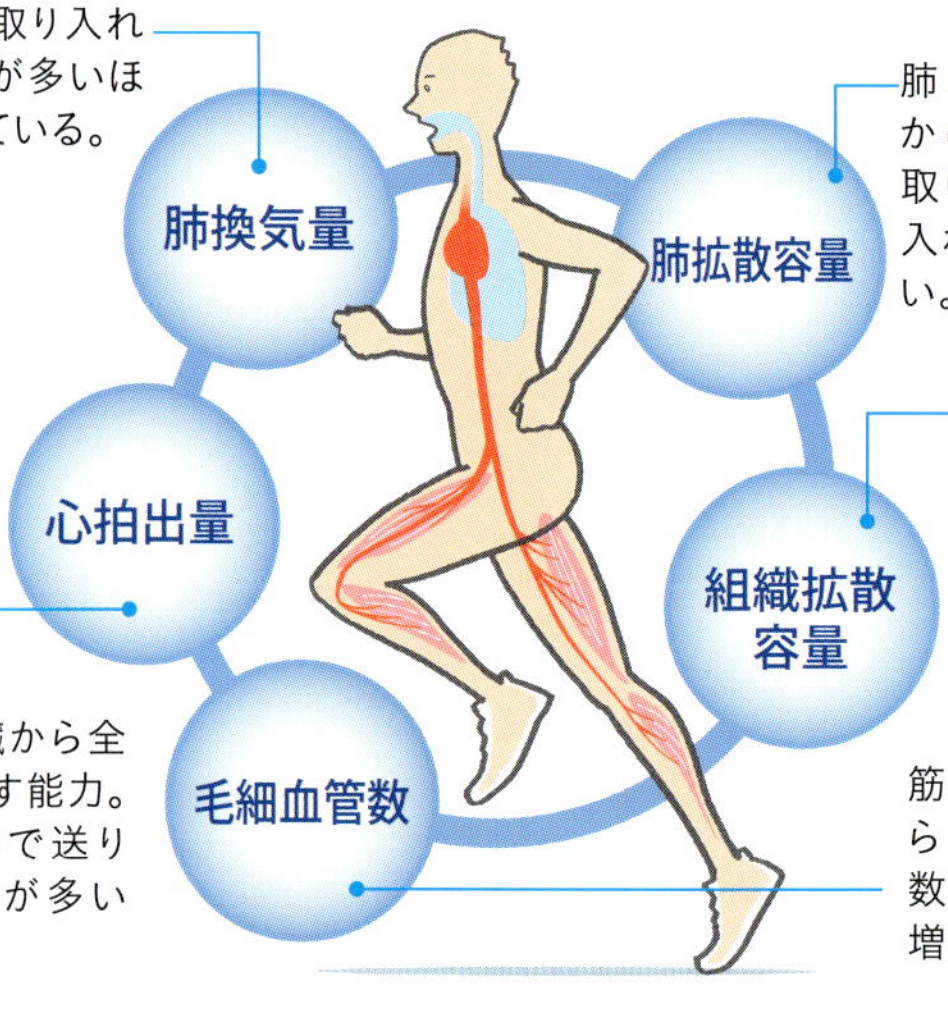

肺に空気を取り入れる能力。量が多いほど、すぐれている。
肺換気量
肺に吸い込んだ空気から血液中に酸素を取り入れる能力。取り入れる量が多いほどよい。
肺拡散容量
心拍出量
血液を心臓から全身に送り出す能力。1回の拍動で送り出される量が多いほどよい。
全身に送られた血液から筋肉細胞に酸素を取り入れる能力。取り入れられる量が多いほどよい。
組織拡散容量
毛細血管数
筋肉組織中に張りめぐらされた毛細血管の数。毛細血管の数が増えるほどよい。

で高めることができ、1回の拍動で送り出される血液量（拍出量）が増えます。それによって、酸素を含んだ血液を、効率よく全身に送り届けることができるようになります。

また、拍出量が増えることで、楽にスピードを出せるようになります。たとえば毎分120回の心拍数で走るとしましょう。**拍出量が少なかったときにくらべ、1回の拍動で筋肉に送れる酸素の量が増えるため、同じ心拍数なのに速く走ることができるのです。**

一方、血管は血液を送るパイプの役割を果たしています。心臓から出た血管は枝分かれして細くなり、最終的には毛細血管となります。酸素を運ぶ役割を担っているのは、血液中の赤血球です。赤血球は毛細血管を通るときに、酸素を筋肉細胞に供給しているのです。**LST（→118ページ）をすることで毛細血管の数が増えると、酸素を筋肉細胞の1つ1つに送り届ける能力が高まります。**

また、血液にも変化が起こります。酸素の運搬に必要な赤血球中のヘモグロビン値が上昇するのです。赤血球の寿命は120日程度なので、毎日少しずつ新しいものと入れ替わっています。**インターバル走（→120ページ）を続けることで、赤血球のヘモグロビンは効率よく酸素を運搬できる量に変化していくのです。**

心臓と血管の機能を向上させる

心臓のポンプ機能を高めることで1回の拍動で送り出される血液量を増やし、毛細血管の数を増やしていくことで筋肉細胞に送り込む酸素の量を増やしていく。また、血液中のヘモグロビン値を上昇させることで、酸素の供給効率をアップさせる。

心臓

全身に血液を送り出すポンプ機能を担う。

▼

ポンプを大きくする

心臓の拍出量が増えると、1回の拍動で送り出される血液量が増える。

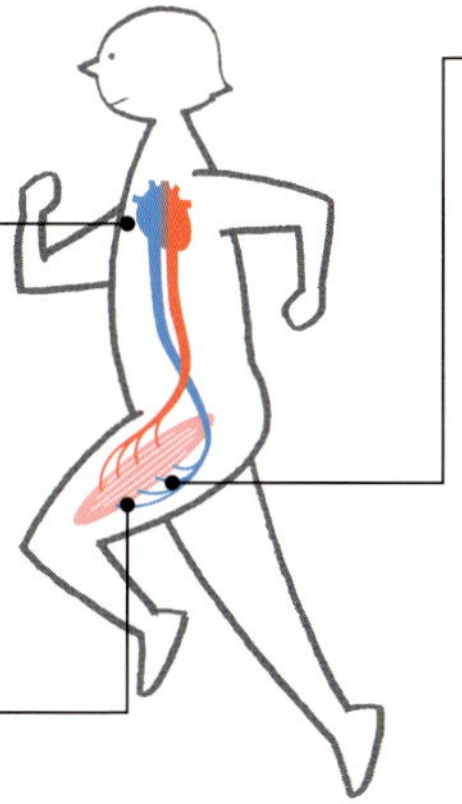

血管

血液を送るパイプの役割を担う。

▼

パイプの数を増やす

筋肉中の毛細血管の数が増えると、一度に筋肉細胞に送れる酸素量が増える。

血液

体の各組織に酸素を運ぶ役割を担う。

▶ **ヘモグロビン値が上がる**

赤血球中のヘモグロビンの量が増えることで、酸素供給効率がアップする。

ロスを少なくする呼吸法を考える

鼻呼吸でペースをコントロールする

呼吸法は、ランニングの強度によって変えていくとよいでしょう。たとえば、2〜3㎞の距離を全力で走る場合には、多くのランナーが口と鼻で呼吸をし、「1歩で吸って1歩で吐く」呼吸になります。これが一定時間においてもっとも多くの酸素を取り入れられる呼吸法です。

しかし、これはマラソンに適した呼吸法とはいえません。たくさんの酸素を取り入れることはできますが、呼吸のために筋肉を使いすぎて、無駄なエネルギーを消費してしまうからです。

マラソンは数㎞を全力疾走するようなスピードでは走りませんから、1回で取り入れる酸素量も少なくなります。

そこで**おすすめなのが鼻呼吸です。口を閉じたまま、鼻だけで呼吸しながら走るのです。**この呼吸法だと、酸素をたくさん取り込むことができないので、自然とペースが抑えられます。**たとえば鼻呼吸で、「4歩で1回吸って4歩で1回吐く」リズムで走ってみましょう。**

のぼり坂とくだり坂で呼吸のリズムを変える

呼吸するときには、1本の気管を呼気《こき》（吐く息）と吸気《きゅうき》（吸う息）が交互に通るため、「吸う」と「吐く」が切り替わるときにロスが生じます。吸ったけれども肺に届かずに吐き出される空気や、吐いたときに外に出切らず肺や気管に残る空気が生まれるのです。

「4歩で吸って4歩で吐く」リズムなら、「吸う」と「吐く」の切り替えが少なくなるため、ロスの少ない効率的な呼吸となります。1回の呼吸で取り込める酸素量は多くありませんが、マラソンを走るペースならこれで十分です。

坂道では、体にかかる負荷が変わるので、それに合わせて呼吸のリズムを変えていくといいでしょう。

たとえば、**のぼり坂では「2歩で吸い・2歩で吐く」リズムに、くだり坂では「8歩で吸って8歩で吐く」リズム**にしてみましょう。のぼり坂ではたくさんの酸素を取り入れる必要があり、くだり坂では少なくて済むからです。

ランニングの強度に応じて呼吸法を変える

必要となる酸素量は、ランニングの強度によって変わる。そこで、平坦（通常）、のぼり（強度が高い）、くだり（強度が低い）を目安に、呼気と吸気をコントロールしよう。とくに平坦な場所では、鼻呼吸で走り通せるくらいゆったりとしたペースで走るとよい。

平坦

基本は4歩で1回吸い、4歩で1回吐くリズム。鼻呼吸で通せるペースで、リラックスして走ろう。

▼

のぼり

2歩で吸う

2歩で吐く

のぼり坂など強度が強いときは、やや速いリズムで呼吸する。高い負荷がかかっても、力まないように気をつけよう。

くだり

8歩で吸う

8歩で吐く

くだり坂など強度が弱いときは、やや遅いリズムで呼吸する。ペースが速くなりすぎないようにしよう。

どうして脚が動かなくなるの？

収縮が繰り返されることで筋肉が過緊張の状態になる

マラソンを走っていると、脚が全然動かなくなってしまう人がいます。「疲れた」という状態を超え、走り続けるのが困難になってしまう状態です。ヒザの屈伸運動すら、満足にできなくなります。**原因として、過緊張とエネルギー切れの2つが考えられます。**

過緊張とは、筋肉が収縮したまま固まっている状態をいいます。本来なら、ランニングをしているとき、筋肉は収縮と弛緩《しかん》を繰り返しています。しかし、長い距離を走ることで**筋肉の収縮が繰り返されると、酷使《こくし》された筋肉は弛緩しなくなり、過緊張の状態に陥《おちい》ってしまう**のです。

エネルギー切れは、文字通りランニングに必要なエネルギーを切らしてしまうことです。力みのあるランナーによく見られます。**力んで筋肉を酷使した走り方をすることで、筋肉に貯蔵されているグリコーゲンが使い果たされてしまうのです。**そうして、フィニッシュする前にエネルギー切れを起こしてしまうことがあります。

大きな原因はエネルギー切れと過緊張の2つ！

ランニングで脚が動かなくなる原因は、過緊張とエネルギー切れの2つ。筋肉に力みのある状態で走ることで、過緊張状態を引き起こし、グリコーゲンも枯渇させてしまうのだ。

脚が動かなる原因とは？

エネルギー切れ

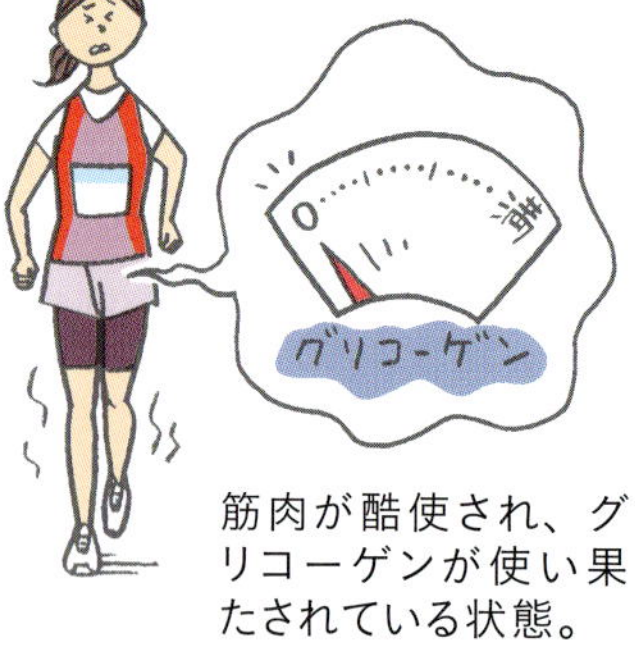

筋肉が酷使され、グリコーゲンが使い果たされている状態。

過緊張

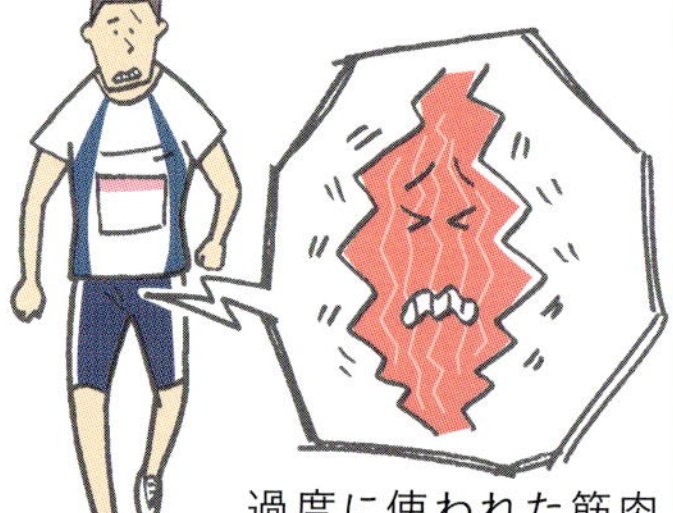

過度に使われた筋肉が収縮したままで固まっている状態。

どうして過緊張が起こるのか？

過緊張が起こる原因はさまざまだが、よくあるのは「ブレーキの大きい走りになっていること」「力みのある走りになっていること」の2つ。

原因1 ブレーキの大きい走りになっている

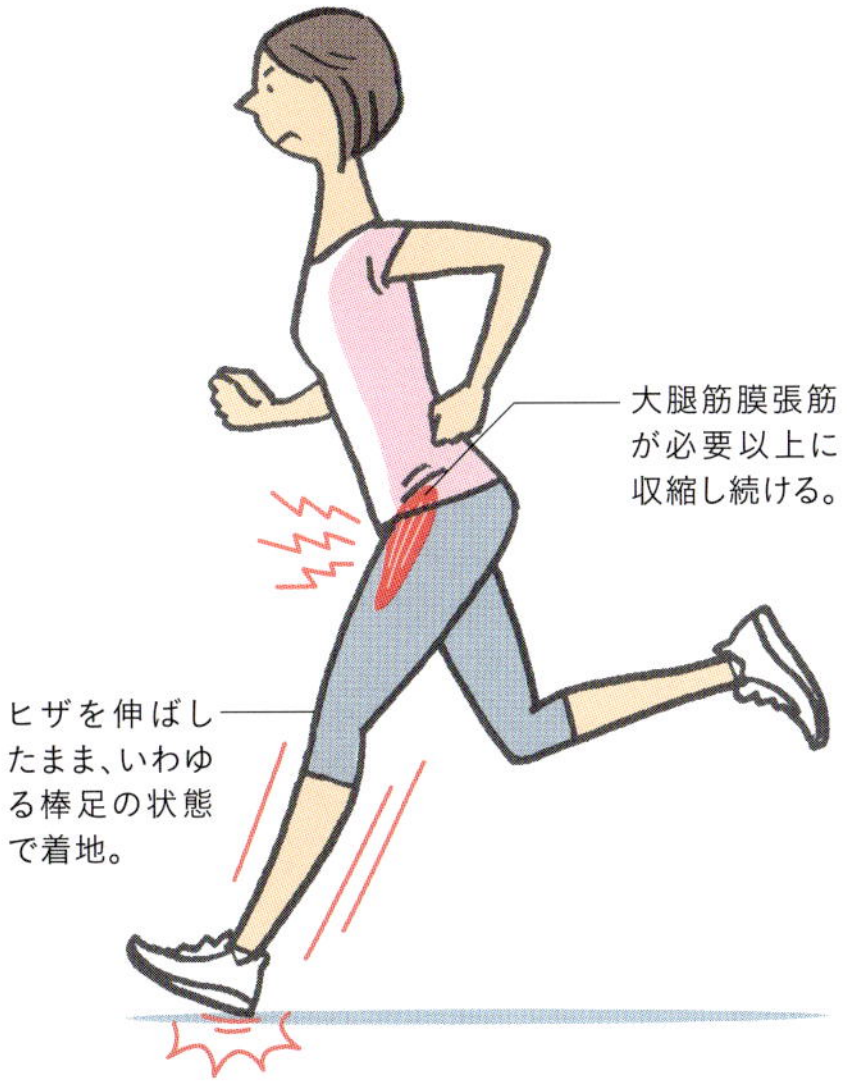
大腿筋膜張筋が必要以上に収縮し続ける。
ヒザを伸ばしたまま、いわゆる棒足の状態で着地。

棒足着地はブレーキの大きな走りの典型

ヒザを伸ばしたまま着地することを棒足着地と呼ぶ。着地のたびに大きなブレーキがかかる走りで、大腿筋膜張筋などの過緊張を起こしやすい。それだけでなく、腸脛靭帯炎(→P.156)などの原因ともなる。

原因2 力みのある走りになっている

大腿四頭筋が必要以上に収縮し続ける。
路面を強くたたくように着地。

力んで走り続ければいずれは限界がくる

着地のたびに路面をたたくような力みのある走りをしていると、大腿四頭筋など、太もも前側の筋肉過緊張を起こしてしまう。リラックスして走るようにしたい。

▼ これらの結果

筋肉が収縮したままの状態が続き、
筋肉がはたらかなくなってしまう(過緊張)！

水分はどう使われて、失われるの？

水を飲んだだけでは体内に補給されない!?

走り続けるためには、水分が必要です。とくに気温が高いときには、汗を蒸発させることで体温を下げるので、体の水分が失われやすくなります。ですから、長い距離を走り続けるためには、適切な水分補給が大切です。

しかし、**とにかく水を飲めば、必ず体内に水分が補給されるというわけではありません。**

人間の体を単純化して、ちくわのような筒状の構造だと捉えてみましょう。上の入り口から食べ物や飲み物を入れ、途中で消化と吸収を行って、体内に水分や栄養分を取り込みます。吸収できなかったものは、下の出口から出します。

筒の中は胃や腸の内部に当たりますが、これらの器官の内部に食べ物や飲み物があるだけでは、体内に吸収されたことにはなりません。**腸の消化管壁で吸収されて、初めて水分や栄養分は体の中に入ります。**

水分が胃の中に残っていたり、下痢《げり》を起こして外に排《はい》出《しゅつ》されてしまったりすることもあります。この場合、たく

消化と吸収は体を“ちくわ”にして考える

食道、胃、腸はちくわの筒のようなもの。口から水分を入れても、そのまま流れ出てしまったら、体内に吸収されたことにはならない。体内に水分を補給させるには、ちくわの身（体では腸の消化管壁）に吸収させる必要がある。

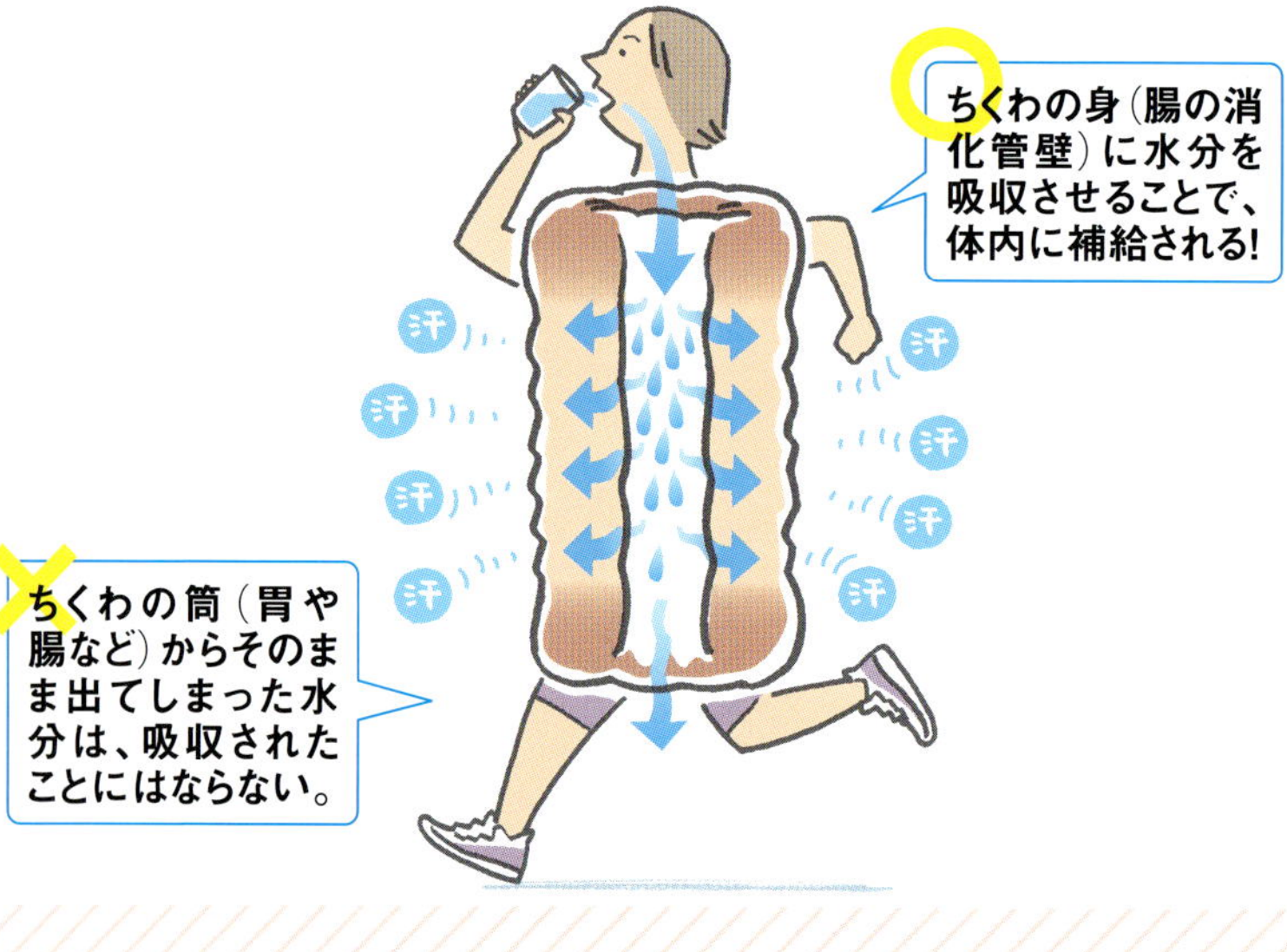
ちくわの身（腸の消化管壁）に水分を吸収させることで、体内に補給される!
汗
汗
汗
汗
汗
汗
汗
汗
ちくわの筒（胃や腸など）からそのまま出てしまった水分は、吸収されたことにはならない。

さん水を飲んでいたとしても、体には水分が補給されていないわけです。

水分は塩分を含んだ食べ物と一緒にとる

　このようにきちんと水を飲んでいても、水分不足になる可能性があります。

　そこで、**水を飲むときに食べ物を一緒にとるようにしてみましょう。胃や腸の中に食べ物があることで、水が消化管にとどまりやすくなります。**食べ物がスポンジのような保水性を発揮し、胃や腸に水分をとどまらせてくれるからです。とくに塩分を含んでいる食べ物を一緒にとると、汗で失われる塩分を補給できるのに加え、水に塩分が加わることで、水だけを飲んだ場合よりも吸収が速くなります。

　また、レースやトレーニングにおいて、水分は不足してはいけませんが、多すぎるのも問題があります。

　とりすぎた水分は尿として捨てられるので、走っている最中に何度もトイレに行きたくなる場合には、必要以上に水分をとっている可能性があります。レースでは、これは大きなタイムロスにつながってしまいます。

効率的な水分補給のカギは保水性

保水率とは、どれだけ胃や腸に長く食べ物や飲み物をとどめておけるか、ということ。胃や腸の中に食べ物があると、両方を高い状態にできる。保水率を高めるために、お腹に食べ物を入れておくとよいだろう。

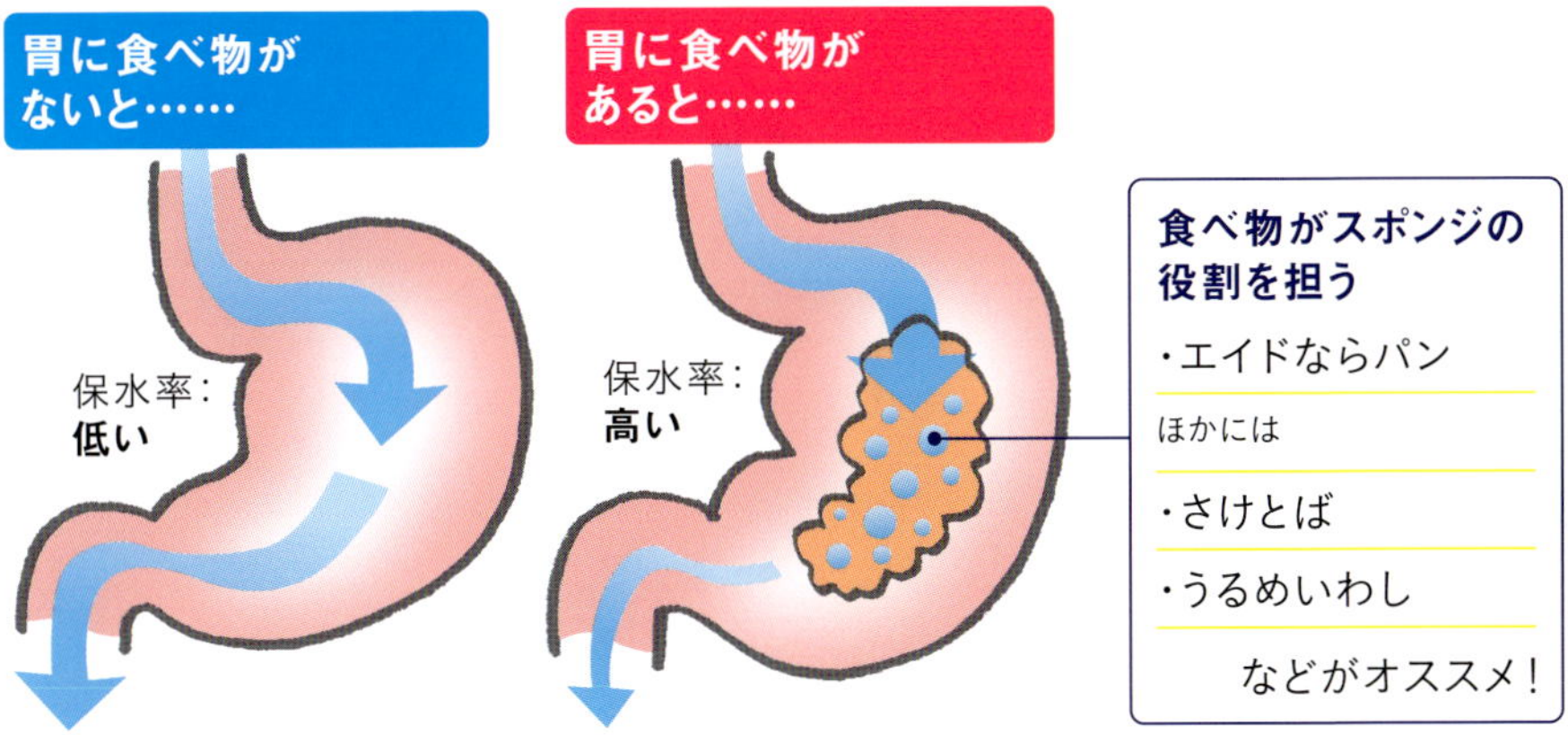
胃に食べ物がないと……
保水率：
低い
胃に食べ物があると……
保水率：
高い
食べ物がスポンジの役割を担う
・エイドならパン
ほかには
・さけとば
・うるめいわし
などがオススメ！

胃に何も物がない状態では、入ってきた水分が外に出やすくなってしまう。

胃に物があると、入ってきた水分が長くとどまり、さらに素早く体内に取り込まれるようになる。

理由は182ページ

着地時のブレーキを減らすには？

路面への力が前方に向かうほどブレーキが大きくなる

ランニング時に足が路面にどう着くのかによって、着地時の衝撃の大きさがちがってきます。**前に振り出した足が路面に着くとき、やや前方に力を加えることになります。すると、ランナーの体はやや後方に向かう反作用の力を受けることになります。**

この反作用の力は、主に体を空中に浮かせることに使われますが、一部はブレーキをかける方向にもはたらいてしまいます。

このブレーキは、着地したときに路面に加える力が、前方へ向かえば向かうほど大きくなります。ブレーキが大きければ、前へ進むための力をロスしてしまいますし、体に無駄な負荷がかかって故障のリスクも高まります。

着地時にかかるブレーキがあってよいことではないので、できるだけ小さくすべきです。

着地時に足にかかる衝撃とは?

着地による作用で路面にAという力を加えるとき、その反作用として足には同じA′という大きさの力が返ってくる。さらにA′の力はBとCに分解して考えることができる。

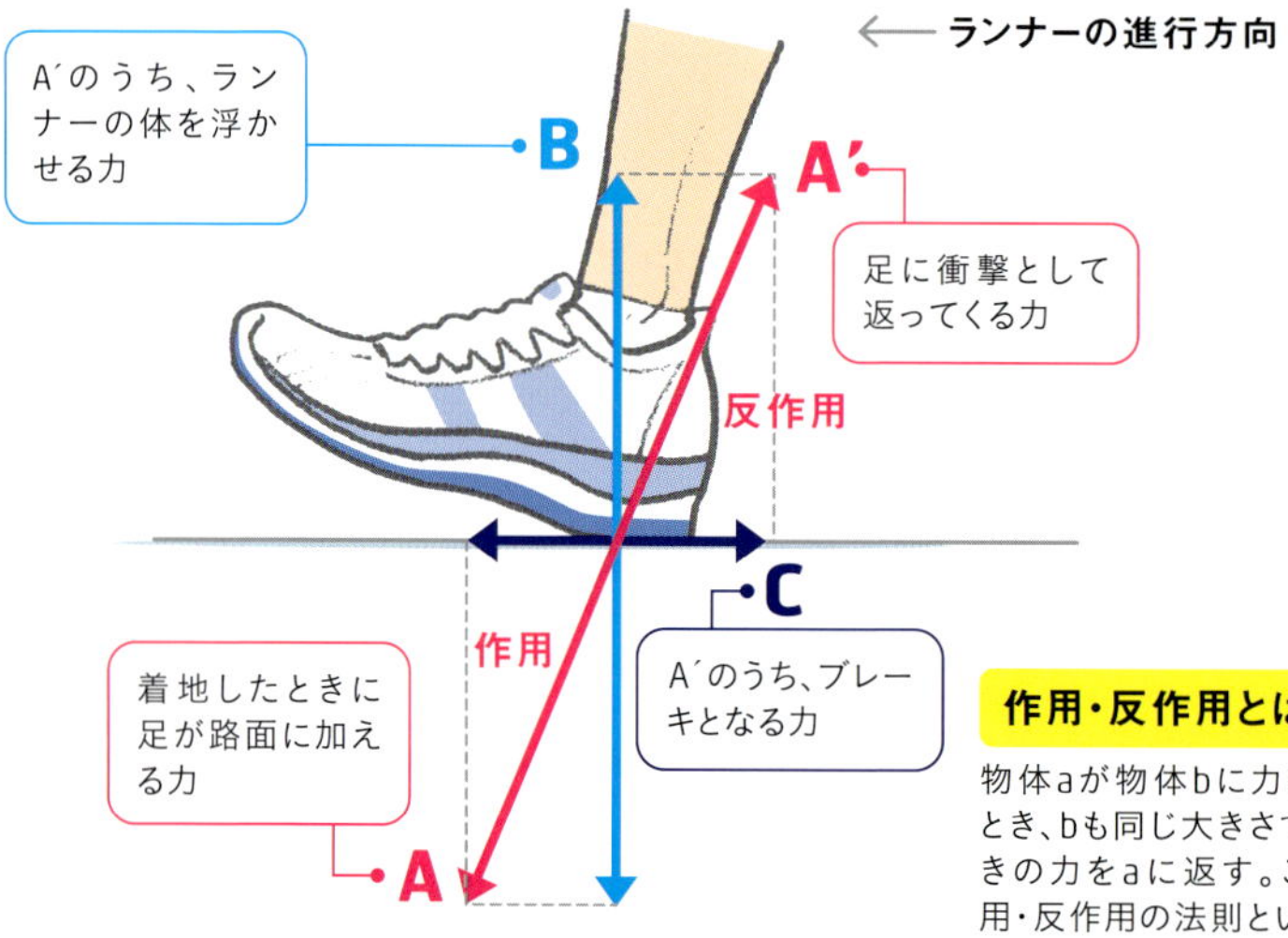
ランナーの進行方向
A′のうち、ランナーの体を浮かせる力
B
A′
足に衝撃として返ってくる力
反作用
C
作用
A′のうち、ブレーキとなる力
着地したときに足が路面に加える力
A

作用・反作用とは

物体aが物体bに力を加えるとき、bも同じ大きさで反対向きの力をaに返す。これを作用・反作用の法則という。

ヒザ下を垂直にして着地し重心の上下動を少なくする

着地によるブレーキを減らすポイントは、振り出した脚を軽く曲げ、ヒザから下が垂直になるように着地することです。このように着地することで、着地時のブレーキを最小限に抑えることができます。

着地するときにヒザが伸び切っていると、ブレーキが大きくなることに加え、棒状になった脚が棒高跳びのポールのような役割を果たします。着地時に上向きの力が生まれることで、前方向に進んでいた体が上方向に飛ばされてしまうのです。このように脚を棒のようにする着地は、走りのスピードを高さに変えるはたらきをするため、大きな無駄が生まれてしまいます。

また、**着地時にヒザが深く曲がりすぎているのも、ロスにつながります。**ヒザがくずれて重心が下がるため、そこから重心を持ち上げなければいけません。着地後に下から上へと体を動かすことになるので、無駄が生じるのです。

ヒザ下が垂直になるように着地し、重心の上下動が最小になるようにしましょう。

着地時の姿勢によって衝撃の大きさが変わる

着地による衝撃を減らすポイントは、着地時にヒザ下を垂直にして、路面に足を着けること。こうすることで、腰の高さが一定になる。その結果、着地の衝撃が少なくなり、スピードを落とさずに走れるようになる。

OK ヒザ下を垂直にして着地

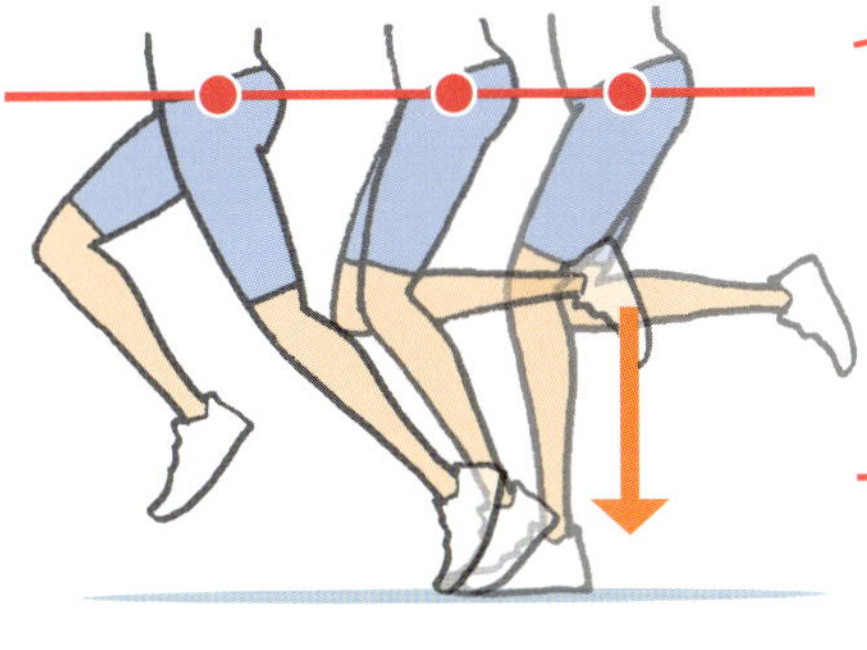

着地後、体が浮き上がることも、腰が沈み込むこともない。走りのスピードを殺さないで進むことができる。

NG1 ヒザが伸び切って着地

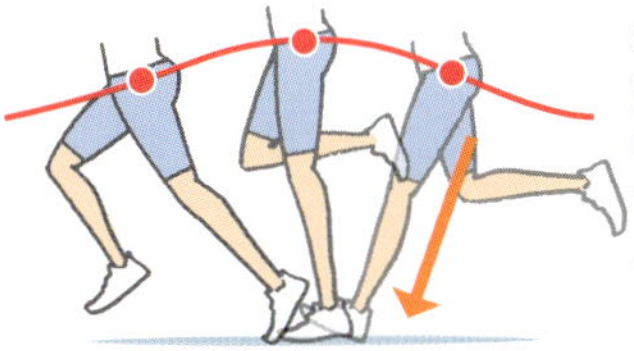

着地時に足が棒高跳びのポールのようになって、体が上空へ浮き上がってしまう。

NG2 ヒザがくずれて着地

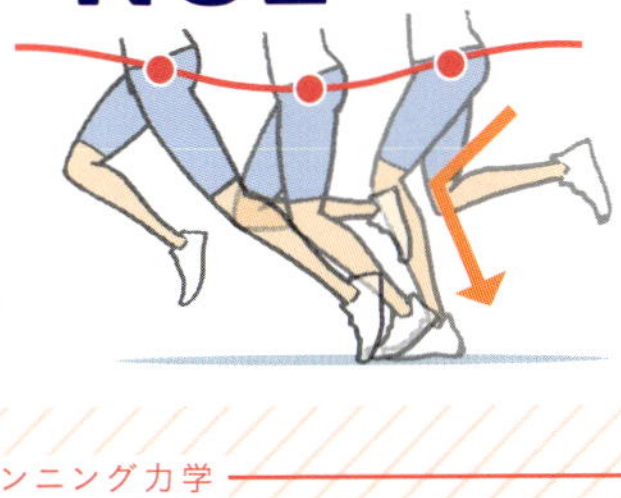

着地後にヒザがさらに折れ曲がり、腰が沈み込む。元に戻ろうと上がる分、ロスが増えてしまう。

省エネランニングでブレーキを減らせ

ブレーキがなければ ずっと進み続けられる

動いている物体に力が加わらなければ、その物体は同じように動き続けます。これを**慣性の法則**といいます。つまり、**一度動き始めた人間の体は、ブレーキとなるような力が加わらなければ、新たに前に進むために力を使わなくても進み続ける**ことになります。

もっとも、空気の抵抗や地面との摩擦など、避けがたいブレーキもありますので、ブレーキを最少に抑える走りを目指すことになります。

ブレーキを最少に抑えるポイントは、脚の回転運動です。自転車の車輪のようにきれいな円になっていれば、最初に小さな力を加えるだけで、体はスムーズに前に進んでいきます。

ランニングにおける車輪は、体の前側で路面をかくプル局面と、体の後ろ側で路面を押すプッシュ局面のバランスです。プルとプッシュの両方がそろうことで、脚はバランスのよい回転運動を起こします。

走り方がわるければ ブレーキが生まれる

ランニング中に生じるブレーキには、2つの種類があります。1つめは、**対路面のブレーキ**です。54ページで述べた作用・反作用によるブレーキなどを指します。2つめは、**対自分のブレーキ**です。ランナーに力みがあることでブレーキのある走り方になってしまうことを指します。

たとえば、マラソンの終盤、脚が思うように動かなくなり、それでもペースを維持しようとがんばって走っているとします。がんばりによって体に力みが生じると、筋肉の動きがわるくなり、ブレーキが生じてしまいます。

自動車の燃料消費量は、運転の仕方によって大きく変わります。何度もブレーキをかけたり、むやみにスピードを上げ下げしたりするような運転をすると、必要以上に燃料を消費してしまいます。逆にブレーキをかけず、一定速度で走り続けると、燃料の消費量は最少で済みます。

そこで、**脚の回転運動によって慣性の法則を最大限活用し、ブレーキのない省エネランニングを目指しましょう。**

慣性の法則を利用した走りにする

プルでは体の後ろ側の筋肉（ハムストリングなど）が主に使われ、プッシュでは体の前側の筋肉（外側広筋など）が主に使われる。こうした筋肉の使い方にかたよりがあると、脚の回転はきれいな円にならない。

OK 体の両面を使ってきれいな回転運動で走る

プルとプッシュできれいな脚の回転をつくっている。対路面のブレーキはほとんど生じていないので、ぐんぐん前に進める。

NG 体の半面しか使えておらず、無駄が多い

脚の回転運動のバランスがわるく、着地のたびに大きなブレーキがかかっている。加速とブレーキを繰り返すので、ロスが大きい。

運動連鎖を生むにはどうしたらいい？

スムーズな運動連鎖を起こすための姿勢をとる

運動連鎖（→38ページ）を起こして走るために、人間の体に備わっている2つの機能を活用しましょう。

1つめは**カウンタームーブメント、姿勢によってバランスをとる機能**です。姿勢反射とも呼ばれ、たとえば転びそうになったときに、反射的に手や足を出したり、姿勢を低くしたりして倒れないようにバランスをとることをいいます。ランニングでは、上体を前傾させることで骨盤が引け、脚が前に残るといった連動が自然と起きるようになります。

2つめは**カウンターウエイト、重さによってバランスをとる機能**です。人間の体は、倒れないように自然と前後左右で重さのバランスをとろうとします。たとえば、腕振りで右腕を前に出したぶん、左腕を後ろに引くことで前後の重さのバランスをとりやすくなります。脚も同じで、右脚を前に振り出すほど、左脚は路面を押すことができます。

このような体の機能が自然とはたらく姿勢で走ることで無理なく、全身の運動連鎖を起こせるようになります。

姿勢でバランスをとる（カウンタームーブメント）

ランニングに活かすポイントは、上体を前傾させると、骨盤が引け、それによって脚が前に残るなど全身が反射的に連動する姿勢で走ることだ。

○ 運動連鎖を起こす姿勢

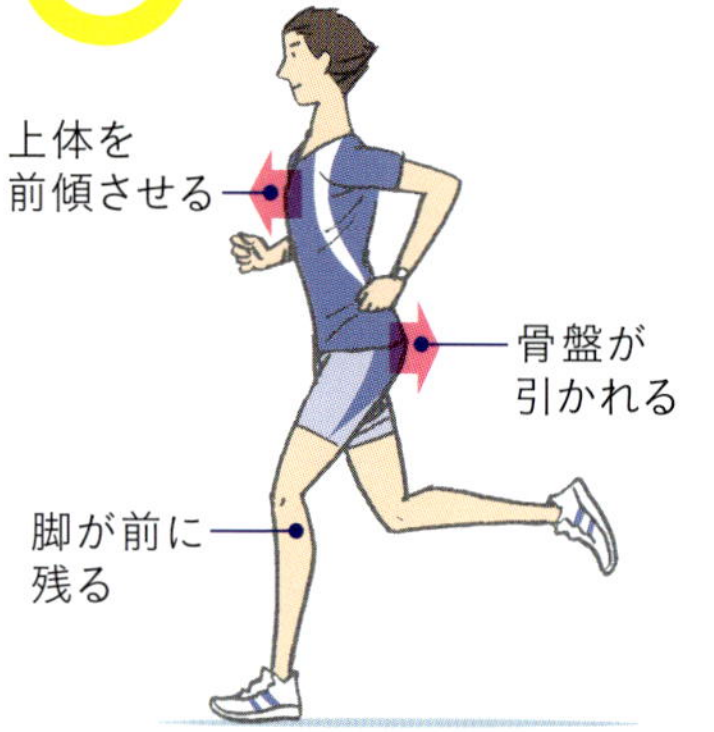
上体を前傾させる
骨盤が引かれる
脚が前に残る

カウンタームーブメントを活かすことで、全身の運動連鎖が起こりやすくなる。

× 各部を固定した姿勢

ヒジを固定して前後に振る
背すじを伸ばして固定
脚をまっすぐ前後に振る

各部の姿勢をバラバラに考えてフォームを固めようとすると、運動連鎖が起こらない。

重さでバランスをとる（カウンターウエイト）

人間の体は重さでもバランスをとろうとする。一方の腕を前に出すとき、反対の腕も同じ分だけ後ろに下げることでバランスをとろうとする。このしくみを利用して、大きな動きを導いていく。

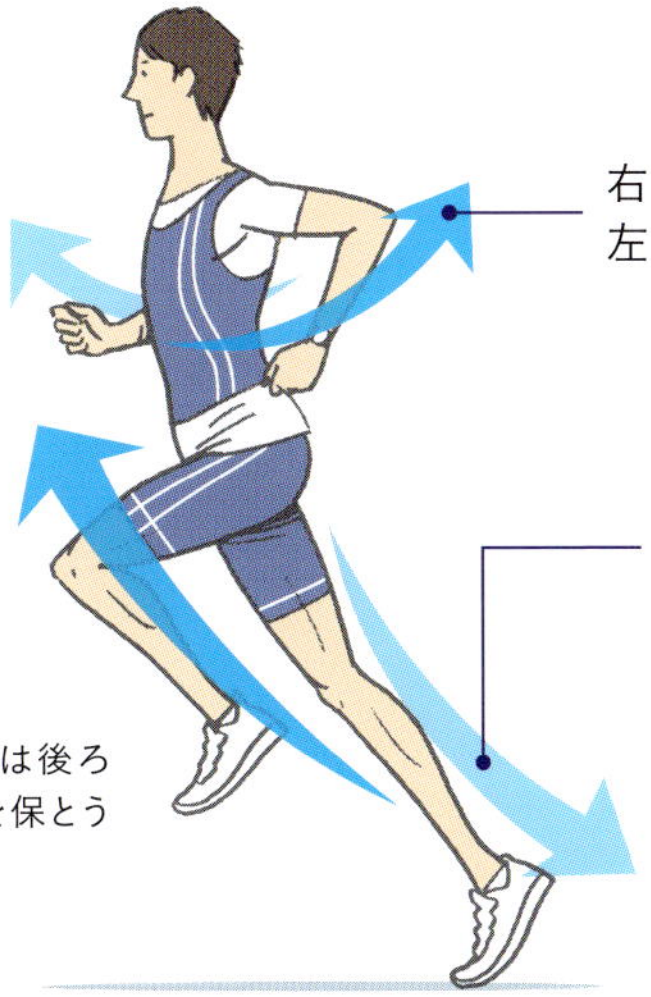
右手を前に出すほど、
左手が後ろに下がる
左脚を前に出すほど、
右脚が路面を押す
一方が前に出た分、反対側は後ろに下がって重さのバランスを保とうとする。

さらに!

ヒザの高さを上げることでエネルギーを生み出す!

2つのカウンター動作に加えて、エネルギー保存の法則も活用して、推進力をより大きなものに変えていこう。

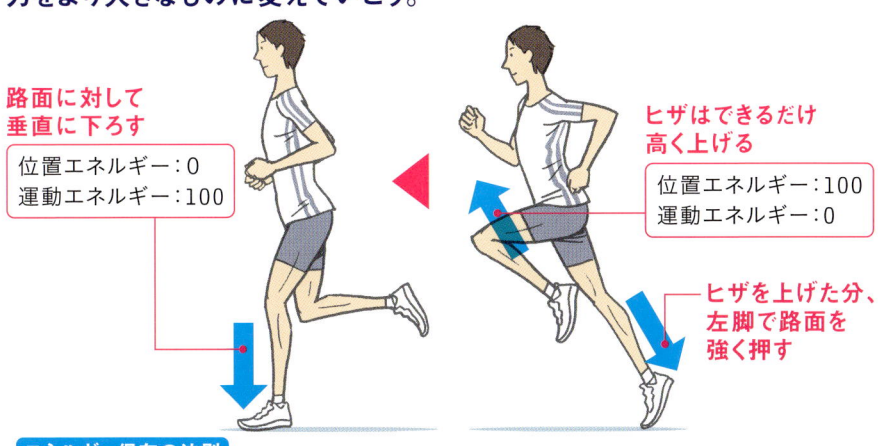

路面に対して
垂直に下ろす
位置エネルギー：0
運動エネルギー：100
ヒザはできるだけ
高く上げる
位置エネルギー：100
運動エネルギー：0
ヒザを上げた分、
左脚で路面を
強く押す

エネルギー保存の法則

モノが上から下に落ちるときのエネルギーを**運動エネルギー**といい、モノが高い位置にあって、落ちるエネルギーを蓄えているものを**位置エネルギー**という。「運動エネルギーと位置エネルギーは、相互に移動するだけで、両者の和（合計）は変わらない」とされている。つまり、脚を高く上げて位置エネルギーを大きくするほど、その脚を下ろしたときの運動エネルギーが大きくなる。

坂道を少しでも楽に走るには？

ナナメにのぼるだけで坂道はかなり楽に走れる

ずっと平坦なコースはほとんどありませんから、のぼり坂を上手に走れるかどうかは、レース結果に大きく影響します。のぼり坂を走る技術が低いと、そこで大幅にペースダウンしたり、無駄にエネルギーを使ったりしてしまいます。そこで、のぼり坂を楽に走るための〝技術〟を身に付けておくようにしましょう。

ポイントは、**斜面に対してナナメにのぼること**です。なぜなら、まっすぐにのぼろうとすると、斜面に着地したとき、体に対して後ろ側に落ちようとする力がはたらいてしまうからです。かかとから着地した場合でも、つま先から着地した場合でも、これは変わりません。後ろ向きの力が、坂をのぼろうとする力に対してマイナスに作用するため、のぼるのに余計な力が必要になってしまうのです。

これに対し、ナナメにのぼる場合は、体を斜面側に傾けやすくなります。つまり、**斜面側に倒れようとする力を、前に進むことに活かせる**のです。

蛇行して走ることで体への負担を減らせる

坂道ではまっすぐに走ろうとせず、蛇行しながらナナメにのぼるようにしてみましょう。そうすることで、あまりスピードを落とさず、体に無理な負担をかけずに坂をのぼり切ることができます。

蛇行しながらナナメに走ると、走る距離は少し長くなってしまいます。しかし、傾斜がわずかに緩くなるため、筋肉に負担をかけることなく坂道をのぼることができます。そうすることで、**たとえ距離が長くなったとしても、ナナメに走るほうが、エネルギーのロスは小さくて済む**のです。

のぼり坂だけでなく、くだり坂も蛇行することで無理なく走ることができます。とくに傾斜が急なくだり坂の場合には、スピードが上がりすぎるために、ブレーキをかけながら走ってしまうことがあります。そうなると、きれいな脚の回転運動も維持できなくなります。ナナメにくだると、傾斜が緩やかになるため、フォームをくずさずに走れるのです。

坂道はナナメにのぼり、ナナメにくだる

斜面に対してまっすぐのぼろうとすると、どうしても後ろへ落ちようとする力がはたらき、ロスが生まれてしまう。そこで、ナナメにのぼる走り方を試してみよう。効果のちがいを実感できるはずだ。

つま先から まっすぐ着くと……

足裏で後ろ側に落ちようとする力がはたらき、すべての力を前への推進力に使えなくなる。

かかとから まっすぐ着くと……

上体が後ろ側に落ちようとする力がはたらき、前へ進むための力がそがれてしまう。

▼

ナナメに着く

斜面に重心が傾くので、倒れようとする力を推進力に変えられる。

路面に対してフラットに着地できるので、後ろに落ちる力が小さくなる。

坂道は蛇行ランで攻略せよ!

のぼりもくだりも、坂道はナナメに走る蛇行ランがオススメ。少し走る距離が長くなっても、エネルギーのロスは少なくて済む。

2 脳は想像以上にたくさんのエネルギーを消費している

脳は体の中でも、とくに大切な器官です。生命を維持するためには、脳がはたらき続けている必要があり、脳の活動停止は死を意味するのですから、もっとも大切な器官だといっていいでしょう。

そのため、脳には常に一定量の血液が送られています。安静にしているときも、ランニングのような運動を行ったときも、脳に送り込まれる血液の量はあまり変わりません。脳がはたらき続けるためには、常に十分な量の栄養と酸素が必要となるからです。

安静にしているとき、脳には全身に送られる血液の13〜15%が循環しています。脳の重量は1200〜1400gで、体重のわずか2%程度ですから、**大きさのわりにたくさんの血液が送られている**ことになります。それだけ脳はたくさんのエネルギーを消費し、大切なはたらきをしているのです。

おまけに、脳細胞は糖質しかエネルギー源として利用できません。血液で脂肪が送られてきてもそれは使えず、**糖質だけを選んで、どんどん消費している**のです。

マラソンを走るランナーは、レースの終盤、糖質のエネルギー源であるグリコーゲンの枯渇に苦しめられることがあります。そのため、できるだけグリコーゲンを温存して走ることが、好成績につながると一般にいわれています。レース前にはごはんやパン、パスタなど、糖質を含む食品をたくさん食べて、少しでも多く糖質をため込もうとしているランナーもたくさんいます。

エネルギー源である糖質を温存するためには、脳で大量に消費される糖質を最小限に抑えたいものです。そのためには、レースが始まったらあれこれ考えず、無心で走るのがいいかもしれません。

PART 3

自分に最適なフォームを見つける

最適なランニングフォームは、人によって異なります。それを決めるのは、その人の骨格です。なめらかな回転運動を起こして走るためには、自分の骨格に合った走り方をすることが必要不可欠なのです。本書では、骨格の特徴に合わせて、大きく3タイプの走法に分けて紹介しています。自分に合ったランニングフォームを見つけてください。

ランニングフォームの正解は？

最適なフォームは体型によって変わる

理想のランニングフォームを手に入れるためには、自分の体型に合った走り方にする必要があります。なぜなら、体型によって、合理的な体の動かし方が変わってくるからです。

ポイントは、上半身と下半身のバランスです。具体的には、比較的体幹が長いランナー、比較的脚が長いランナー、体幹と脚がだいたい同じ長さのランナーという3タイプに大きく分けられます。

極端な体型の人体モデルで理想のフォームを考えてみよう

体幹の長さや脚の長さによって、どうして目指すべき走り方がちがってくるのでしょうか。極端に体幹を長くした人体モデルや、極端に脚を長くした人体モデルをつくってみると理解しやすくなります。

体幹が極端に長く、脚が短い場合、脚を上下させて走っても、そのがんばりは上半身にはほとんど伝わらず、体はあまり前に進みません。体幹の重さがあるため、簡単に動かすことができないのです。

このようなランナーは、脚を前後に大きくスイングさせることで、推進力を生み出すほうがよいでしょう。前から後ろへ、力強く路面をかくようにして進みます。

反対に**極端に体幹が短く、脚が長いランナーは、長い脚をスイングさせて走ると、脚を大きく振り出すときに、上半身が後ろに倒れそうになってしまいます。**

このような体型のランナーは、脚を上げ下げするピストン動作をすることによって、上手に体を進められるようになります。長い脚があれば、脚を上げ下げするだけで、体はどんどん前に進んでいくからです。

これらのことから、適切なランニングフォームは、体型によってちがってくることがわかります。まずは自分の体型をよく知り、その体型に合ったランニングフォームを身に付けるようにしましょう。

なぜ体型によって体の動かし方を変えるべきなのか?

なめらかな回転運動で走るべきなのは、すべての人に共通することだが、具体的な走り方はランナーの体型によって変わる。極端に脚を長くして胴を短くした人体モデルと、極端に胴を長くして脚を短くした人体モデルで比較し、その理由を考えてみよう。

胴が長くて足が短い

脚を上下に動かして走る

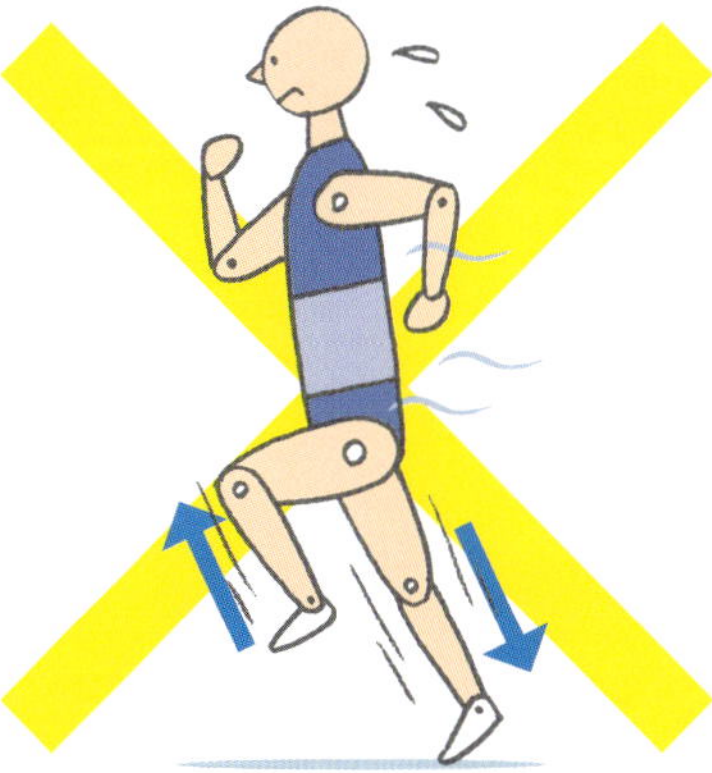

体幹が重たいために、がんばっているわりに体が前に進まない。

脚を前後に動かして走る

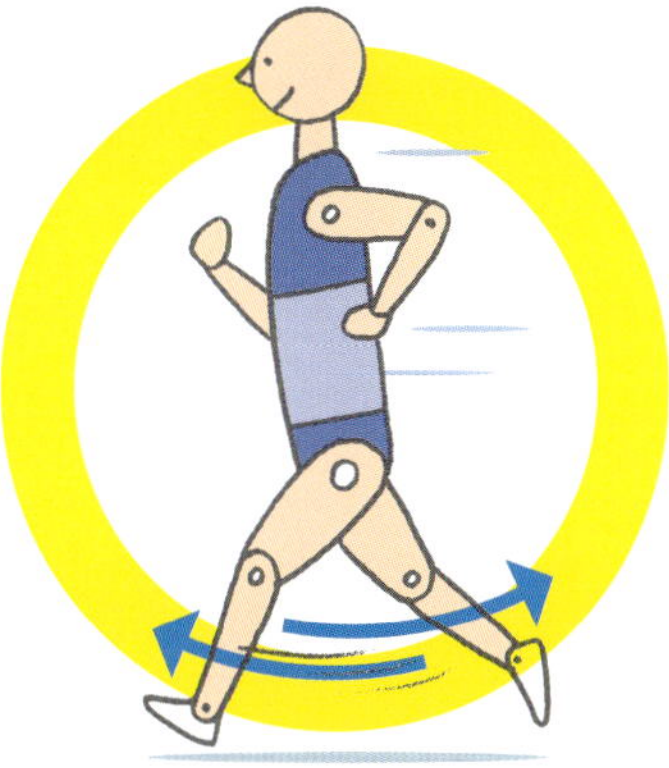

前方に振り出した足で路面をかくことで、ぐいぐい前に進む。

胴が短くて脚が長い

脚を前後に動かして走る

長い脚によるスイングのバランスをとろうとして、上体が後ろにのけぞりやすくなる。

<

足を上下に動かして走る

長い脚を上下に動かすだけで姿勢のバランスを保ちつつ、前に進むことができる。

自分の体に合った走法を見つけよう

体幹と脚の長さの比較で3つのタイプに分類する

ランナーの体型によって、最適なランニングフォームはちがってきます。それは、前ページで解説したように**「体幹の長さ」と「脚の長さ」がどのような関係にあるか**によって決まります。

そこで、私は体型を3つのタイプに分類し、それぞれの体型に合った走り方を提案しています。それぞれの走りの特徴を踏まえて、「ツイスト走法」「スイング走法」「ピストン走法」という名前をつけました。

ツイスト走法は、体の中心を垂直に通り抜ける軸を中心にして、体を左右にひねりながら走る方法です（→68ページ）。

スイング走法は、左右の股関節を通り抜ける軸を中心にして、脚を振り子のように前後にスイングさせる走法です（→72ページ）。

ピストン走法は、体の中心を前後に通り抜ける軸を中心にして、脚をピストンのように上げ下げして走る走法です（→76ページ）。

実際に長さを計測して自分の体型を判定する

自分にどの走法がふさわしいかは、実際に体幹と脚の長さを計測してみて、その計測値から判定します。計測するのは、**肩から股下までの体幹の長さ（T）**と、**股下から内くるぶしの中心までの脚の長さ（L）**です。

体幹と脚の長さが同程度、具体的には体幹の長さから脚の長さを引いた値が「マイナス2㎝からプラス2㎝」の範囲に入る人は、ツイスト走法タイプです。

体幹のほうが長い人、つまり体幹の長さから脚の長さを引いた値が、「プラス2㎝」より大きくなる人は、スイング走法タイプです。

脚のほうが長い人、具体的には体幹の長さから脚の長さを引いた値が、「マイナス2㎝」より小さくなる人は、ピストンタイプです。

自分の体を知り、その形に適した体の動かし方を身に付ければ、ブレーキが少なく、体力の消耗も小さい理想的な走り方が手に入るでしょう。

体幹と脚の長さを測ってくらべよう

自分に合ったフォームを見つける第一歩として、体幹と脚の長さを測ってくらべてみる。自分がどのタイプか判定できたら、実際にそのフォームで走ってみよう。自分の感覚を物差しにして、「走りやすい」「スムーズに脚を動かすことができる」と実感できることが大切だ。

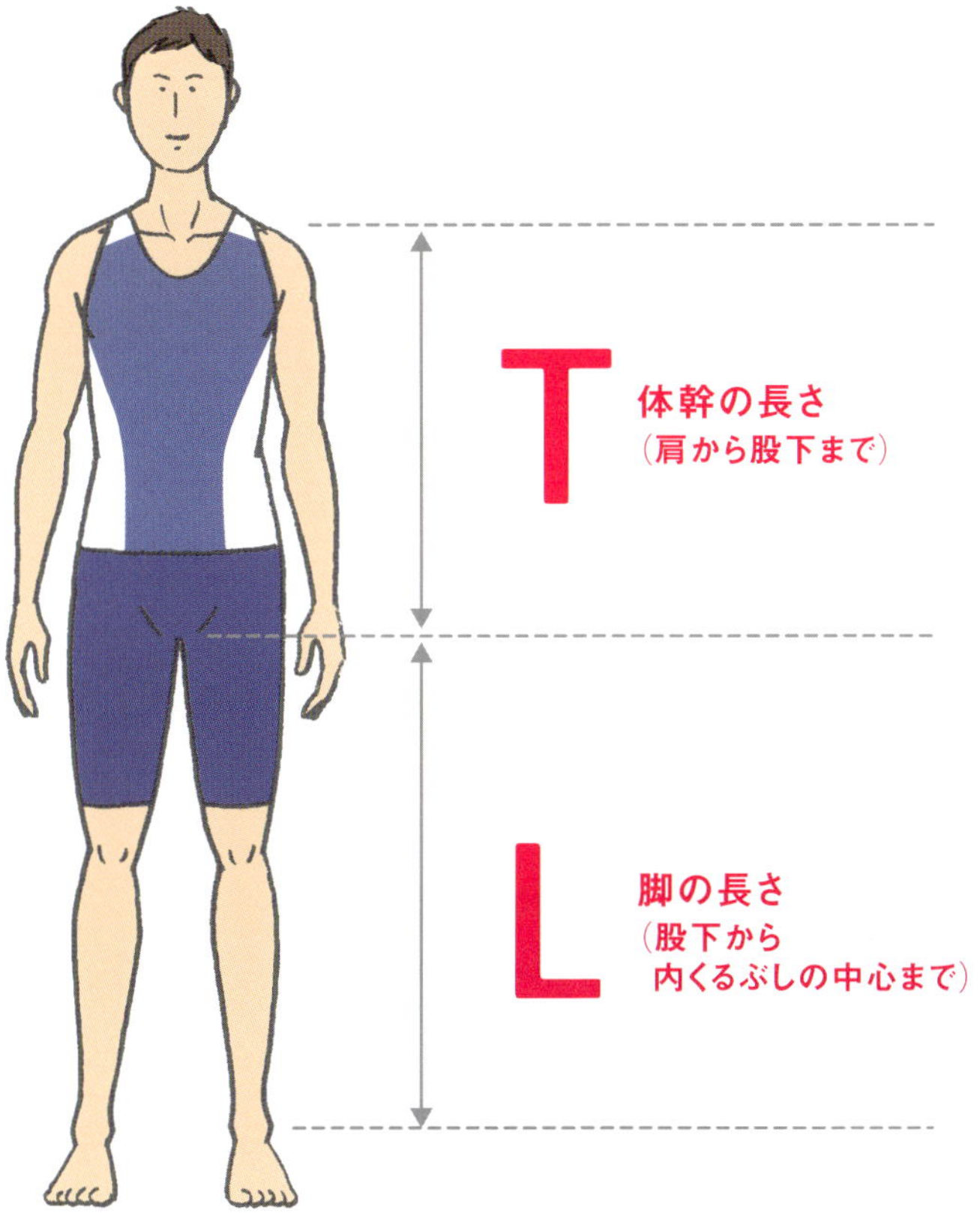

1: $L-2cm \leqq T \leqq L+2cm$ ▶

ツイスト走法タイプ
体の中心を垂直に通り抜ける軸を中心にし、体を左右にひねりながら走る。→68ページ

2: $T > L+2cm$ ▶

スイング走法タイプ
左右の股関節を通り抜ける軸を中心にし、脚を前後にスイングさせて走る。→72ページ

3: $T < L-2cm$ ▶

ピストン走法タイプ
体の中心を前後に通り抜ける軸を中心にし、脚をピストンのように上げ下げして走る。→76ページ

ツイスト走法のフォームとポイント

ツイスト軸を中心に体のひねりを利用する

ツイスト走法タイプが軸とするのは、体の中心を垂直に貫いている軸です。このツイスト軸を中心として、体を左右にひねる回転運動の力を利用して走ります。これがツイスト走法です。

体をひねるとき、上半身と下半身は反対の方向にひねられます。たとえば、右手が前に出るときには、上半身は右側の肩が前に出て、左肩が後ろに引かれる方向にひねられます。その反動で、下半身は反対の方向にひねられます。つまり、上半身の右側が前に出るときに、骨盤は左側が前に出るようにひねられ、それにつられるようにして、左脚が前に振り出されるのです。

上半身を小さく動かすことで脚が大きく動くのが、理想的です。そのためには、脚を前後に振るイメージはなくし、**上半身をひねることで生まれる骨盤の動きによって、脚の動きをリードする**ようにします。

小さなプルと大きなプッシュが特徴

ツイスト走法では、足はわりと体の近くに着くので、**つま先側からの着地するイメージ**になります。ただし、つま先だけで走るのではなく、つま先が着地した次の瞬間には、足裏全体が路面に着いて脚に体重が乗ります。

体の近くに着地するため、プルは小さくなります。プルはほとんど意識する必要はないでしょう。**着地した瞬間、その脚に体重が乗ってプッシュし、その力で前に進むイメージ**です。

プッシュを終えた脚は、すぐに前にもっていきます。脚を前に出そうと意識するのではなく、ツイスト軸を中心に上半身を回転させ、その反動で骨盤を回転させるようにします。そうすると、骨盤の動きにリードされて、脚が前に出てくるのです。

ツイスト走法は、スピードを上げたり下げたりしやすいのですが、その反面、一定ペースで走り続けるのは苦手です。また、くだり坂は得意ですが、のぼり坂は苦手です。

ツイスト走法の特徴

ツイスト走法は、体の中心を垂直に貫く軸で、体を左右にひねる回転運動を起こして走る。肩から動かすイメージで上半身をひねり、その反動で骨盤から下半身を反対方向にひねる。やや前傾し、重心は胸のあたりに置かれる。

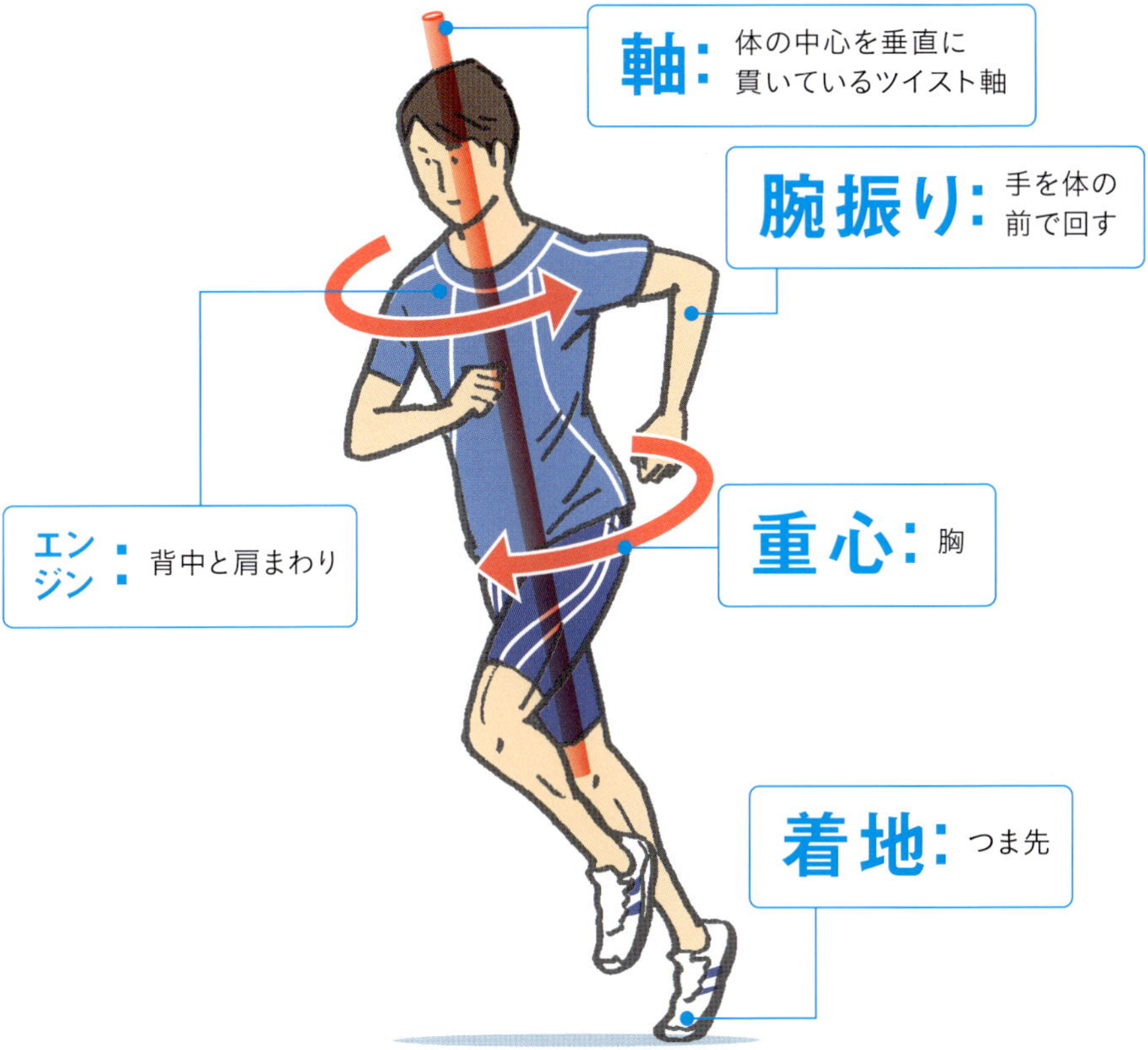

軸：体の中心を垂直に貫いているツイスト軸
腕振り：手を体の前で回す
エンジン：背中と肩まわり
重心：胸
着地：つま先

ツイスト走法 Data

平地 普通

のぼり坂 苦手

くだり坂 得意

ペース ペースの上げ下げをしやすい。
一定の距離で緩急をつけるインターバルが得意

得意なスタイル 人の前に出て、追いかけられるのが好き

代表的な選手 高橋尚子（2000年シドニー五輪・金メダル）
谷口浩美（1991年東京世界陸上・金メダル）
川内優輝（2013年モスクワ世界陸上・18位）など

脚の回転の割合

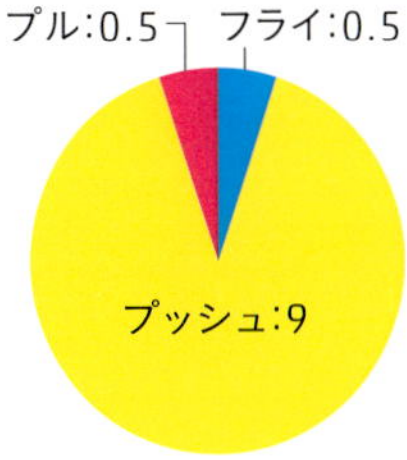

プル:0.5
フライ:0.5
プッシュ:9

Front
ディスエンゲイジメントでは上体は正面を向く。
Front
Front
肩を回転させることによって振り出された左足で、路面をつかみにいく。
肩を回転させる反動で、骨盤を反対方向に回転させる。
肩の回転によって骨盤も回転し始める。
この軸をぶらさずに走る

3

ボトムデスセンター

プルとプッシュの境目。ツイスト走法の胸がまっすぐ正面を向くのは、基本的にこの瞬間だけ。

2

プル

左足で路面をつかんで体を前に進めていく。ツイスト走法の場合、プルによる推進力は比較的小さい。

1

イニシャルコンタクト

体の近くで足を着くので、体感としては、つま先側から着地。次の瞬間には足裏全体が路面に着いて体重が乗る。

これがツイスト走法だ!

Front
Front
Front
左肩を前に回転させて反動で、左脚は強く路面を押す。
左肩が大きく回転する。
肩が大きく回転しているので、背中が見える。
自然と足が路面から抜けるようにする。
肩の回転によって骨盤が反対方向に回転し、左脚による強いプッシュが実現。

4

プッシュ

左脚で路面を強く押す。ツイスト走法はこのプッシュによって、非常に大きな推進力を得られる。

5

ディスエンゲイジメント

足が路面から離れる瞬間。このタイミングまで路面を強く押そうとすると、次の1歩の回転が遅れてしまう。

6

フライ（リカバリー）

両足が空中にある瞬間。ここから肩を回転させることで、素早く右脚を前にもっていく。

スイング走法のフォームとポイント

スイング軸を中心に脚を前後にスイングさせる

スイング走法タイプが軸とするのは、左右の股関節を水平に通過するスイング軸です。このスイング軸を中心にして、脚を前後に大きく動かして走ります。

スイング走法の場合、推進力は主にプルによって生み出されます。そのため、着地は**路面を強くキャッチするために、かかとから着きます。**

ただし、力強く路面をつかもうとして、ふんばるように足を着いてしまうと、ブレーキが大きくなるので気をつけましょう。

ポイントは**着地する瞬間に、すでにプルが始まっていること**。そうすることで、ほとんどブレーキをかけずに、力強いプルを生み出すことができます。スイング走法のランナーは、そのようなプルの威力によって効率よく体を前に進めることができるのです。

上半身は正面に向け固定させたまま走る

脚を振り子のようにスイングさせるためには、スイング軸を固定し、骨盤のひねりなどが生じないようにすることが大切です。軸がぶれないようにするため、上半身は常に正面を向けたままにしましょう。

スイング走法は、**腕を横に振るのがおすすめ**です。そうすることで、上半身を正面に向けておくことができます。

プッシュはあまり重要ではありません。プルのために脚を前に大きく振り出せば、バランスをとるために、後方にも大きく振られることになります。しかし、これは強いプッシュを行うためではなく、強いプルの結果として生み出されているだけです。

スイング走法のランナーはのぼり坂が得意です。のぼり坂では大きくプルを取ることができるため、効率よく走ることができるからです。また、徐々にペースアップしていくのが得意なので、レースではほかのランナーの後ろについていき、ラストスパートで勝負するのに向いています。

スイング走法の特徴

スイング走法は、左右の股関節を水平に通る軸で、脚を前後に動かす回転運動を起こして走る。上半身は常に正面を向けたままにし、脚を振り子のようにスイングさせる。上半身の姿勢を保つため、重心は腹部に置いて、腕は横方向に振る。

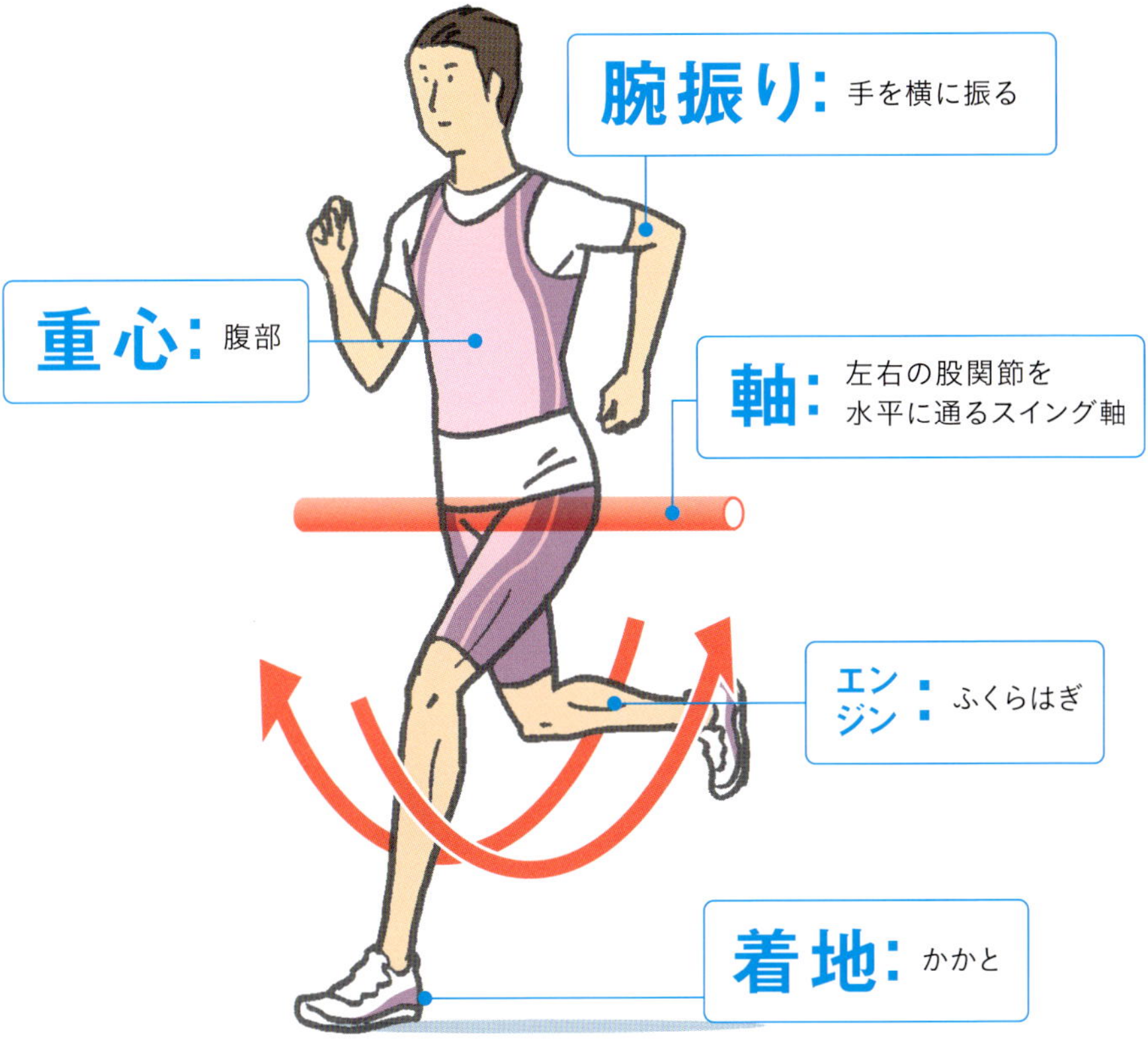

腕振り：手を横に振る
重心：腹部
軸：左右の股関節を水平に通るスイング軸
エンジン：ふくらはぎ
着地：かかと

スイング走法 Data

平地 普通

のぼり坂 得意

くだり坂 苦手

ペース スピードの上げ下げはしにくい。
後半にペースを上げるビルドアップが得意

得意なスタイル 人の後ろについて、追いかけるのが好き

代表的な選手 野口みずき(2004年アテネ五輪・金メダル)
中本健太郎(2013年モスクワ世界陸上・5位)など

脚の回転の割合

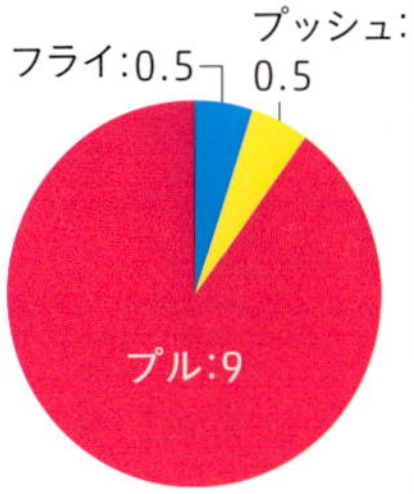

フライ:0.5
プッシュ:0.5
プル:9

Front
上半身は常に正面を向き続ける。
Front
Front
前に振り出した足で、しっかりと路面をつかむ。
ハムストリングをはたらかせることで、強いプルが生み出される。
この軸をぶらさずに走る
足を大きくスイングさせることで、路面を強くつかむことができる。

3

ボトムデスセンター

プルとプッシュの境目。スイング走法は常に上体がまっすぐ正面を向いている。

2

プル

着地と同時に、強く地面をかくように動かす。スイング走法はプル局面で、大きな推進力を得る。

1

イニシャルコンタクト

次のプルにつなげるために、路面を強くつかむので、かかと側から着地。上体は胸を張るような姿勢になる。

これがスイング走法だ!

Front
腕は横方向に振っていく。
Front
Front
右脚を大きく振り出して、路面をキャッチしにいく。

6

フライ(リカバリー)

空中から両足が離れるタイミング。右脚の大きなスイングによって、足が前後に開く。

5

ディスエンゲイジメント

路面から足が抜ける瞬間。左脚はとくに意識せず、右脚を大きく前に振り出していく。

4

プッシュ

スイング走法はプッシュ局面がほとんどない。プッシュを意識しすぎると、大きなスイングができなくなる。

ピストン走法のフォームとポイント

ピストン軸を中心に肩と脚を上げ下げさせて走る

ピストン走法タイプの軸は、体を前後に貫く水平の軸です。背骨と骨盤の骨が接する第5腰椎《ようつい》のあたりを通っています。ここが脚の上下運動の中心となります。

脚を上げるときには、骨盤から引き上げるようにします。ピストン走法が向いているのは、体の中で脚の占める割合が比較的大きい人です。その長い脚を持ち上げる動作は、決して楽ではありません。

そのため、右脚を上げるときには骨盤の右側を上げ、左脚を引き上げるときには骨盤の左側を上げるようにします。このように**骨盤から脚の引き上げと引き下げを行うことで、脚を上げやすくする**のです。

さらに、右脚を上げるときに右肩を下げると、脇腹の距離が短くなります。それによって、骨盤を引き上げる広背筋が力を発揮しやすくなります。

そのため、ピストン走法では、右脚を上げるときに右肩が少し下がり、左脚を上げるときに左肩が少し下がります。**脚の上げ下げを行うときに、肩の上げ下げも連動して起こるのが、ピストン走法の特徴です。**

上げた脚はそのまま落とすイメージで走る

ピストン走法では、上げた脚をそのまま下に落とすイメージで着地するとよいでしょう。**着地は、フラットに着く**ようにします。そして、そのまま体の真下に力を加えるのです。脚を真上に引き上げ、真下に落とすというイメージを持って走るとうまくいきます。

ピストン走法は、ペースを変えずに走り続けることが得意です。そのため、長い距離を走るのにも向いています。

その反面、ペースの変化に対応するのは苦手で、レースでもラストの競り合いなどには向いていません。のぼり坂もくだり坂も、とくに得意ではありません。ただ、平坦なコースであれば、ペースを維持したまま、長い距離を走り続けることができます。

ピストン走法の特徴

ピストン走法は、体を前後に貫く水平の軸で、脚を上下に動かす回転運動を起こして走る。骨盤から脚の引き上げと引き下げを行うことで、ピストン動作を導いていく。重心は長い脚に置かれ、腕を前後に振る反動で脚を動かしていく。

腕振り：手を前後に振る
軸：体を前後に貫く水平のピストン軸
エンジン：太もも
重心：脚
着地：フラット

ピストン走法 Data

平地 得意

のぼり坂 苦手

くだり坂 苦手

ペース いつまでも同じくらいのスピードで走れる
一定のスピードで走るペース走が得意

得意なスタイル 集団から離れて、単独で走るのが好き

代表的な選手 福士加代子（2013年モスクワ世界陸上・銅メダル）
高岡寿成（2005年ヘルシンキ世界陸上・4位）
有森裕子（1992年バルセロナ五輪・銀メダル）

脚の回転の割合

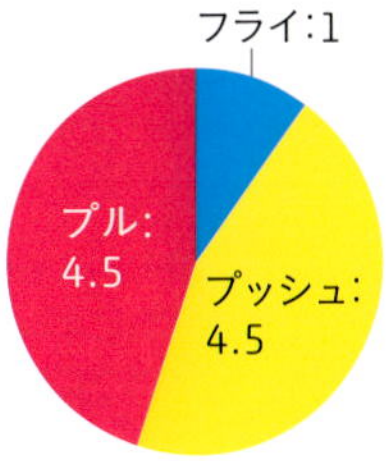

フライ：1
プル：4.5
プッシュ：4.5

Front
右脚が引き上げられ始め、左脚は上に引き上げられる。
Front
Front
左脚をおろすときに、左肩が上がる。
上半身は直立した姿勢になる。
この軸をぶらさずに走る
脚を真下におろすイメージで着地。

3

ボトムデスセンター

プルからプッシュへ切り替わるタイミング。右脚は上に引き上げられていく。

2

プル

体の前で路面をかいて、推進力に変える。ピストン走法は、プルとプッシュの割合が同じくらいになる。

1

イニシャルコンタクト

上げた脚をそのままおろすようにして着地。足は体の真下あたりに着くイメージになる。上体は直立。

これがピストン走法だ!

Front
Front
Front
右肩が下がり、右脚は上へと引き上げられていく。
腕を前後に振ることで、大きく重い脚の動きを誘導する。
骨盤から脚を上下させる意識で。

4
プッシュ
体の後ろ側で路面を押して、推進力にする。右脚は上に引き上げるイメージで動かしていく。

5
ディスエンゲイジメント
このタイミングではもう路面は押さずに、自然と足が抜けるようにする。

6
フライ（リカバリー）
両足がともに路面から離れている瞬間。ここから高く上げた右脚を下ろし、路面をつかみにいく。

男女の骨格のちがいを考えてみよう

男性と女性では骨盤の形がちがっている

ランニングフォームは、自分の骨格に合っていることが大切です。そこで、ここでは大きく男性と女性に分けて、それぞれの骨格について考えてみましょう。

とくにはっきりしたちがいがあるのは、骨盤の形状です。男性は幅が狭く、女性は幅広の形をしています。それによって、走るときのつま先の向きが変わってきます。

つま先の向きを決めるポイントは、太ももの後ろ側にあるハムストリングを、効果的に使えるかどうかです。ハムストリングの上端は骨盤の坐骨《ざこつ》という部分についていて、下端はヒザの後ろ側についています。

一般に骨盤の幅が広い女性の場合、坐骨が左右に離れています。一方、男性の坐骨は、女性のものよりも中心に寄っていることが多いのです。

そのため、女性のハムストリングは、少し外側にある坐骨からヒザ裏へと、下にいくほど狭くなるようにつながっています。男性の場合は、少し内側にある坐骨からヒザ裏へと、下にいくほど広がるようにつながっています。程度は人によってさまざまですが、男性と女性では、このような傾向のちがいが見られるのです。

つま先の向きを変えて筋肉の力を最大限に活かす

筋肉はまっすぐ引っ張られるときに、最大の力を発揮することができます。このことから、ハムストリングの力を最大限に活用するためには、筋肉がつながっている方向の延長線上に、作用点があるのが理想的といえます。

作用点とはつま先のことで、多くの場合、**女性はつま先を少し内側に向け、男性はつま先を少し外側に向けて走ると、ハムストリングの力を発揮できる**ことになります。

「つま先はまっすぐ前に向けて走るのがよい」と思っている人は少なくありません。しかし、それは坐骨の幅とヒザ裏の幅が同じで、左右のハムストリングが平行になっている人だけです。実際には、つま先を内側か外側に向けるのが適している人が多いでしょう。

骨盤の形に合わせてつま先の向きを決める

太ももの後ろ側にあるハムストリングは、ランニングにおける主力エンジンにあたる大事な筋肉。ハムストリングがついている坐骨からヒザ裏までがまっすぐになるように、自分の骨盤の形に合ったつま先の向きを見つけて、その力を最大限に活かそう。

男性：骨盤の幅が狭く、坐骨は女性のものよりも中心に寄っている。

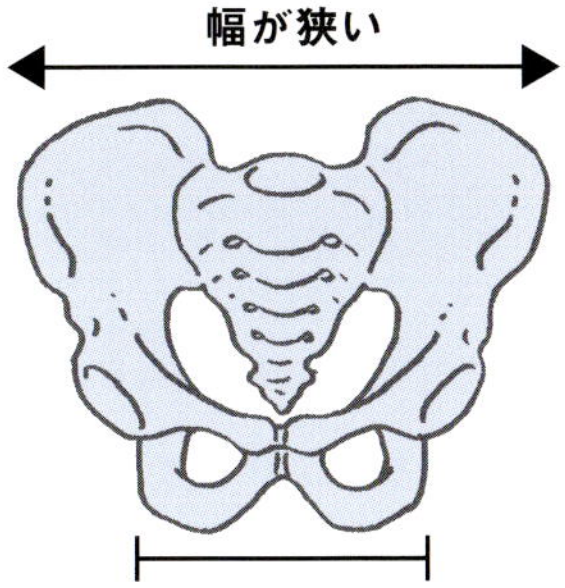

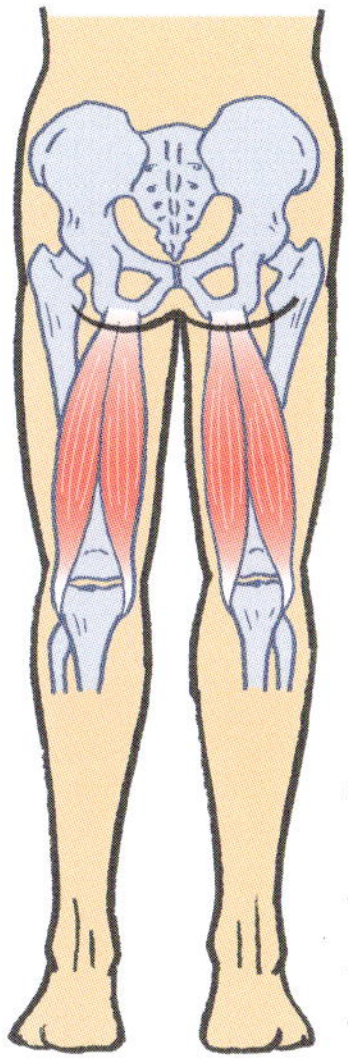

坐骨からヒザ裏へと、下にいくほど広がるようにつながっている傾向があるので、つま先を少し外側に向けて走る。

女性：骨盤の幅が広く、坐骨は左右に離れている。

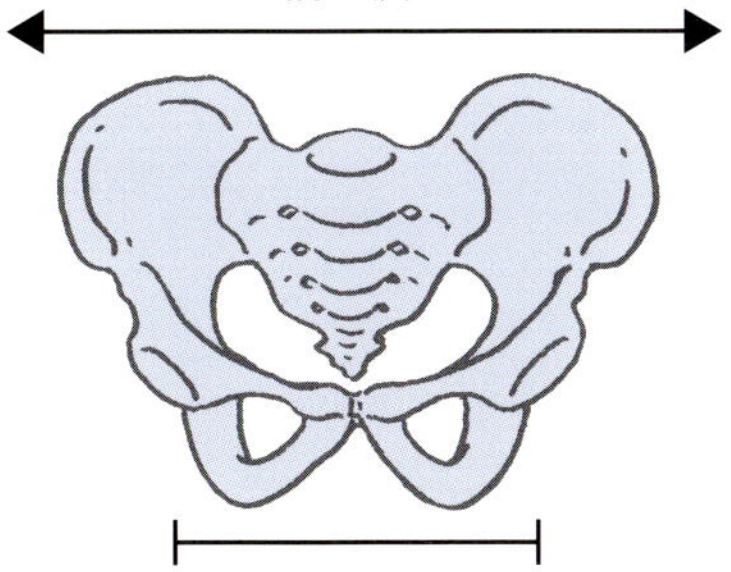

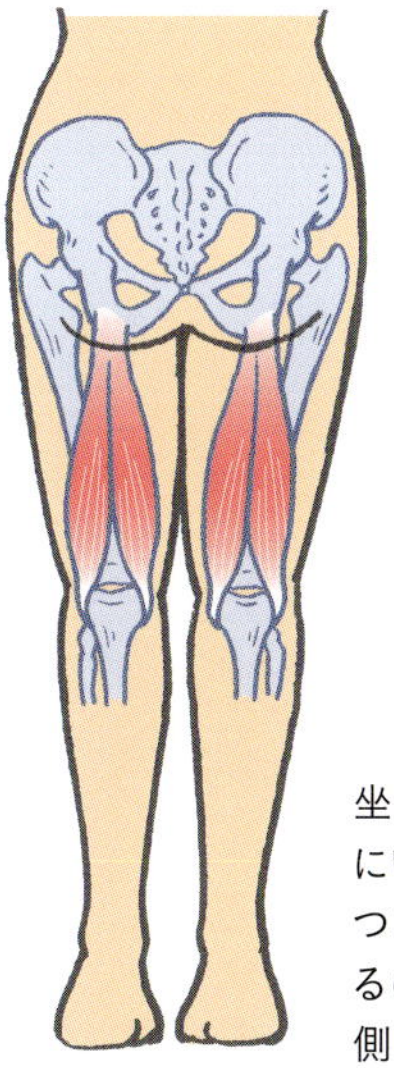

坐骨からヒザ裏へと、下にいくほど狭くなるようにつながっている傾向があるので、つま先を少し内側に向けて走る。

3 写真や動画を撮って トレーニング日誌をつけよう

カメラが技術的に進歩したことで、ごく小型のカメラやスマートフォンでも、鮮明な写真や動画の撮影ができるようになっています。こうした画像や映像を、トレーニングに活用していくとよいでしょう。

私自身、ランニングの指導を行うときには、いつもカメラを持っていて、必要に応じて写真を撮ったり、動画を撮影したりしています。言葉だけで説明するより、映像を見ながら説明することで、どのような問題があるのか、どのようによくなっているのかを直感的に理解してもらえるからです。

自分で自分のランニングを撮影することはできませんが、ランニング仲間や家族に頼んで、撮影してもらうとよいでしょう。その際は走るシーンだけでなく、スキップなどのトレーニングも撮影しておきましょう。

さらに、そのような**画像や映像と一緒に、トレーニング日誌をつけておくのがおすすめです。トレーニング内容や感想、感じた課題などの記録を一緒に残しておくことで、自分のランニングがどのように変化してきたのかが視覚的にもわかるようになります**。走った距離とタイムだけが記された日誌に比べ、はるかに魅力的で、自分の成長につなげられるはずです。

ただし、自分のフォームを直していくときには、画像や映像を見て、客観的にどう見えるかにこだわりすぎてはいけません。あくまでも大切なのは、主観的な自分の感覚です。**どのような感覚で体を動かしたときに、いい走りができたのか、その主観的な感覚にこだわって、走りを修正していくことが大切です。**

PART 4

悩み別！
理想の走り方を身に付ける方法

理想のフォームがわかったからといって、すぐに習得できるとは限りません。そこでPART4では、気になる悩みごとにその改善方法を紹介していきます。それぞれ理想のフォームを身に付けるために必要なものなので、どこを直せばいいかわからない人は、週1回ずつ、すべてのメニューをやってみてください。理想のフォームに近づくはずです。

理想のフォームを習得するために

しみついている癖を直していくことが大切

PART3では、体型によって走法を3タイプに分けて、それぞれの理想的な走法について解説しました。理屈は理解してもらえたとしても、それを実行するのは簡単ではないかもしれません。なぜなら、これまで何年も走ってきたランナーはもちろん、経験の浅いランナーでも、それぞれのランニングフォームには、その人なりの癖がしみついているからです。

理想のフォームを身に付けるためには、いくつかのアプローチ方法がありますが、**体にしみついている癖を直していくことも有効な方法**です。そこで、PART4では、よく見られる代表的なフォームの癖を取り上げ、それを解消するための方法を紹介していきます。

具体的には、さまざまなスキップを行うことになります。それぞれのスキップを見ると、不思議なやり方だと思うかもしれませんが、これらはフォームの癖を直接的に矯正するものではありません。繰り返し行うことで、自然とフォーム改善を導くものです。また、そのスキップを繰り返し行うことで、理想のフォームで走るために必要な筋肉を鍛えていくこともできます。

すべてのスキップをひと通り行ってもＯＫ！

自分で悩んでいるフォームの癖があるランナーは、該当するページで紹介されているスキップを行ってみてください。悩んでいる癖が3つも4つもある場合は、一気に解消しようとするのではなく、1つずつ解消していきます。1つがよくなったことを確認してから、次のフォーム改善に進むようにしてください。

ランニング経験が浅く、自分のフォームの問題点がよくわからない人もいます。そのような人は、PART4で紹介しているスキップを、ひと通り行ってみるとよいでしょう。たとえば1つのメニューを1週間と決めて、ひと通りのスキップをこなすことで、着実にフォームが改善されていきます。

わるい癖を改善して理想のフォームをつくる

PART4では合計10のスキップを紹介する。適切な体の動かし方と、それに必要な筋力を養うためのものだ。わるい癖を直していくことで、理想のフォームを獲得しよう。

癖のあるフォーム

理想のフォーム

この「猫背」のようにわるい癖があると、走りにロスが生まれる。故障の原因になることもある。

広背筋が鍛えられたことで背筋が伸び、走りのロスがなくなった。

紹介するスキップと鍛えられる筋肉

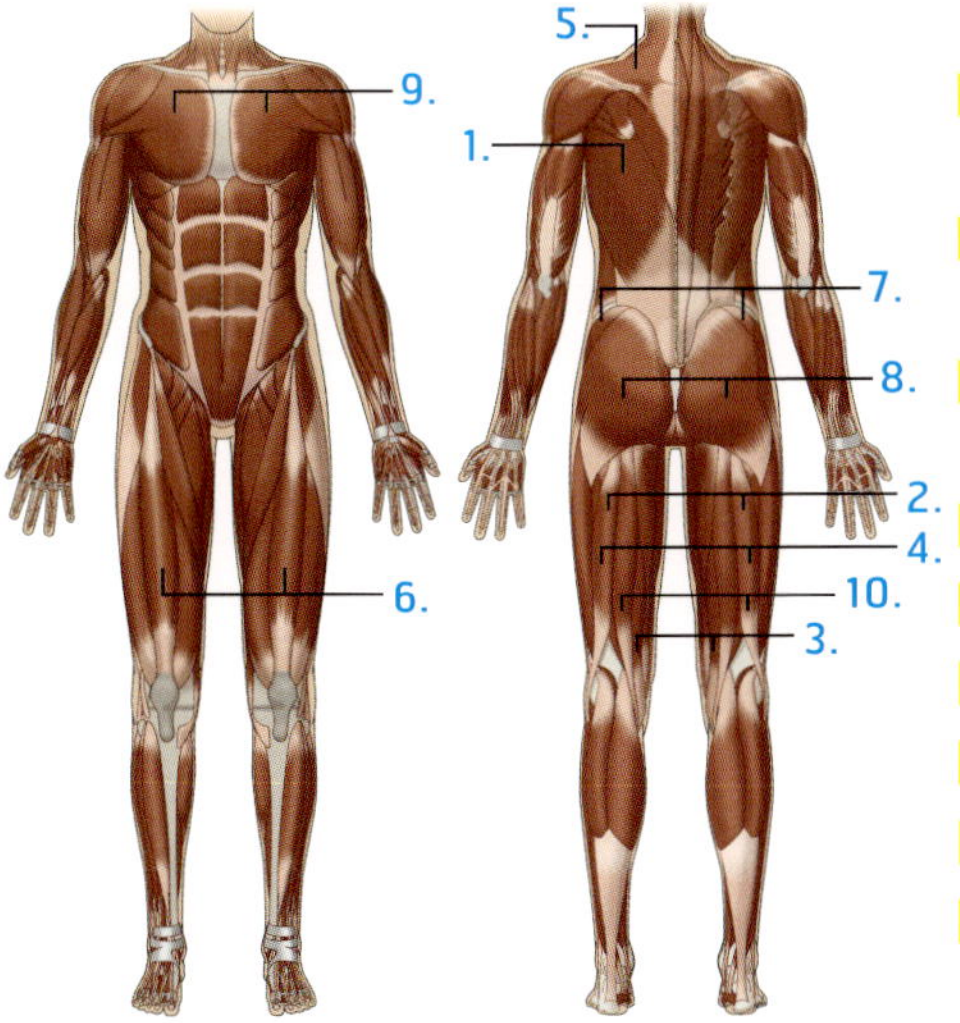

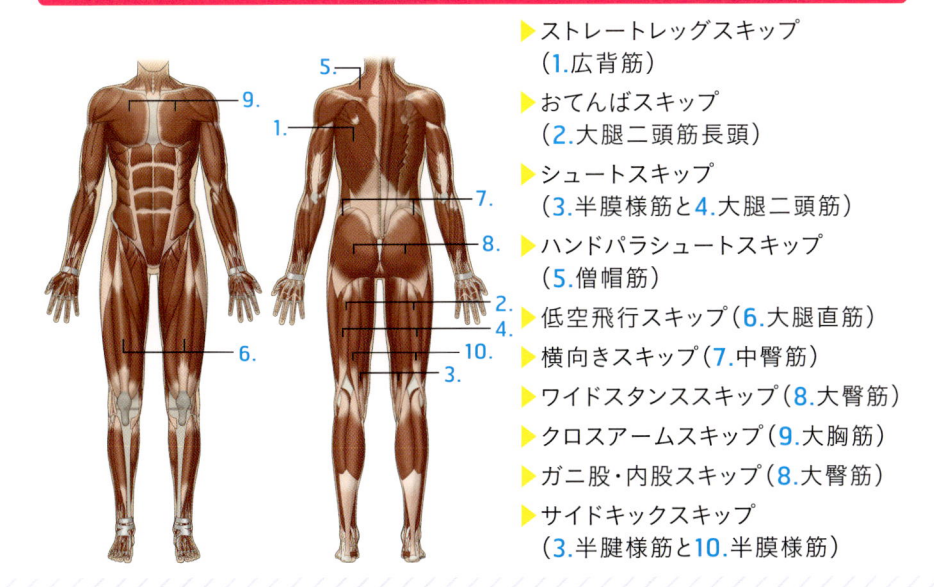

- ストレートレッグスキップ（1.広背筋）
- おてんばスキップ（2.大腿二頭筋長頭）
- シュートスキップ（3.半膜様筋と4.大腿二頭筋）
- ハンドパラシュートスキップ（5.僧帽筋）
- 低空飛行スキップ（6.大腿直筋）
- 横向きスキップ（7.中臀筋）
- ワイドスタンススキップ（8.大臀筋）
- クロスアームスキップ（9.大胸筋）
- ガニ股・内股スキップ（8.大臀筋）
- サイドキックスキップ（3.半腱様筋と10.半膜様筋）

猫背を直したい
↓
広背筋を鍛える

ストレートレッグスキップ

ヒザを伸ばすことで上半身の動きを改善

走っているときに猫背になるランナーがいます。**つま先がつっかかるような着地になっていると、上半身がブレーキを緩和させようとしている分、上体を前に出て猫背になってしまう**のです。

改善するには、ストレートレッグスキップが効果的です。ヒザを伸ばしたまま、腰をツイストさせて進みます。脚が自由に動かないので、**自然と体幹がツイストするようになります**。

体幹がツイストするようになると、広背筋が使えるようになり、強化されます。これによって、適切な上半身の使い方を身に付けることができるため、背中が伸ばされて猫背の改善につながります。

ヒザをまっすぐ伸ばしたまま、左脚を外側に振り出してスキップ。

腕を横方向に振り、ここから左脚を外側に振り出していく。

原因：つま先がつっかかっている

上体は前に行こうとして猫背になる。
つま先がつっかかってブレーキがかかる。

弊害： 常に足もとで**ブレーキがかかる回転**になる。

対策と効果

ストレートレッグスキップ

50m×10～20本

▼

ヒザ関節を伸ばすことで下半身の動きが制限されると、体幹がツイストするようになる。上半身がツイストする際には、広背筋が使われ、強化されるので、それによって背筋が伸ばされて猫背が改善される。

体幹がツイストして背中の広背筋が鍛えられる。

右脚を体の正面で着地させる。これを繰り返していく。

着地と同時に、今度はヒザを伸ばしたまま、右脚を外側に振り出してスキップ。

振り出した左脚は、体の正面に引き戻して着地。

O脚を直したい
↓大腿二頭筋長頭を鍛える

ヒザがつくかどうかは問題ではない

かかとをつけて直立したとき、左右のヒザがつくのが正常で、開いているのがO脚だと思っている人が多いようです。しかし、正しいO脚の判断は**股関節、ヒザ関節、足関節の中心が、一直線上に並んでいるかどうか**をチェックします。

左右それぞれの股関節と足関節の中心を結ぶ線を**ミクリックライン**と呼び、ヒザ関節の中心がこのラインより外側に出ていればO脚と判断します。

O脚の改善には、おてんばスキップが効果的です。おてんばスキップの動きによって、**ハムストリングの外側と内側のバランスがよくなってきます**。それによって、ヒザが内側に引っ張られることになり、正常な脚のラインが形づくられていくのです。

おてんばスキップ

太ももの後ろ側の大腿二頭筋長頭がはたらき、ヒザ下の内旋が起こる。

かかとを上げるようにして左脚を外側に振り上げ、スキップする。

腕を左右に開いて、左脚を外側へと振り上げていく。

原因：ミクリックラインに対して脚が外側にたわんでいる

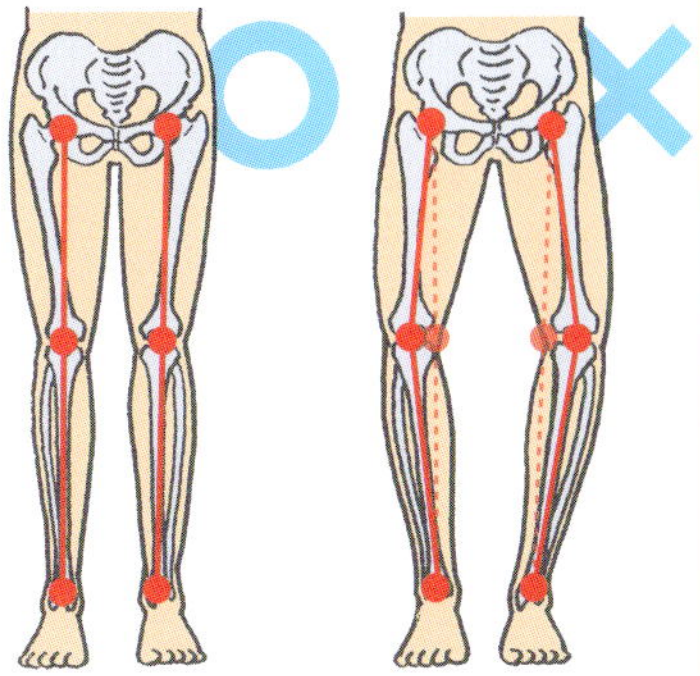

ミクリックラインに対して、脚のラインが一直線になっているならOK。

ミクリックラインに対して、ヒザ関節が外側にたわんでいる（O脚）。

弊害： **腸脛靱帯炎**（ヒザの外側に起こる炎症、156～159ページ）などの原因になる。

対策と効果

おてんばスキップ

50m×10～20本

▼

ヒザ関節を曲げて、脚を外側に振り上げる動きによって、太もも後ろ側にある大腿二頭筋長頭が鍛えられる。それによって、脚の筋肉の内側と外側のバランスが整い、脚のラインが改善される。

体の正面に右脚をおろしていく。これを連続して行う。

同様にかかとを上げて、右脚を外側に振り上げて跳ねる。

おろした右脚は体の正面で着地。すぐに左脚を振り上げていく。

X脚を直したい

半膜様筋と大腿二頭筋を整える

太ももの後ろ側の筋肉を伸ばすように

ミクリックライン（→88ページ）は、左右それぞれの股関節と足関節の中心を結ぶラインのこと。**ミクリックラインに対してヒザ関節が内側にたわんでいる場合、X脚**と判定します。X脚の人は鵞《が》足《そく》炎《えん》や半月板損傷（→162ページ）など、ヒザ関節の内側を痛めてしまうことがよくあります。

X脚の改善には、シュートスキップを行います。ヒザを伸ばしたまま、脚を内側に振り上げながら進むことで、ハムストリングの一部である半膜様筋《はんまくようきん》と大腿《だいたい》二頭筋《にとうきん》を伸ばすことができます。

大腿二頭筋は、太ももの後ろの外側にある筋肉です。とくに**大腿二頭筋が短縮しているとX脚になりやすいため、この筋肉を伸ばす**ことが改善につながるのです。

シュートスキップ

両脚を軽く前後に開く。

左脚を前に振り上げ、右脚で跳ねてスキップする。

原因：ミクリックラインに対して脚が内側にたわんでいる

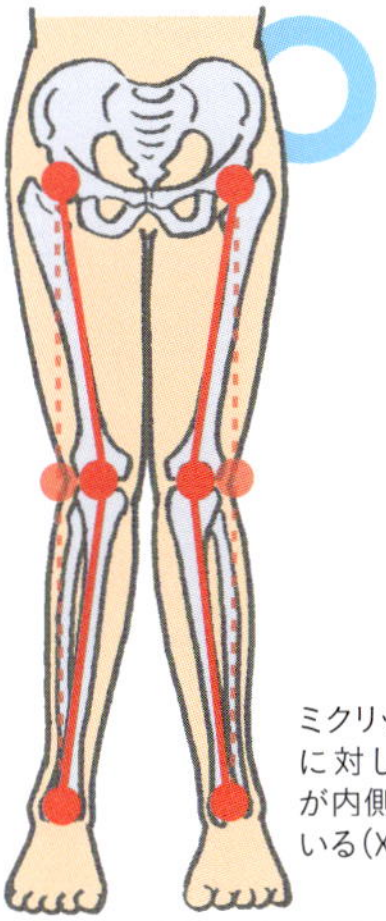

ミクリックラインに対して、ヒザが内側に閉じている（X脚）。

弊害： 鵞足炎や内側の半月板を痛める原因になる。

対策と効果

シュートスキップ

50m×10～20本

股関節を内旋させながら曲げる動きによって、太もも後ろ側にある半膜様筋と大腿二頭筋を伸ばすことができる。それによって、脚の筋肉の内側と外側のバランスが整い、脚のラインが改善される。

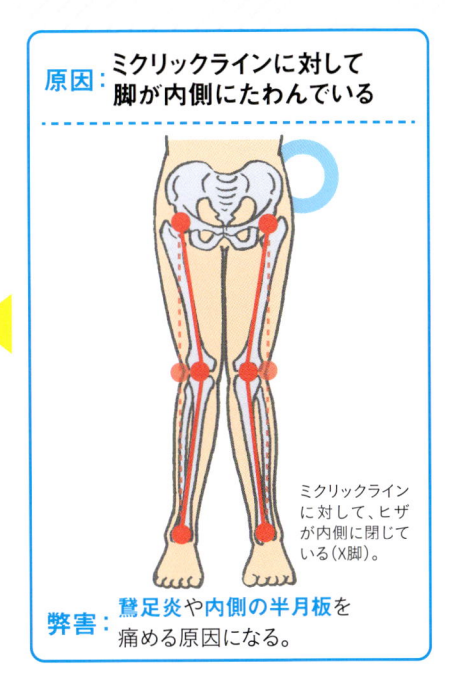

別アングル

脚は対角線に高く振り上げる。

股関節を内旋させながら曲げることで、半膜様筋と大腿二頭筋がはたらく。

今度は右脚を大きく振り上げてスキップする。

左脚は体の少し前に着地し、今度は右脚を振り上げていく。

出っ尻を直したい

↓

僧帽筋を鍛える

股関節を十分に使えないのが原因

「出っ尻」は股関節が十分に動いていないために、腰が後ろに引けてしまうことで起こります。出っ尻走りは**股関節を大きく使うことができないため、どうしてもヒザ下に頼って走る**ことになります。

　すると、着地時に足がつまるので、足に異常が起きることがあります。起こりやすい故障は、足底筋膜炎《そくていきんまくえん》（↓166ページ）や指の痛みなどです。

　改善するためには、ハンドパラシュートスキップがおすすめです。パラシュートが開いたときのように、両腕をナナメ後ろに下げて広げます。このとき、自然と軽く胸を反らした姿勢になります。そして、**上体を反らせることによって、腰が前に出てくるようになり、出っ尻が解消される**のです。

ハンドパラシュートスキップ

高く跳ぶことよりも、上体の姿勢を維持することを意識する。

上半身の姿勢を維持したまま、左脚を軽く上げてスキップ。

両腕をナナメ後ろに開いて、軽く上半身を反らせる。

原因：股関節があまり動いていない

股関節が固まって、あまり動いていない。
着地の衝撃吸収も、前に進むためのアクセルも、すべてつま先でこなしている。

弊害： ヒザ下、とくにつま先に負荷が集中するため、**足底筋膜炎**や**足の指の痛み**が起こる。

対策と効果

ハンドパラシュートスキップ

50m×10～20本

両腕を伸ばして開くことで、僧帽筋が鍛えられる。上体を反らした姿勢を維持できるようになるので、そのことによるカウンタームーブメント（→P.58）によって、腰が前へと押し出され、出っ尻が改善される。

別アングル

胸は無理なく左右に開き、手のひらを正面に向ける。

上半身を反らし続けることで、僧帽筋がはたらくようになる。

着地と同時に、今度は右脚を上げてスキップしていく。

そのまま左脚を体の少し前に着く。上半身の姿勢は崩さない。

脚が流れてしまう

↓大腿直筋を鍛える

脚が空振りするため エネルギーをロスする

路面から離れた足が、後ろに大きく流れてしまうランナーがいます。**走りのスピードに、脚がついてこられない状態**といえます。**大きな原因は、ヒザを高く上げて走れていないことです。**

脚が体の後ろで空振りする状態になるので、エネルギーのロスにつながります。また、足が流れるのを改善するためには、低空飛行スキップを行うとよいでしょう。前かがみの姿勢のまま前に進みます。**上半身を極端に前に倒していることで、倒れないようにと自然と脚が前に出るようになります。**このような動作を前さばきといいますが、前さばきができるようになることで、脚が後ろに流れなくなります。

低空飛行スキップ

1歩目を踏み出しやすいように、脚は前後に開く。

腕を左右に開いて、上半身を水平になるくらいまで前傾させる。

胸とヒザがつくくらいのイメージで。
無理に高く跳ぶ必要はない。上体の姿勢を保つことが大事。

上半身は水平を保ったまま、左脚を上げてスキップ。

原因：ヒザが高く上がっていない

上半身と下半身の動きが連動していない。
股関節があまり屈曲していない。
ヒザが高くあがっていない。
ストライドを伸ばしすぎている。

弊害： 脚が空振りする分、**エネルギーをロス**。上半身と下半身の連動がないため、**腰に負担がかかる**。

対策と効果

低空飛行スキップ
50m×10～20本

極端に前傾することで、股関節が常に曲がった状態になる。これによって大腿四頭筋の1つである大腿直筋が鍛えられるため、股関節を引き上げる力が強化され、前さばきができるようになり、足が後ろに流れなくなる。

別アングル

胴体の高さに合わせて、腕も左右に水平に広げる。
大腿直筋がはたらき、股関節から脚が動くようになる。
倒れないようにと、自然と脚が前に出る。

上半身の姿勢は変えず、右脚を上げてスキップしていく。

そのまま腰の真下くらいで着地。すぐに右脚を振り上げていく。

アゴが前に出てしまう⬇中臀筋を鍛える

足の指に力が入ると アゴが前に出る

走るとき、アゴが上がると気道が確保され、呼吸が楽になり、上体のツイスト動作もスムーズになります。しかし、**アゴが前に出てしまうのは、全身の力みが生まれている状態**なのでよくありません。

とくに足の指やふくらはぎに力が入りすぎていることが原因で、足先でふんばって着地する分、アゴが前に出てしまいます。それによって、**アキレス腱やふくらはぎの筋肉に、大きな負荷がかかります。**

改善するためには、横向きスキップを行います。上体をひねり、横向きになって進むことで、**ふくらはぎに力が入らなくなり、脱力できます。**この姿勢になると足先ではなく、股関節で体重をさせるようになるため、アゴが前に出にくくなります。

横向きスキップ

上半身は横を向いた姿勢をキープ。
中臀筋に力が入って、股関節から脚が動かされる。

後ろ側にあった左脚を前に振り出し、スキップする。

上半身を横に向け、両腕と両脚を前後に開く。

原因：着地時に足の指やふくらはぎに力が入りすぎている

足をふんばる分、アゴがぐいっと前に出る。
ふんばりによって、着地時に足がつっかかる。

弊害： がんばっているわりに、前に進むことができない。ヒザ下に負荷がかかるので、**アキレス腱が痛くなり、ふくらはぎが太くなる。**

対策と効果

横向きスキップ
50m×10～20本

横を向くと、体全体がねじれる。同時につま先もやや横に向けられ、自然と力が抜けていく。足先ではなく、股関節で体重を支えるようになるので中臀筋が鍛えられる。それによって、足先でふんばらなくても走れるようになり、アゴが前に出なくなる。

別アングル

腕はできるだけ前後に一直線になるように広げる。

体全体がねじられていることで、つま先に力が入らなくなる。

上半身は横を向けたまま、右脚を振り上げてスキップ。

左脚が着地すると同時に、今度は右脚を振り出していく。

腰が落ちてしまう

⬇

大臀筋を鍛える

体が縮こまって うまくプッシュできない

腰が落ちていると**大腿四頭筋《だいたいしとうきん》に力が入り、着地するたびにブレーキがかかって、腰が落ちてしまいます。**

プルすべきタイミングでプッシュの動作をして、プッシュすべきタイミングで、十分に路面を押せなくなってしまうのです。本来ならプッシュの反作用によって体が伸び上がっていくのですが、それがないためにスピードが出ないのです。

改善するためには、ワイドスタンススキップがオススメです。脚を肩幅の1.5倍くらいに広げて進みます。脚を広げるだけで、股関節や背筋が伸びます。すると、**着地するときに大臀筋《だいでんきん》がはたらくようになり、腰が落ちなくなります。**また、プルとプッシュが正しく行われるようになります。

ワイドスタンススキップ

両足を肩幅の 1.5 倍くらいに開き、左脚を外側に振り上げていく。

ヒザが伸びることで、背筋や股関節もまっすぐに伸びる。

ヒザは曲げずに、脚を外側に振り上げてスキップする。

原因：お尻の筋肉が使えていない

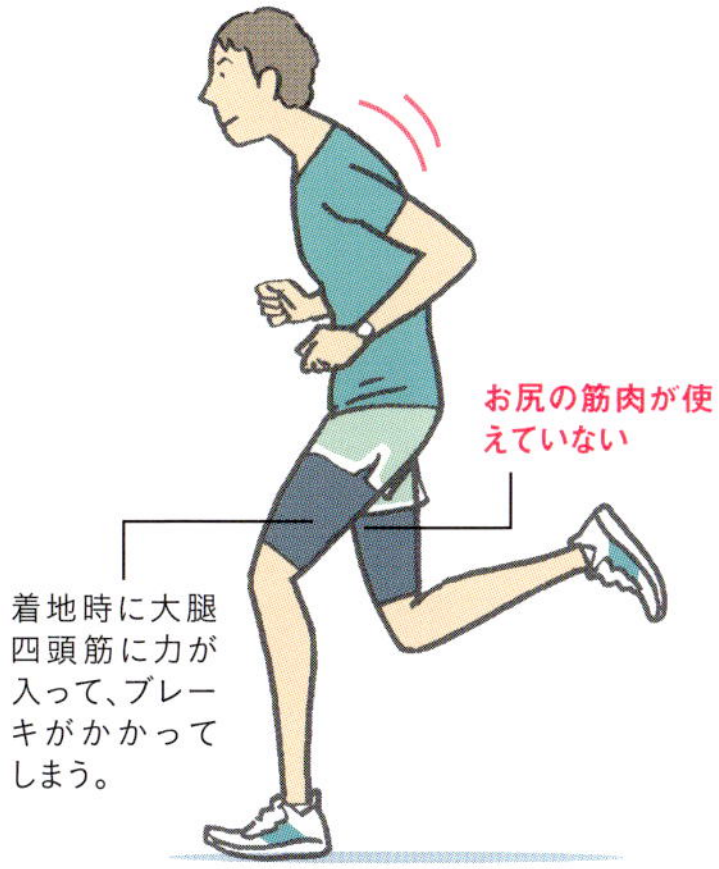
お尻の筋肉が使えていない
着地時に大腿四頭筋に力が入って、ブレーキがかかってしまう。

弊害： 着地するたびにブレーキがかかるので、**スピードが出ない**。**重心がどんどん落ちる**。

対策と効果

ワイドスタンススキップ
50m×10〜20本

脚を広げることで股関節や背筋が伸びると、着地時に大臀筋がはたらき、強化される。大臀筋がはたらくことで正しい着地の仕方が身に付き、それによって着地時のブレーキが減って腰が落ちなくなる。

着地時に大腿四頭筋ではなく、お尻の大臀筋が使われ、強化される。

右脚もヒザを伸ばしたまま振り上げて、スキップする。

脚は開いたまま、着地する。着地と同時に右脚を振り上げていく。

手に力が入りすぎてしまう
↓
大胸筋を鍛える

体幹と腕を一体化させ自然な腕振りする

走るときに手に力が入っていると、上半身と下半身が連動しなくなります。「腕振りはこうする」「脚はこう動かす」など、各部の動かし方を別々に意識しているために、全身の運動連鎖が起こらなくなっているからです。また、手に力が入っているときには、足にも力が入っているので、着地時に足で路面を握りしめるような感覚になり、ブレーキをかけてしまいます。

改善するには、クロスアームスキップがおすすめです。腕をクロスさせることで、体幹と腕が一体化するため、上半身と下半身の連動を生み出しやすくなります。

体幹と腕が一体化すれば、体幹の軸がしっかりとできて、腰のひねりを上手に利用して走れるようになります。

クロスアームスキップ

腕をクロスさせたまま、肩から大きく回転させる。

胸の前で腕をクロスさせ、左脚を軽く後ろに引く。

上体を回転させながら、左脚を振り上げてスキップ。

原因：体の各部が力んでいて運動連鎖が起きていない

腕振りを意識しすぎている。
肩に力が入っている。
脚は脚で動かそうとしている。

弊害：体の各部が連動していないために、**がんばっているほどに体は前に進まず、疲れやすくなる。**

対策と効果

クロスアームスキップ
50m×10～20本

▼

腕を胸の前でクロスしてスキップすることで、大胸筋が強化される。それによって、腕と体幹の動きが一体化する。さらに上半身と下半身の連動性が高まるので、手を含めた全身の力みが抜けていく。

別アングル

横から見たとき、体の背面（あるいは正面）しか見えなくなるくらい腰をひねる。

大胸筋が鍛えられることで、上半身と下半身が連動するようになる。

肩を回転させながら、右脚を振り上げて跳ぶ。

左脚を着地させ、今度は右脚を振り上げていく。

着地の足音がうるさい↓大臀筋を鍛える

ブレーキが大きいと足音も大きくなる

足音は、着地するときに生じる衝撃音です。**足音が大きいほど、足を強く路面にたたきつけていることになり、着地時のブレーキが大きくなる**と考えられます。

足音がうるさくなる原因は、多くの場合、**ヒザが伸び、ヒザ下が振り出された状態で着地すること**です。たとえば、上体を前に傾けて走ろうとすると、倒れそうな体を受け止めるために足が前に出て、ヒザ下を伸ばして着地することになります。

改善するためには、つま先の向きを調節するのが効果的です。男性ランナーはつま先を少し外に向け、女性ランナーは少し内側に向けます。こうすると、ヒザが自然に曲がって足を着くことができるため、自然と足音も小さくなります。

ガニ股スキップ（男性）

お尻の大臀筋が鍛えられることで、着地時の衝撃が吸収されるようになる。

ヒザもつま先も外側に向けたまま着地。左右で連続して行う。

ヒザを外側に向け、股関節を開くようにしてスキップ。

内股スキップ（女性）

原因：ヒザが伸びたまま着地している

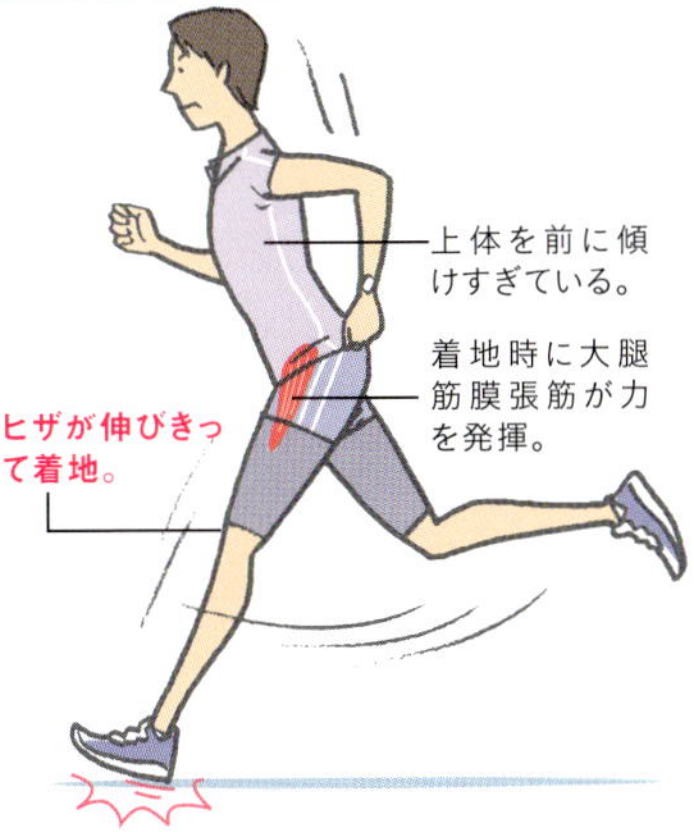
上体を前に傾けすぎている。
着地時に大腿筋膜張筋が力を発揮。
ヒザが伸びきって着地。

弊害： 着地のたびに**大きなブレーキ**がかかり、**腸脛靭帯炎**（→P.156）などのリスクが高まる。

対策と効果

ガニ股スキップ（男性）
内股スキップ（女性）
50m×10～20本

股関節から脚を外側（もしくは内側）に向けることにより、ヒザ関節が曲がった状態で着地することができ、大臀筋がはたらいて強化される。大臀筋が着地の衝撃を吸収するようになり、足音を減らすことができる。

自分の骨盤の形に合ったつま先の向き（→P.80）にする。

ヒザを内側に向け、股関節を閉じるようにしてスキップする。

内股の状態を保ったまま着地する。左右で連続して行う。

ストライドを伸ばしたい ↓ 半腱様筋と半膜様筋を鍛える

股関節を大きく動かせるようにする

ストライドが狭いのは、股関節を大きく使えていないことが原因です。**股関節をあまり動かさず、ヒザ下のスイングに頼って走っている**と大腿《だいたい》四《し》頭筋《とうきん》など、前側の筋肉ばかりがパンパンに張ってしまいます。

ストライドを伸ばしたい人にすすめたいのが、サイドキックスキップです。

脚を横に蹴り出すときには、**ヒザ関節を使えないので、股関節から脚を動かす感覚を身につけることができます。**このときに主に使われているのは、ハムストリングの一部である半腱様筋《はんけんようきん》と半膜様筋《はんまくようきん》です。

ハムストリングをはたらかせて股関節をダイナミックに動かせるようになれば、ストライドは自然と伸びるようになります。

サイドキックスキップ

外側にキックするようなイメージで、左脚を振り上げてスキップする。

左脚を外側に振り上げるために、右腕を外側に振って反動をつける。

原因：**股関節を大きく動かせていない**

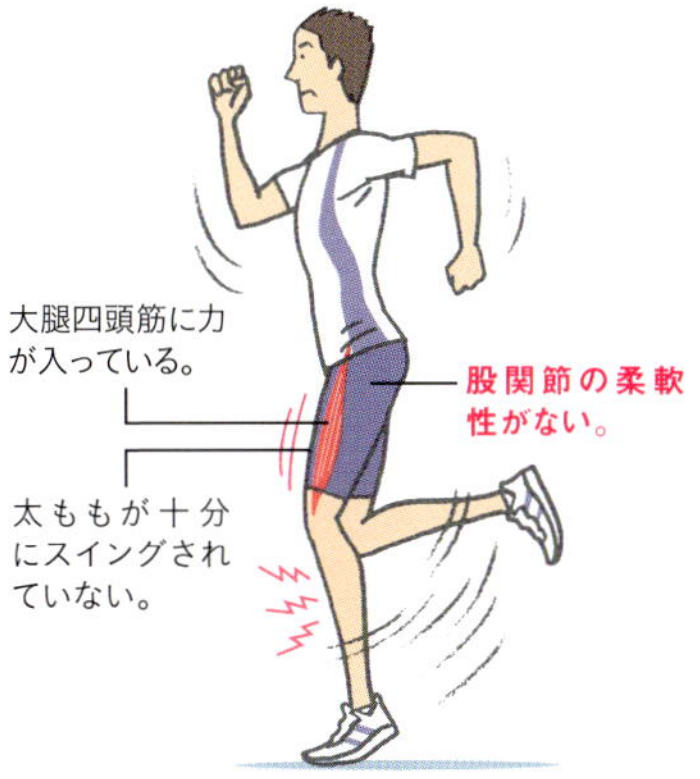
大腿四頭筋に力が入っている。
股関節の柔軟性がない。
太ももが十分にスイングされていない。

弊害：ふんばる力ばかりはたらいて、ブレーキが大きくなる。**シンスプリント（過労性骨膜炎、P.172）**の原因にもなる。

対策と効果

サイドキックスキップ
50m×10～20本

▼

脚を横に蹴り出すことで、股関節から脚が動くようになる。それによって、半腱様筋と半膜様筋が鍛えられ、股関節とヒザ関節の連動も生まれるようになる。すると、自然とストライドが伸びるようになる。

太ももの後ろ側にある半腱様筋と半膜様筋が鍛えられることで、股関節とヒザ関節が連動するようになる。

今度は右脚を外側に振り上げて、キックするように跳ぶ。

足は体の正面で着地。ここからすぐに右脚を振り上げていく。

4 力を抜くためには拮抗筋を使う

力を抜くというのは、なかなか難しいものです。走っているとき、体のある部分に無駄な力が入っていると指摘されても、力を抜くのはそう簡単ではないでしょう。力を抜こうと意識するあまり、かえっておかしな走り方になってしまうこともあります。このようなとき、上手に筋肉の力を抜く方法があります。

筋肉は収縮したり、ゆるんだりすることで関節を動かしますが、基本的に1つの関節には2つの筋肉がついています。関節を屈曲させる屈曲筋と、関節を伸展させる伸展筋です。

そして、**この2つの筋肉は、それぞれ拮抗するはたらきをするため、拮抗筋とも呼ばれています。**

たとえば、上腕《じょうわん》二《に》頭筋《とうきん》と、後ろ側にある上腕三《じょうわんさん》頭筋《とうきん》を考えてみましょう。手に重い物を持ってヒジを曲げるとき、上腕二頭筋は収縮して力こぶになりますが、上腕三頭筋はゆるんでいます。逆に、抵抗を加えながら曲げているヒジを伸ばそうとするとき、上腕三頭筋は収縮して硬くなりますが、上腕二頭筋はゆるんでいます。このように**拮抗筋には、片方が収縮するともう一方がゆるむという性質**があります。この作用を利用して、無駄な力みを解消するのです。

力を抜きたい筋肉があったら、その拮抗筋に力が入るようにします。そうすることで、無駄な力が入っていた筋肉を脱力させることができます。本書のPART4で紹介しているフォーム改善法の多くは、このメカニズムを利用しています。「この筋肉の力を抜こう」とするのではなく、「拮抗する筋肉をはたらかせることで、気づいたら力が抜けているようにしよう」というアプローチ方法なのです。

PART 5

効率よく走力を高めるためのトレーニング

ただやみくもに走っても、なかなか走力はアップしません。きちんと目標を定めて、そこにたどり着くためには、「自分には何が足りないのか」「どのようにすれば、その能力が手に入るのか」を考え、計画を立てて実行する必要があります。そこで、PART5では、効率よく走力を高めるための考え方とトレーニングの仕方を解説します。

どうすれば走力は成長するの？

〝器〟と〝バランス〟を考えて 自分なりの成長を目指す

トレーニングを行う際、ただやみくもに走るのではなく、「何」を「どのように」成長させていくかを理解しておくことが大切になります。その基本となるのは、**「器」**と**「バランス」**です。

「器」はその人が持って生まれたもので、後天的な努力ではおよびません。サーキットを走るレーシングカーもあれば、普通の乗用車もあるように、ランナーとしての器（ポテンシャル）も人それぞれでちがいがあるのです。

大切なのは、自分の器の中でできる限り成長していくことです。自分の器がどの程度なのか、自分で判断するのは難しいかもしれません。しかし、**はっきりと言えることは、ほとんどすべての市民ランナーが自分の器の限界にはまだ達していない**ということです。どこまで伸びるかは器の大きさによってちがいますが、まだ伸びる余地を残していることは、ほぼ間違いありません。

骨格の動かし方を学び 筋力を強化する

「バランス」は、トレーニングによって変えてくことができるものです。**バランスには、骨格バランスと筋力バランスがあります。**

骨格バランスは、人それぞれの骨格の形のこと。骨格は体の成長が止まったあと、基本的には変化しません。ただし、**トレーニングによって自分に適した骨格の動かし方を身に付けていき、パフォーマンスを向上させる**ことはできます。

筋力バランスは、ランニングに必要な筋力があるかどうかです。**脚のなめらかな回転を生み出すためには、必要な筋肉をバランスよく強化し、その使い方をマスターしていく**必要があります。

トレーニングを行う際には、自分の器に合った目標を設定し、ランニングに必要な骨格バランスと筋力バランスを整えていくことが大切になります。

自らの器を知り、骨格と筋肉のバランスを育てていく

トレーニングを行う際に大切なのは、何をどのように成長させるかを理解すること。骨格と筋肉、この2つのバランスを成長させて器の限界まで自分の能力を高めていこう。

1 器 持って生まれた身体能力

レーシングカーなのか、乗用車なのか、人によってさまざま。自分の器の限界まで、能力を伸ばすことを目指そう。

2 バランス 努力によって変えていくことができる運動能力

A 骨格バランス

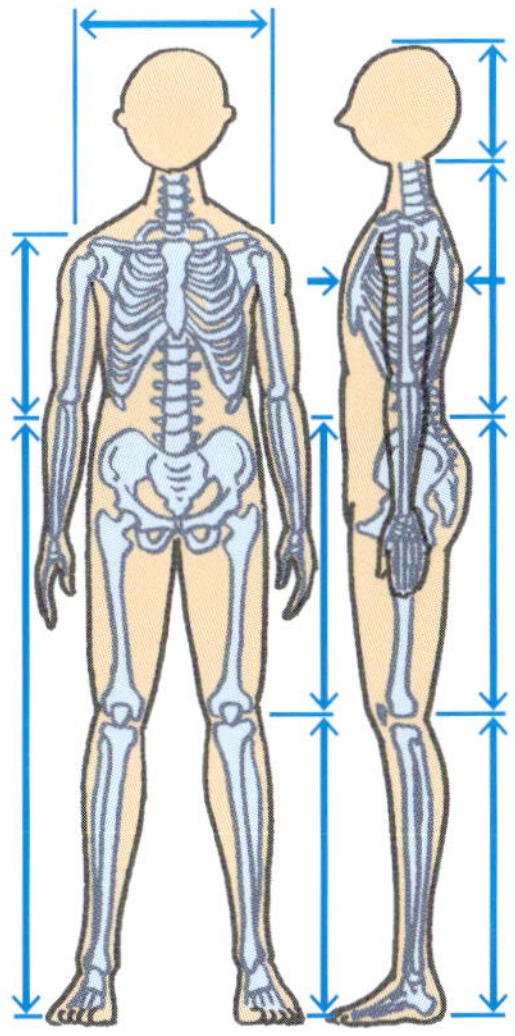

骨格の形。骨格自体を変えることはできないが、骨格の正しい動かし方を覚えることで、走力を高めることができる。

B 筋肉バランス

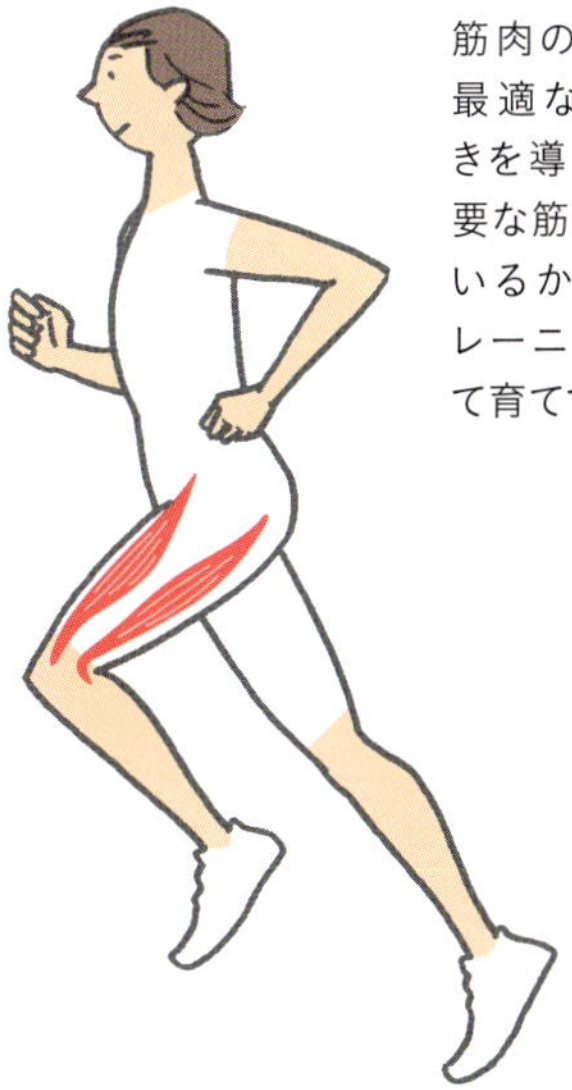

筋肉のバランス。最適な骨格の動きを導くために必要な筋肉がついているかどうか。トレーニングによって育てていくもの。

トレーニング効果を高めるためには？

質・量・タイミングを考えてトレーニングする

たとえば「マラソンで4時間を切りたい」など、「現在の自分」から「なりたい自分」になるためには、3つの要素を考えてトレーニングを行う必要があります。トレーニングの質（ペース）と量（距離）とタイミングの3つです。どのようなペースのランニングを、どのような距離で、どのタイミングで行うのか。それによって、トレーニングで得られる効果の大きさが決まってきます。今の自分に合った質と量であり、それがタイミングよく行われることで、高いトレーニング効果が期待できるのです。

また、**トレーニングの質と量とタイミングを決めるうえで、トレーニングの10原則を理解しておくことが大切です。**この10原則は人間の体が成長していくために必要なことをまとめたものです。そのため、この原則からはずれていると、努力しているわりに十分なトレーニング効果が得られないということになりかねません。

トレーニング効果は質・量・タイミングで決まる

がんばって走るのだから、少しでもトレーニング効果が高まるような練習にしたい。そのための基本として、「質」「量」「タイミング」の3つを覚えておこう。

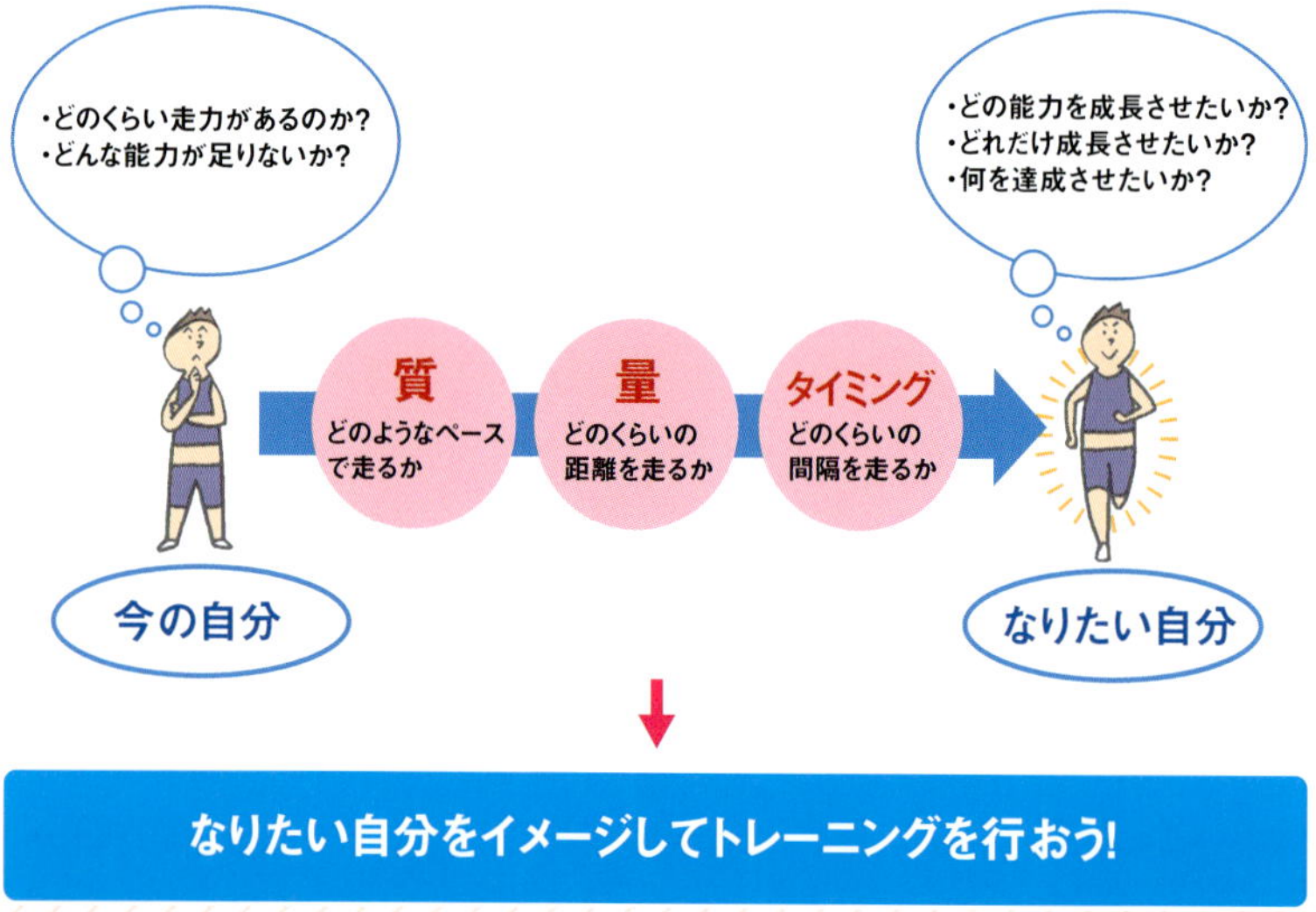

・どのくらい走力があるのか？
・どんな能力が足りないか？
・どの能力を成長させたいか？
・どれだけ成長させたいか？
・何を達成させたいか？
質
どのようなペースで走るか
量
どのくらいの距離を走るか
タイミング
どのくらいの間隔を走るか
今の自分
なりたい自分
なりたい自分をイメージしてトレーニングを行おう!

トレーニングの10原則を理解しよう

この10原則を考慮して行えば、効果の高いすぐれたトレーニングとなる。体が成長していくためのポイントなので、トレーニングに活かしていこう。

1 過負荷

今の身体能力以上の負荷をかけることで、その負荷に適応できる体になるために成長していく（超回復）。

2 頻度

疲労回復期間や肉体を修復させ、成長させる超回復期間を計算して、トレーニング時間や回数を決める。

3 個別性

各者の骨格や筋肉などの個性によって、必要なトレーニングは異なるので、自分の特徴に合ったメニューを行う。

4 特殊性

ランニングにウエイトトレーニングや水泳のような動作はない。ランニング動作に必要な能力を高めていくことが大事。

5 漸進性

毎回同じ距離やペースで走っていると、体が慣れて成長が止まる。徐々に負荷や強度を高めていくことが大切。

6 動機づけ

ただ漫然と走っていても、成長は望めない。「サブ4達成」など明確な目標を持つことで、トレーニング効果が高まる。

7 訓練可能性

練習によって、どこまで成長できるかということ。「器」に当たる部分で、人それぞれ自分の能力の最大化を目指す。

8 転移

「スピード練習を行った結果、パワーもアップした」など、当初の目的とは異なる部分も複合的に成長することがある。

9 オーバートレーニング

現在の能力に対して、負荷や頻度が高すぎる練習を行うと、回復に必要な栄養や休養が間に合わず、慢性疲労に陥る。

10 随意刺激

自ら動いて走ることで練習効果が得られる。他人に動かしてもらう、器具に動かされる、電気刺激を与えるなどでは効果は低い。

トレーニング計画はどう立てるの？

基本はスピードとスタミナをどちらも向上させること

マラソンを約5時間で走る人が、4時間を切ろうとしたら、多くの場合、スタミナもスピードも向上させる必要があります。4時間切りを達成するためには、5分40秒／㎞ペースで走れるスピードに加えて、そのスピードを維持するためのスタミナが必要になるからです。

そこで、トレーニング計画を考えるにあたって、左ページ上のような図を描いて考えてみましょう。たとえば、**長い距離をゆっくり走るトレーニングばかりでは、スタミナは成長していきますが、スピードは向上しません。**これではなかなか目標は達成できないでしょう。

スタミナかスピードか一方ずつ伸ばすと効率的

具体的にトレーニング計画を立てる際には、**年、季節、月、週という期間で分けて、それぞれに応じたスケジュールを立てるとよいでしょう。**

まずは長期目標を掲げ、「今年はスタミナ重視の年」「今年はスピード重視の年」という具合に、トレーニングのねらいをはっきりさせます。**スタミナとスピードを同時に鍛えようとするのは、あまり効率的ではありません。**どちらか一方ずつ、半年～1年程度かけて続けてトレーニングしていくことで、それぞれの能力をしっかりと養うことができます。

そして、春（4月～6月）、夏（7月～9月）、秋（10月～12月）、冬（1月～3月）という季節ごとに、具体的にどのようなトレーニングを行うかを決めていきます。各季節に行いやすいトレーニングを選ぶことで、トレーニングの質を上げることができます。

質と量は、月単位で変化をつけます。たとえば、4月を100％としたら、5月は70％に落とし、6月はふたたび100％にするなどメリハリをつけることで、疲労をため込まず、かつしっかり走り込めるようになります。

週ごとのトレーニングは、同じトレーニングを続けることもありますし、毎週内容を変化させることもあります。

トレーニングのプログラム方法を知る

トレーニングは明確な目標を立て、その目標に向けて計画的に行うことが大切。トレーニングの効率と効果を最大限まで高めるためのプログラム方法を学ぼう。

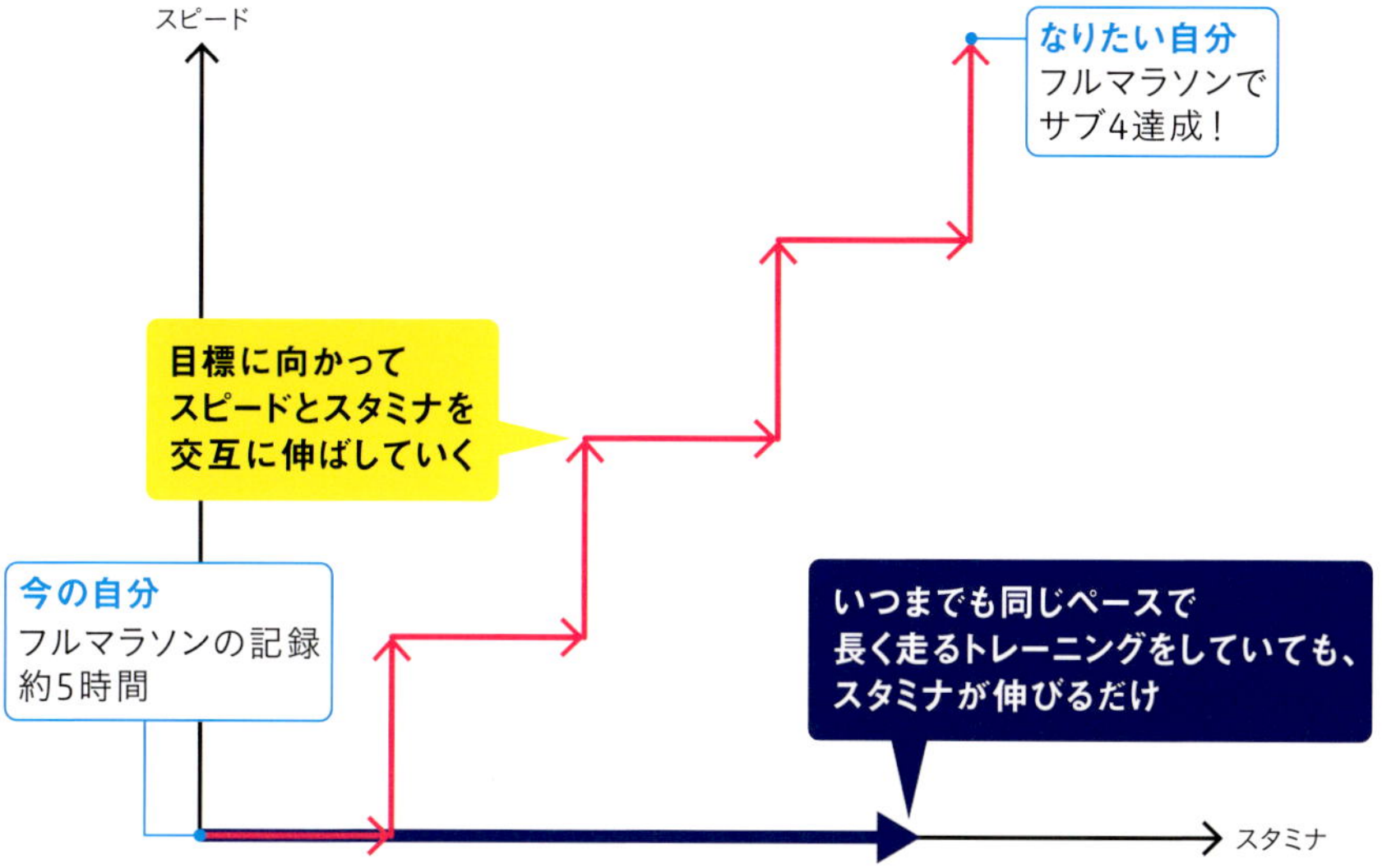
スピード
なりたい自分
フルマラソンで
サブ4達成！
目標に向かって
スピードとスタミナを
交互に伸ばしていく
今の自分
フルマラソンの記録
約5時間
いつまでも同じペースで
長く走るトレーニングをしていても、
スタミナが伸びるだけ
スタミナ

年 ▶ 季 ▶ 月 ▶ 週 で分けて、
具体的なスケジュールを組んでいく!

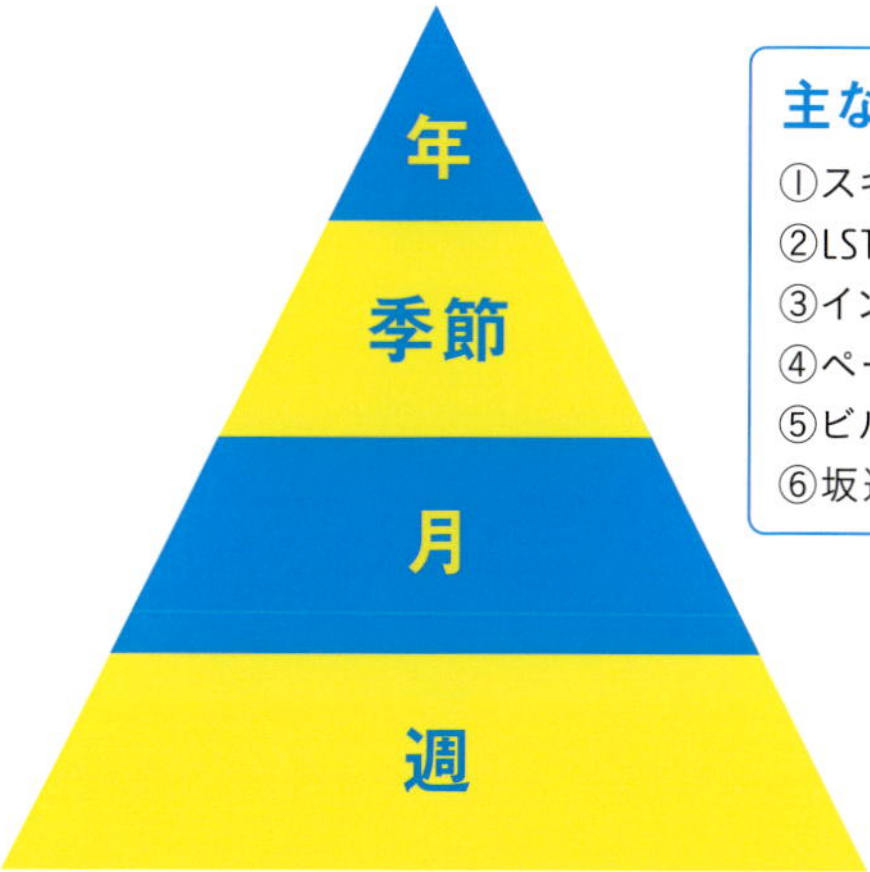
年
季節
月
週

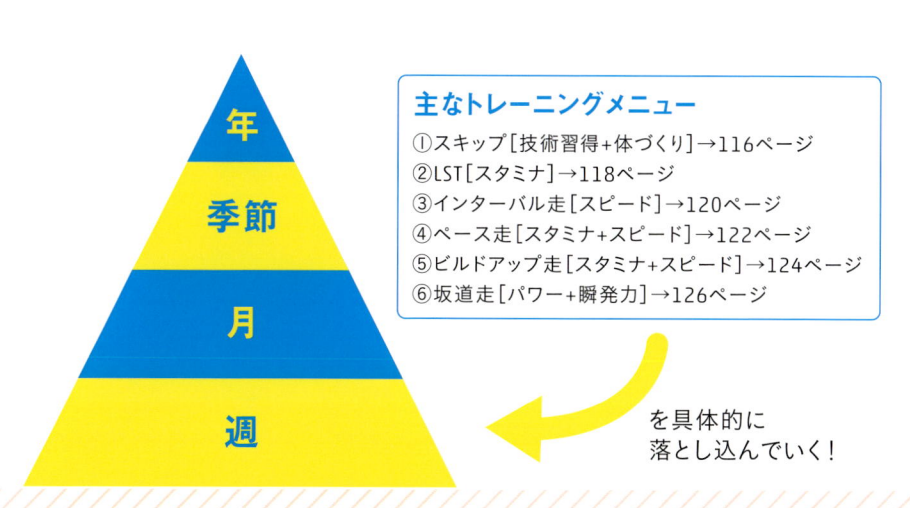

主なトレーニングメニュー

①スキップ[技術習得+体づくり]→116ページ
②LST[スタミナ]→118ページ
③インターバル走[スピード]→120ページ
④ペース走[スタミナ+スピード]→122ページ
⑤ビルドアップ走[スタミナ+スピード]→124ページ
⑥坂道走[パワー+瞬発力]→126ページ

を具体的に
落とし込んでいく！

基本的なトレーニングのプログラム方法

年、季、月、週に分けてトレーニング計画を立てていくことで、一貫性のある練習を行うことができる。トレーニングプログラムの基本的な考え方として、ポイントを押さえておこう。

年
▼
スタミナを養う
（スピードを養う）

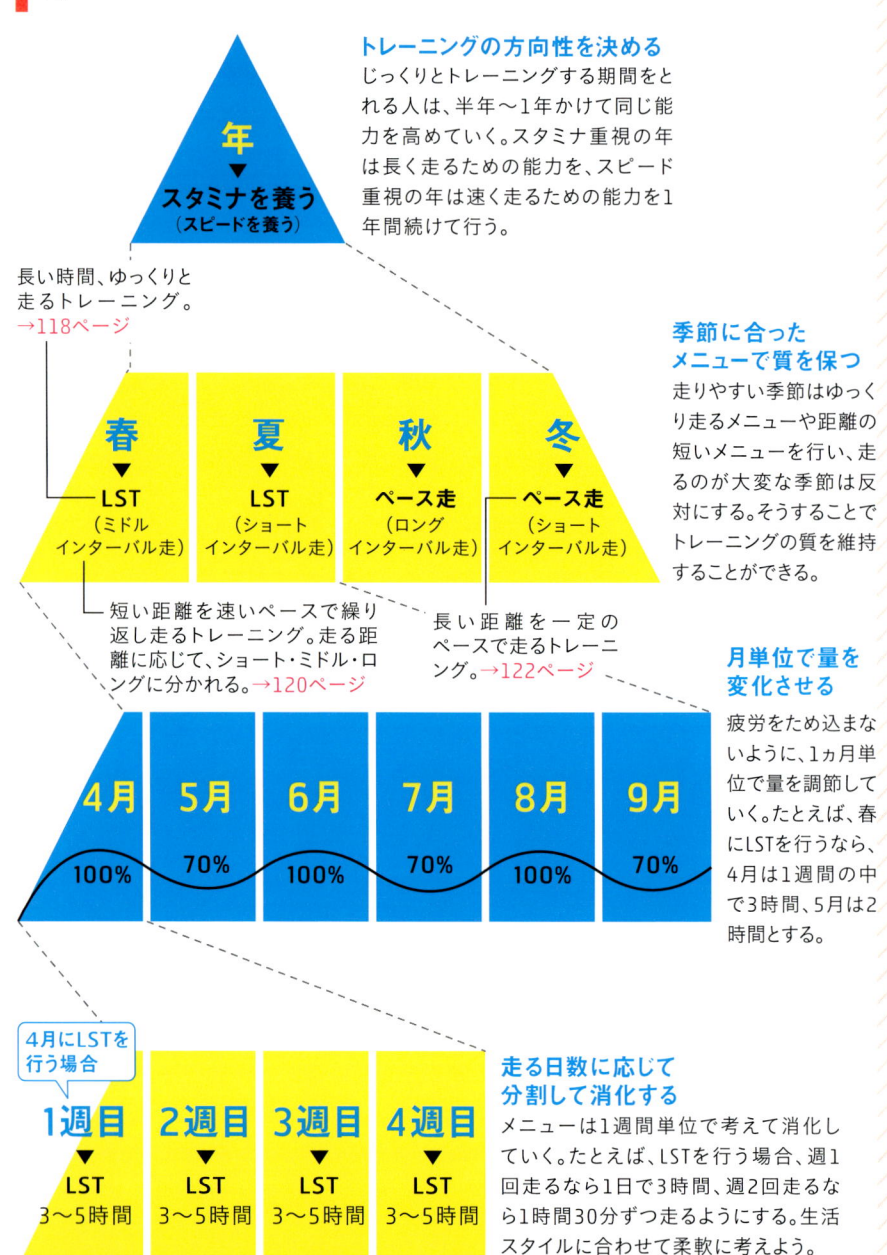

トレーニングの方向性を決める

じっくりとトレーニングする期間をとれる人は、半年〜1年かけて同じ能力を高めていく。スタミナ重視の年は長く走るための能力を、スピード重視の年は速く走るための能力を1年間続けて行う。

春	夏	秋	冬
▼	▼	▼	▼
LST（ミドルインターバル走）	LST（ショートインターバル走）	ペース走（ロングインターバル走）	ペース走（ショートインターバル走）

長い時間、ゆっくりと走るトレーニング。→118ページ

短い距離を速いペースで繰り返し走るトレーニング。走る距離に応じて、ショート・ミドル・ロングに分かれる。→120ページ

長い距離を一定のペースで走るトレーニング。→122ページ

季節に合ったメニューで質を保つ

走りやすい季節はゆっくり走るメニューや距離の短いメニューを行い、走るのが大変な季節は反対にする。そうすることでトレーニングの質を維持することができる。

4月	5月	6月	7月	8月	9月
100%	70%	100%	70%	100%	70%

月単位で量を変化させる

疲労をため込まないように、1ヵ月単位で量を調節していく。たとえば、春にLSTを行うなら、4月は1週間の中で3時間、5月は2時間とする。

4月にLSTを行う場合

1週目	2週目	3週目	4週目
▼	▼	▼	▼
LST 3〜5時間	LST 3〜5時間	LST 3〜5時間	LST 3〜5時間

走る日数に応じて分割して消化する

メニューは1週間単位で考えて消化していく。たとえば、LSTを行う場合、週1回走るなら1日で3時間、週2回走るなら1時間30分ずつ走るようにする。生活スタイルに合わせて柔軟に考えよう。

半年後にレースに出る場合のプログラム例

半年後にレースに出場する場合は、下のプログラム例を参考に、距離やペースなどを少しきつめに設定してトレーニングしていこう。ただし、急激な練習量の増加は故障のリスクを伴うので、むやみに負荷を高めないように注意する。

［半年後のレースでサブ4を目指すランナーの場合］

※それぞれ1週間あたりのメニュー。

プログラム1／スピードに不安がある人向け

最後まで走り切れるけど、全体的にペースを上げられない

スピードを養う

- **1ヵ月目** ショートインターバル走　100m×120本　休息30秒
（ペースの目安：1本あたり30秒）
- **2ヵ月目** ミドルインターバル走　300m×70本　休息30秒
（ペースの目安：1本あたり1分30秒〜1分45秒）
- **3ヵ月目** ショートインターバル走　100m×150本　休息30秒
（ペースの目安：1本あたり30秒）

不安のあるスピードから強化。本数やペースは少しきつめに設定。故障のリスクを考えて、2ヵ月目はやや距離を短めにした。

スタミナを養う

- **4ヵ月目** ペース走　20km
（ペースの目安：5分10秒〜5分15秒/km）
- **5ヵ月目** ペース走　10km
（ペースの目安：5分〜5分10秒/km）
- **6ヵ月目** ペース走　15km
（ペースの目安：5分10秒〜5分15秒/km）

スピード能力を維持するため、短めの距離でスピードを維持したペース走を行う。

プログラム2／スタミナに不安がある人向け

ペースが安定せず、最後まで走りきれない

スタミナを養う

- **1ヵ月目** ペース走　25km
（ペースの目安：7分/km）
- **2ヵ月目** ペース走　25km
（ペースの目安：6分/km）
- **3ヵ月目** ペース走　25km
（ペースの目安：5分30秒/km）

不安のあるスタミナから強化。距離を走ることに重点を置くため、最初は遅めにペース設定し、段階的に速くしていく。

スピードを養う

- **4ヵ月目** インターバル走　1km×10本　休息2〜3分
（ペースの目安：1本あたり5分〜5分10秒）
- **5ヵ月目** インターバル走　400m×20本　休息30秒
（ペースの目安：1本あたり1分50秒〜2分）
- **6ヵ月目** インターバル走　3km×5本　休息2〜3分
（ペースの目安：1本あたり16分〜16分30秒）

後半はスピード強化に重点を置くが、リラックスして走れるペースを維持することが大事。

※半年より短い期間でレース本番となる場合は、スタミナかスピード、どちらかに絞ってトレーニングするのがおすすめ。

トレーニング① スキップ【技術習得＋体づくり】

ランニングの基礎となる 2つの能力が身に付く

スキップは、ランニングの基礎能力を養うのに最適のトレーニングです。なぜなら、ランニング技術とランニングに必要な筋力が身に付くからです。

ランニングは路面に力を加え、その反作用で体を進める運動ですが、路面に力を加える動きは「プル」と「プッシュ」に分けられます。プルとプッシュはランニングにおいてもっとも重要な基礎技術ですが、スキップによって、そのタイミングを身につけることができるのです。スキップの場合、小さなステップが入るため、2歩に1回、プルとプッシュを行うことになりますが、プルからプッシュへという一連の素早い動きを生み出すことができます。

体を支える筋力と 跳ぶためのパワーを養う

走るときには、体を前に跳ばすだけのパワーが必要になります。

そのための筋力は、動きの中で身につけるのがもっとも合理的といえます。トレーニングの10原則（→111ページ）で紹介した「特殊性」です。

スキップでは、小さなステップが入るため、2歩に1回、プルとプッシュを行いますが、プルからプッシュへという一連の素早い動きを体験することができます。ごく短い時間に、適確に力を発揮するわけです。このような筋力は、重い負荷をかけてジワーッと力を発揮するトレーニングでは身に付きません。

また、スキップでは、小さなジャンプを繰り返すことになるため、走りながら体を支え、姿勢を維持するために必要な筋力も強化することができます。これもスキップのすぐれているところです。

トレーニングとしてスキップを行う場合には、50m×20本を基本としてやってみてください。**最初は10m×20本から始め、30m×20本、50m×20本と徐々に距離を延ばしていくとよいでしょう。**

スキップの効果とメニュー例

スキップはランニング技術が身に付くと同時に、基礎的な体づくりができる。まだランニング仕様の体ができていない人は、まずはじっくりとスキップを行うとよいだろう。久しぶりに走る人も、スキップを行って感覚を取り戻せば、スムーズにトレーニングに入っていける。

効果❶ ｜ ランニング技術が身に付く

PUSH!
PULL!
「プル」でしっかり路面をつかんだあと、つま先で路面を押して体を空中に跳ばす。これが「プッシュ」にあたる。
小さいステップのあとの2歩目でかかとをついたときが「プル」に相当する。路面をしっかりキャッチする感覚をつかもう。

プルとプッシュがある

スキップの中には、ランニングと同じ「プル」「プッシュ」の両局面がある。スキップをすることで、その両局面の感覚がつかめるようになる。

効果❷ ｜ 基礎的な体づくりができる

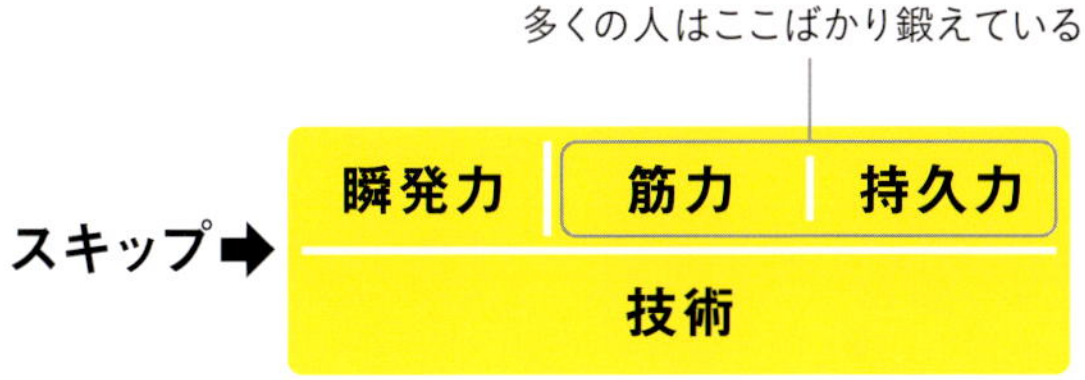
多くの人はここばかり鍛えている
スキップ
瞬発力
筋力
持久力
技術

ランニングの総合的な能力が身に付く

ランニングには、体を前に跳ばす瞬発力、骨格を動かすための筋力、その動きを続けるための持久力、スムーズに体を動かすための技術が必要だが、スキップはそれらすべての基礎能力を養うことができる。

メニュー例

基本的なメニューは次のとおり。まずは10mなど短い距離で始め、フォームを崩さずにやり通せるようになったら距離を延ばしていこう。

Lv1 ▶	10m	× 20本
Lv2 ▶	30m	× 20本
Lv3 ▶	50m	× 20本

トレーニング② ＬＳＴ【スタミナ】

スムーズな重心移動を身に付ける

ＬＳＤ（ロング・スロー・ディスタンス）というトレーニング方法があります。長い距離をゆっくりと走るトレーニングです。それに対して、**長い時間ゆっくりと走り続けるトレーニングを、本書ではＬＳＴ（ロング・スロー・タイム）と呼ぶことにします。**

ランニングでは、できる限りスムーズに重心を移動させていく必要があります。その技術を身に付けるのに、ゆっくり長く走るトレーニングが効果を発揮します。**歩幅を狭くし、すごくゆっくり走ることで、重心を移動させていく感覚を身に付ける**ことができます。

そこで、１歩につき、足の長さ分だけ前に進むくらいの歩幅にするなど、歩幅は思い切り狭くするようにしましょう。ほとんど足踏みのようなランニングになりますが、これなら着地のブレーキはほとんどなくなり、重心の移動もはっきりと意識することができます。

毛細血管を増やし筋ポンプ作用を高める

走っているときには、筋肉細胞に酸素を送るため、筋肉内に張りめぐらされた毛細血管にたくさんの血液が流れます。この状態が長時間続くことで、体はもっと毛細血管が必要だと判断し、毛細血管を増やし始めます。筋肉の毛細血管が増えれば、それだけ筋肉で利用できる酸素の量が増えます。つまり、**ゆっくり走っているだけで、酸素摂取能力が高まってくる**のです。

また、静脈の筋ポンプ作用も高まります。静脈を流れる血液は、筋肉が収縮と拡張を繰り返すことによるポンプ作用で、心臓に送り戻されています。静脈内には弁があり、周囲から圧迫されると血液が心臓に向かって移動するしくみになっているのです。

ゆっくり長く走るトレーニングを続けると、筋ポンプのはたらきで、効率よく血液を心臓に戻せるようになります。これもＬＳＴの効果です。

LSTの効果とメニュー例

LSTでは長い時間、ゆっくりと走ることが大事。落ち着いた気持ちで1歩ずつ丁寧に走ることを心がけよう。ゆっくり走ることで、普段は意識しにくい体の各部の動きを確認することもできる。

効果❶ スムーズな重心移動が身に付く

次の1歩も同じだけ進む。これくらいの歩幅でOK。
目安として、1歩につき、だいたい足の長さ分だけ前に進む。

ほぼ足踏みのような歩幅で進む

スピードも出ないが、ブレーキもほとんどない走りを体感できる。速いペースで走っているときには意識しにくい、スムーズな重心移動をつかむことができる。

効果❷ 毛細血管の増加と静脈の筋ポンプが起こる

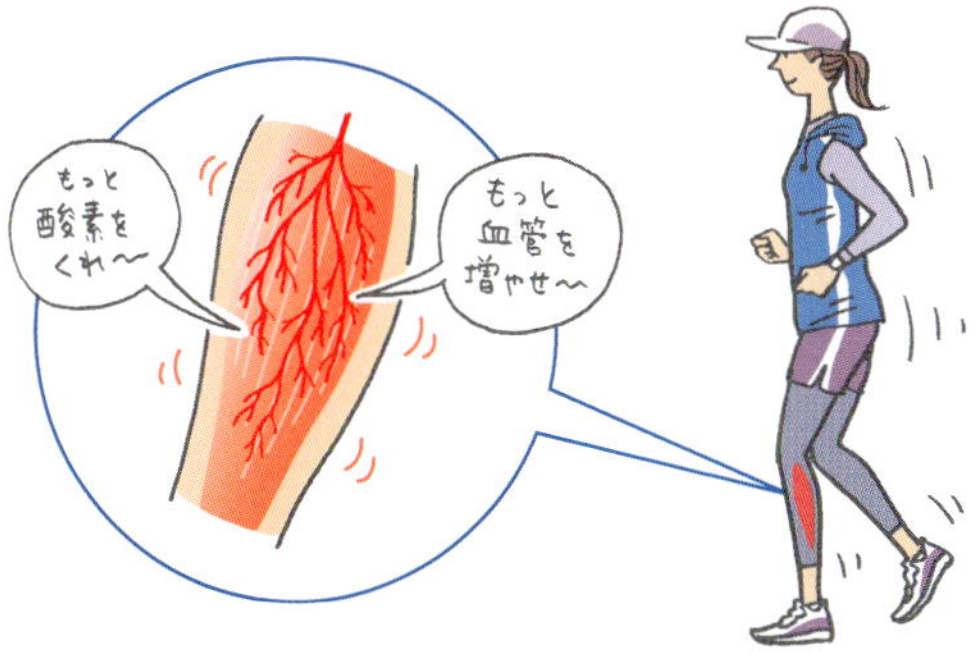
もっと酸素をくれ〜
もっと血管を増やせ〜

長い時間走ることで全身の血流がよくなる

長く走っていると毛細血管が増えて、酸素摂取量が増える。また、筋ポンプも起こって、静脈から心臓へ向かう血流がよくなる。

メニュー例

基本的なメニューは次のとおり。大会などの目標タイムに合わせて、走る時間を決めよう。1回の練習で走る時間が取れない場合は、週の中で分割して走るようにしよう。

- サブ3レベル ▶ 3時間（ペースの目安：6分/km程度）
- サブ4レベル ▶ 4時間（ペースの目安：10分/km程度）
- 5時間以上・ビギナーレベル ▶ 2時間（ペースの目安：10分/km程度）

トレーニング③ インターバル走【スピード】

目標レースの4分の1くらいの距離で必要な本数をこなす

インターバル走は、速いペースのランニングを休息（レスト）のジョギングをはさみながら繰り返すトレーニングです。主にスピードの強化を目的としています。心肺機能、とくに心臓と動脈に大きな負荷をかけ、循環器や呼吸器の機能を成長させていくものです。そうすることで、最大酸素摂取量（VO_2max／42ページ）が高まります。

走る距離によって、**ショートインターバル（１００ｍ）、ミドルインターバル（５００ｍ）、ロングインターバル（１０００ｍ）**といった種類に分けることができます。

走る距離の合計は、目標レースの4分の1くらいがちょうどよいでしょう。たとえば、マラソンを目指しているランナーであれば、10km程度になります。つまり、１００ｍのショートインターバルなら１００本、５００ｍなら20本、１０００ｍなら10本となります。

休息（レスト）のジョギングは、ショートインターバルなら1分、ミドルインターバルなら2分、ロングインターバルなら3分くらいにしましょう。

最後はタイムが落ちるくらいでちょうどよい

走るペースは、目標の本数をなんとかこなせる程度のペースが理想的です。当然、ショートインターバル走のように、距離が短くなるほど、1本あたりのペースも速くなります。速すぎるために目標の本数をこなせなかったら、ねらったトレーニング効果は期待できません。

そうならないためにも、ペース配分を考えて走る必要があります。そうかといって、ペースを遅くして余裕がありすぎてもよくありません。最後の数本でペースを上げることができた場合は、トレーニングに適切な負荷がかかっていない可能性があります。

理想は、最後の数本はペースを維持できなくなり、少しずつペースが落ちてくるくらい追い込むことです。苦しくなってから、なんとかペースを維持しようとすることで、大きなトレーニング効果を得ることができます。

インターバル走の効果とメニュー例

インターバル走は、主にスピード強化を目的したトレーニング。今の自分の限界まで出し切ることで、過負荷（→111ページ）による成長を促していこう。

効果｜最大酸素摂取量が増える

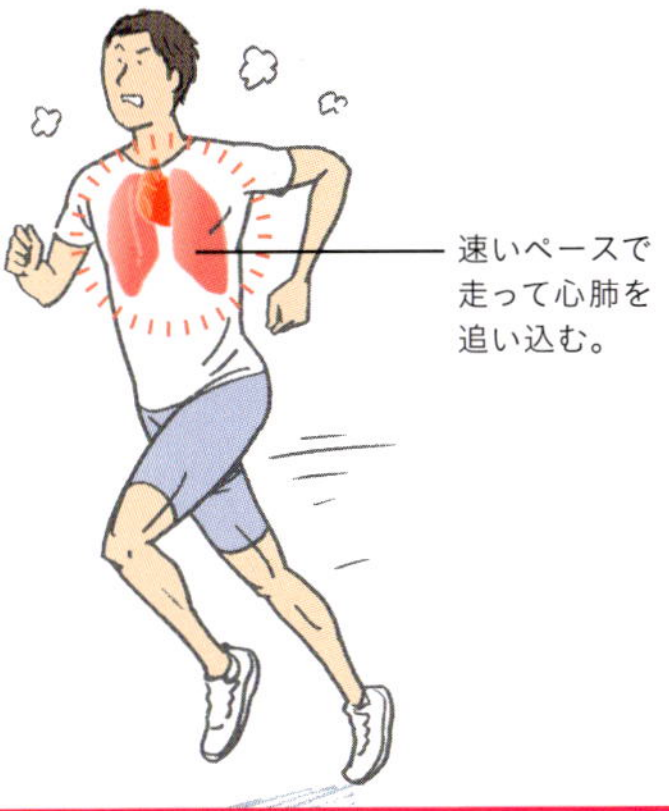
速いペースで
走って心肺を
追い込む。

心臓と動脈が鍛えられる

心肺機能、とくに心臓と動脈に負荷がかかることで、最大酸素摂取量（VO_2max）が高まる。そうすることで速いペースを維持して、走れる距離が増えていく。

ポイント｜理想は前半から限界まで出す

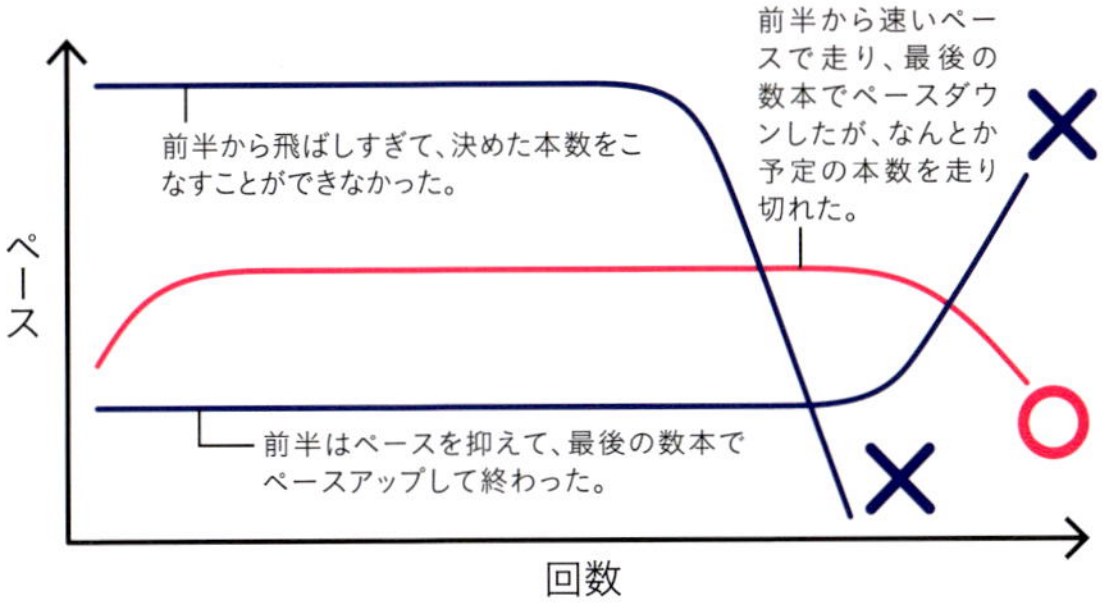
前半から速いペースで走り、最後の数本でペースダウンしたが、なんとか予定の本数を走り切れた。

前半から飛ばしすぎて、決めた本数をこなすことができなかった。

ペース
前半はペースを抑えて、最後の数本でペースアップして終わった。

回数

現在の力を出し切ってからが本当のトレーニング

ペースを維持できるうちは、余力がある証拠。現在の力を出し切ってから、ペースをどれだけ維持できるかによって、トレーニング効果が変わってくる。

メニュー例

基本的なメニューは次のとおり。114ページのプログラム例を参考に、季節などに応じて、「ショート」「ミドル」「ロング」のどれを行うか選択しよう。

ショートインターバル	▶	100m × 100本 休息1分 （ペースの目安：1本あたり28秒～35秒）
ミドルインターバル	▶	500m × 20本 休息2分 （ペースの目安：1本あたり2分35秒～2分45秒）
ロングインターバル	▶	1000m × 10本 休息3分 （ペースの目安：1本あたり5分30秒～5分45秒）

※「ペースの目安」はフルマラソン4時間30分程度で走る人の場合。 ※休息の目安は、1分間の心拍数120回以下になる程度。

トレーニング④ ペース走【スタミナ＋スピード】

身に付けたスピードを持続できるようにする

ペース走は、長い距離を一定のペースで走り切るトレーニング方法です。**インターバル走で身に付けたスピードを、長い距離にわたって持続できるようにすることが目的です。**

インターバル走は短い距離に分割しているため、速いペースで走れますが、長い距離を走り続けるペース走はより実戦に近いペース配分で走ることになります。スピードとスタミナの両方を同時にレベルアップさせることができるトレーニングです。

効果を得るためには目標の距離を走り切る

ペース走の距離設定の仕方はさまざまですが、**マラソンを目指すランナーのスタミナトレーニング期なら、1週間で合計がマラソンの距離くらいになるようにするとよいでしょう。**

一気に40km走るのは負荷が高すぎるので、4～8分割、あるいは2分割して走ることがおすすめです。5km×8本、10km×4本、20km×2本といった具合です。週2回に分けて走る場合は、本数を分けましょう。たとえば、5km×4本×2日といった具合です。

ペースは、目標とするレースペースを基本とします。たとえば、フルマラソンを4時間30分程度で走る人なら、6分30秒／kmくらいのペースで走るとよいでしょう。なるべく一定のペースを保って走りたいところですが、多少ペースが上下する程度は気にしなくてかまいません。

体力がもたず、最後まで走り切れなかった場合は、ねらった効果を得られません。現在の実力から考えてペースが速すぎたということです。次回はペースを落として走るなど、よい反省材料としましょう。

反対に予定したペースで最後まで走り切ることができたら、ステップアップする時期です。そのペースで走り続けるスタミナはついているので、次回からは少しペースを上げてみるとよいでしょう。

ペース走の効果とメニュー例

一定のペースで長い距離を走り切ることで、LSTで養ったスタミナ能力とインターバル走で高めたスピード能力が、実戦仕様で完成する。

効果｜スタミナ能力とスピード能力をミックスする

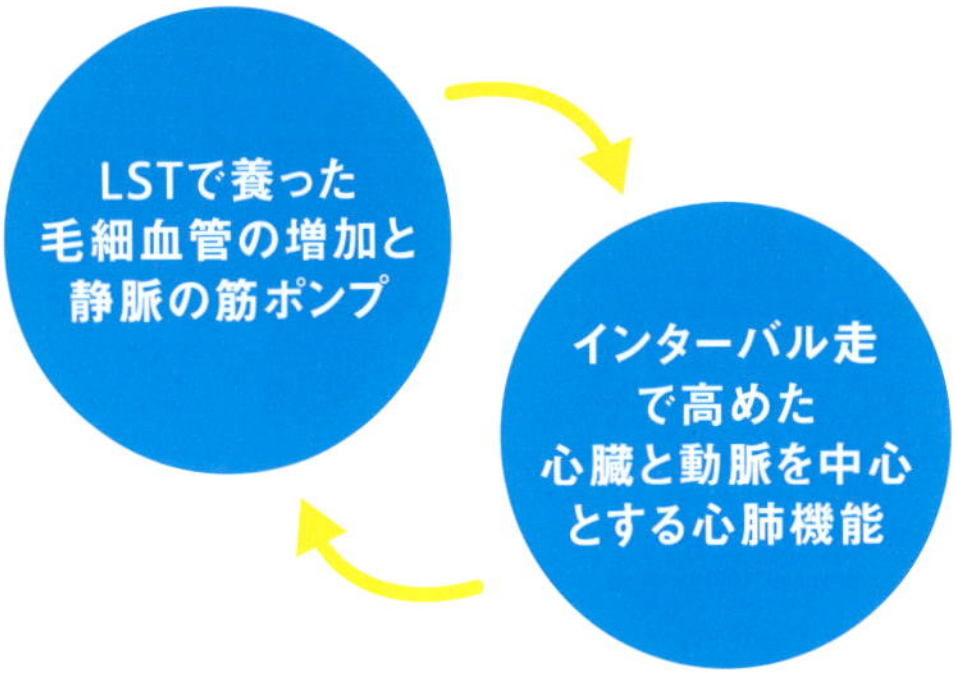
LSTで養った
毛細血管の増加と
静脈の筋ポンプ
インターバル走
で高めた
心臓と動脈を中心
とする心肺機能

循環機能を完成させる

LSTで養ったスタミナ能力とインターバル走で高めたスピード能力をミックスさせて、総合的な循環機能を完成させる。速いペースで、長い距離を走れる体ができあがる。

ポイント｜完走できないのはNG

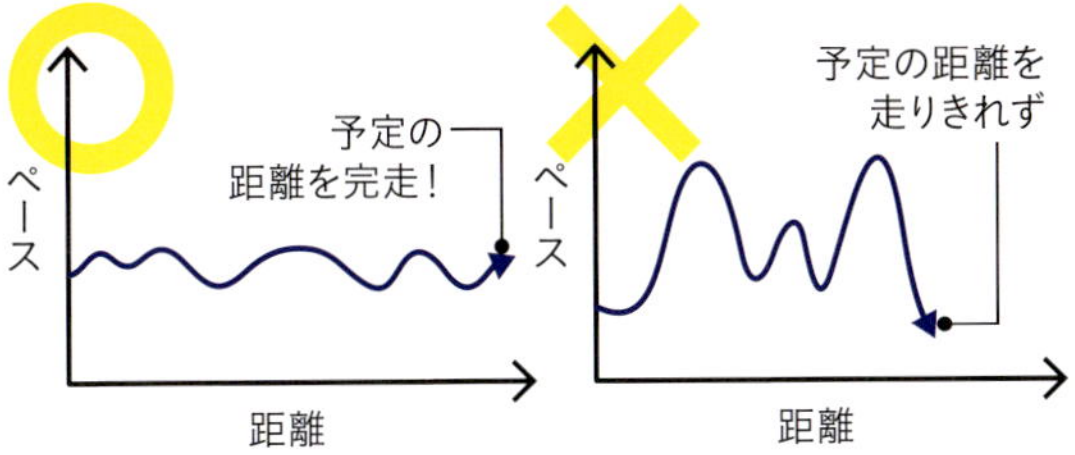
ペース
予定の
距離を完走！
距離
ペース
予定の距離を
走りきれず
距離

決めた距離を完走することが大事

マラソンを目指すなら合計40kmを走ることで、その距離を目標とするペースで走る力が養われる。完走できなかった場合、次回は少しペースを落として再チャレンジしよう。

メニュー例

基本的なメニューは次のとおり。ペース走は長い距離を走りやすい秋や冬に行うのがおすすめ。分割する距離にメリハリをつけて、質の高いトレーニングを目指そう。

(秋)8分割走	▶	5km	×	8本	休息2分
(秋)4分割走	▶	10km	×	4本	休息2分
(冬)2分割走	▶	20km	×	2本	休息20分

※休息の目安は、1分間の心拍数120回以下になる程度。20km走の場合は、トイレ休憩や補給、着替えなどの時間を含む。

トレーニング⑤ ビルドアップ走【スタミナ＋スピード】

ペース走の次のステップとなるトレーニング

ビルドアップ走は、長い距離を一定のペースで走り続け、途中でペースを上げるトレーニングです。ペース走とよく似たトレーニングで、スピードとスタミナの両方を向上させることができます。

途中でペースを上げるため、**ペース走より過負荷の状態をつくり出しやすい特徴があります。**どこでペースアップするか、どの程度ペースアップするかによって、さまざまな強度のトレーニングにすることができます。

距離はペース走と同じように考えましょう。マラソンを目指しているランナーのスタミナ養成期なら、合計距離がマラソンと同じくらいになるようにします。

ペースアップする位置を少しずつ手前にしていく

ビルドアップ走は、ペースアップの仕方を間違えると、完走できずに失敗してしまいます。そこで、**ゴール近くでペースアップすることから始めましょう。余裕があると感じたら、まずは最後の1kmだけペースアップするのです。**

たとえば、フルマラソンを4時間30分程度で走る人なら、6分30秒／kmくらいのペースでスタートし、残り1kmで5分30秒／kmあたりまでペースを上げてみましょう。

それができるようになったら、次回はゴールの2km手前からペースアップするようにします。このようにして、**ペースアップする位置を少しずつ手前にずらすことで強度を、段階的に上げていくことができます。**

いずれにしてもペースを上げたあとは、そのペースを維持します。ペースアップする位置が前すぎたり、ペースアップ後のスピードが速すぎたりすると、そのペースを最後まで維持できなくなります。途中でペースダウンしてしまったら、ビルドアップ走としての効果は期待できません。段階を踏んで強度を上げていくことが大切です。

ビルドアップ走は、成功すればとても効果の高いトレーニングです。まずはペース走を確実にこなすことを目指し、余裕があればチャレンジするとよいでしょう。

ビルドアップ走の効果とメニュー例

ペース走の流れで、途中からペースを上げることで、ペース走以上の過負荷の状態をつくり出すことができる。効果も高いが、難易度も高いので、余裕があれば挑戦しよう。

効果 | ペース走よりも過負荷の状態にしやすい

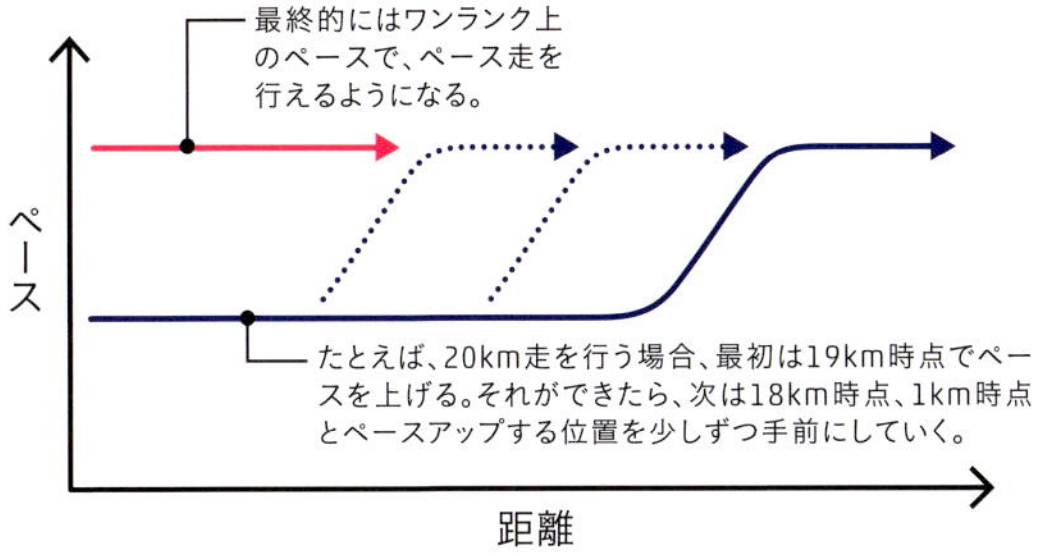
最終的にはワンランク上のペースで、ペース走を行えるようになる。
ペース
たとえば、20km走を行う場合、最初は19km時点でペースを上げる。それができたら、次は18km時点、1km時点とペースアップする位置を少しずつ手前にしていく。
距離

徐々に維持できるペースを高めていける

少しずつペースアップする位置を手前にし、そのペースを維持して走りとおすことで、維持できるペースを段階的に上げていくことができる。

ポイント | 上手にビルドアップできるかどうかがカギ

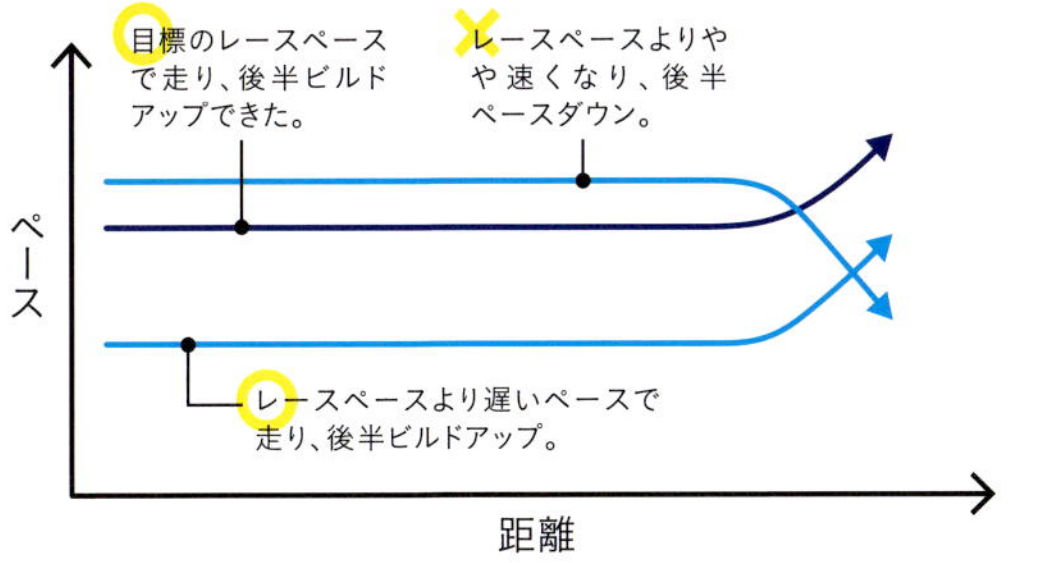
目標のレースペースで走り、後半ビルドアップできた。
レースペースよりやや速くなり、後半ペースダウン。
ペース
レースペースより遅いペースで走り、後半ビルドアップ。
距離

ペース走の流れからビルドアップを目指す

ビルドアップ走の基本は目標とするレースペースで走り、後半にペースアップすること。ビルドアップするために、最初のペースを落としてしまうと、あまり効果は得られない。

メニュー例

基本的なメニューは次のとおり。基本的にはペース走と同じ考え方で取り組もう。難易度が高いトレーニングなので、必ずしも取り入れる必要はない。

(秋)8分割走	▶	5km	×	8本	休憩2分
(秋)4分割走	▶	10km	×	4本	休憩2分
(冬)2分割走	▶	20km	×	2本	休憩20分

※休息の目安は、1分間の心拍数120回以下になる程度。20km走の場合は、トイレ休憩や補給、着替えなどの時間を含む。

トレーニング⑥ 坂道走【パワー＋瞬発力】

のぼり坂とくだり坂に必要な能力を鍛える

マラソンなどのようにロードで行われるレースでは普通、コースの途中にのぼり坂やくだり坂があります。そのような坂を上手に走るためには、坂道を上手に走るための技術と体力が必要です。

まず、**のぼり坂で必要となる能力はパワー**です。体を高い位置に押し上げなくてはならないので、平地を走るのにくらべて強いパワーが必要になります。

一方、**くだり坂で必要となるのは瞬発力**です。なめらかに坂をくだるためには、素早く脚を出さなければならないので、平地を走るとき以上の瞬発力が必要となるのです。

短すぎる坂では技術練習にならない

坂道走では、これらのパワーと瞬発力を鍛えていくことになります。**坂道走を行うには、４００ｍ以上続く坂が適しています。１０００ｍくらいあれば理想的です。**短い坂だと、力だけでのぼって、くだることができますが、４００ｍ以上の坂道は力だけでは攻略できません。坂道を走る技術が必要になるのです。

傾斜がゆるすぎる坂も、きつすぎる坂も、トレーニングにはあまり適していません。**理想的な斜度は５〜６％（１００ｍで５〜６ｍのぼる）程度です。**

トレーニングメニューとしては、４００ｍ程度の坂であれば、本数は20本を基本としましょう。坂の距離が長くなれば、本数を減らします。

また、のぼり坂のトレーニングとくだり坂のトレーニングは、別の日に行うようにしましょう。トレーニング日を分けることで、はっきりとしたトレーニング効果を得ることができます。

のぼり坂のトレーニング日は、のぼり坂をレースペースよりやや速めでのぼり、ジョギングでくだります。くだり坂のトレーニング日は、くだり坂をレースペースよりやや速めでくだり、ジョギングで上までのぼります。

坂道走の効果とメニュー例

坂道走の主な目的は、のぼり坂でパワーを、くだり坂では瞬発力を鍛えること。また、坂道を走るための技術習得にも役立つ。アップダウンのないロードレースはほとんどないので、日々のトレーニングの中に組み込んでいこう。

効果❶ のぼり坂でパワーを養う

上体を前傾させて走る。
ハムストリングがはたらき、鍛えられる！

坂道をかけのぼるパワーが身につく

前傾して走ることで、路面を強く押すことができるようになる。そうして体を坂の上へとのぼらせることで、ハムストリングが鍛えられる。

効果❷ くだり坂で瞬発力を養う

大腿四頭筋などがはたらき、鍛えられる！
空を見上げるように腰を反らして走る。

素早く足を出す瞬発力が身につく

腰を反らして、空を見上げるように走ることで、足が素早く前に出るようになる。そうして坂を駆けくだることで、大腿四頭筋など、太もも前側の筋肉が鍛えられる。

メニュー例

基本的なメニューは次のとおり。400〜1000m、斜度5〜6％程度の坂道でトレーニングしよう。のぼり坂トレーニングとくだり坂トレーニングは、日を分けて行うこと。

のぼり坂	▶	400〜1000m×8〜20本
		（ペースの目安：5分30秒／km）
くだり坂	▶	400〜1000m×8〜20本
		（ペースの目安：5分／km）

※ペースの目安は、フルマラソン4時間30分程度で走る人の場合。

5 ホメオスタシスを利用して体を変化させる

私たちの体には、**ホメオスタシス（生体恒常性）**という性質が備わっています。それによって、冬でも夏でも体温は一定に保たれていますし、たくさん水を飲んでも血液が薄まることはありません。暑い、寒い、たくさんの水分が吸収されるという**状況の変化に対し、体を常に一定の状態に保とうとする力がはたらく**からです。

ランナーはトレーニングすることで、これまでよりも速く走れる体になっていきます。体にこうした変化をもたらすのも、実はホメオスタシスなのです。

たとえば、息が切れるような速いペースでランニングを行ったとしましょう。息が切れるのは、筋肉に大量の酸素を送り込む必要があるのに、それが追いつかずに起こる現象です。筋肉で酸素不足が起きているため、もっと酸素を取り込もうと、息が荒くなるのです。

こうした負荷の高いランニングを何回も繰り返していると、体は酸素不足が起こらないようにしようとします。酸素不足にならない状態を維持するために、生体恒常性を発揮するのです。具体的には、空気中の酸素を血液に取り込む肺の能力を向上させ、血液を全身に送り出す心臓の能力を高め、筋肉では毛細血管の数を増やして酸素を取り込みやすくします。体をこのように変化させることで、速く走っても筋肉が酸素不足を起こさない、という恒常性を実現させるわけです。これがトレーニング効果です。

このことからわかるように、トレーニングは何回も繰り返す必要があります。**体が「なんとか対応できるようにしなければ」とホメオスタシスをはたらかせるまで、何回も繰り返すのがトレーニング効果を引き出すコツ**なのです。

PART 6

走力を
さらに上げる
ランニングの科学

走力は「トレーニング」「栄養」「休息」の3つがそろうことで、高まっていきます。「成長するために何を食べればいいのか」「どのように体をケアすればいいのか」を理解しておくことも、強いランナーになるために欠かせないことなのです。走ることだけでなく、食べることや休むこともトレーニングの一環と考え、実践していきましょう。

体を運動モードに切り替える

血流と神経と筋肉を運動モードに切り替える

トレーニングやレースの前にはウォームアップによって、**日常生活モードになっている体を運動モードに切り替える必要があります。具体的には、血流、神経、筋肉の3つを切り替えていきます。**

ブラッドシフト（血流の切り替え）

体内の血液の量と流れは、安静時と運動時で大きく異なっています。**安静時には内臓に多くの血液が流れていますが、運動時の血液は大部分が筋肉と皮膚に流れ、内臓の血流は極端に減ります。**脳の血流量は、安静時も運動時もあまり変わりません（運動時は全身の血液量が増えるので、割合としては小さくなります）。

筋肉の血流量が増えるのは、運動で筋肉を使うとたくさんの酸素を消費し、多くの血液を必要とするからです。皮膚の血流が増えるのは、運動で発生した熱を体表から逃がすためです。そこで、ウォームアップでは血流の割合を運動時の状態に切り替えます。これがブラッドシフトです。

ナーバスシフト（神経の切り替え）

内臓や血管のはたらきをコントロールしている交感神経と副交感神経を運動モードに切り替えます。**副交感神経は安静状態、交感神経は興奮状態といわれますが、運動するときには交換神経を優位にしておくべきでしょう。**

交感神経にスイッチが入ると、心拍数が増え、血管が収縮して血圧が上がり、気管は拡張します。ナーバスシフトとは、体をこのように覚醒した状態に変えることです。

マッスルシフト（筋肉の切り替え）

立っているときと走っているときでは、使われる筋肉がちがいます。

たとえばふくらはぎでは、立っているときはヒラメ筋がはたらき、腓腹筋《ひふくきん》は使われていません。太ももでは内転筋が使われ、ハムストリングはあまり使われていません。そこで、**腓腹筋やハムストリングなど、運動で活躍する筋肉を動けるようにします。**これがマッスルシフトです。

反対にクールダウンでは血流、神経、筋肉を運動モードから日常生活モードに戻します。ジョグやウォークを行いながら、徐々に切り替えていきます。

血流、神経、筋肉を運動モードに切り替えよう

日常生活モードから運動モードへ、血流、神経、筋肉の3つを切り替えていく。きちんと運動モードに切り替えないと、質の高いトレーニングはできなくなる。

1 ブラッドシフト（血流の切り替え）

血流を運動モードに変える。安静時は内臓に多く流れている血液を、筋肉や皮膚に流れるようにする。

	安静時	運動時
脳	13〜15%	3〜4%
内臓	**44〜50%**	9〜14%
筋肉・皮膚	18〜26%	**80〜85%**
その他	10〜15%	1〜2%

2 ナーバスシフト（神経の切り替え）

神経を運動モードに変える。安静状態の副交感神経よりも、興奮状態の自律神経が優位な状態へと切り替える。

	安静時	運動時
	副交感神経	交感神経
血管	平常	収縮
心拍	平常	UP
血圧	平常	UP

3 マッスルシフト（筋肉の切り替え）

筋肉を運動モードに変える。日常生活時は内転筋やヒラメ筋が使われているが、運動時はハムストリングや腓腹筋を使えるようにする。

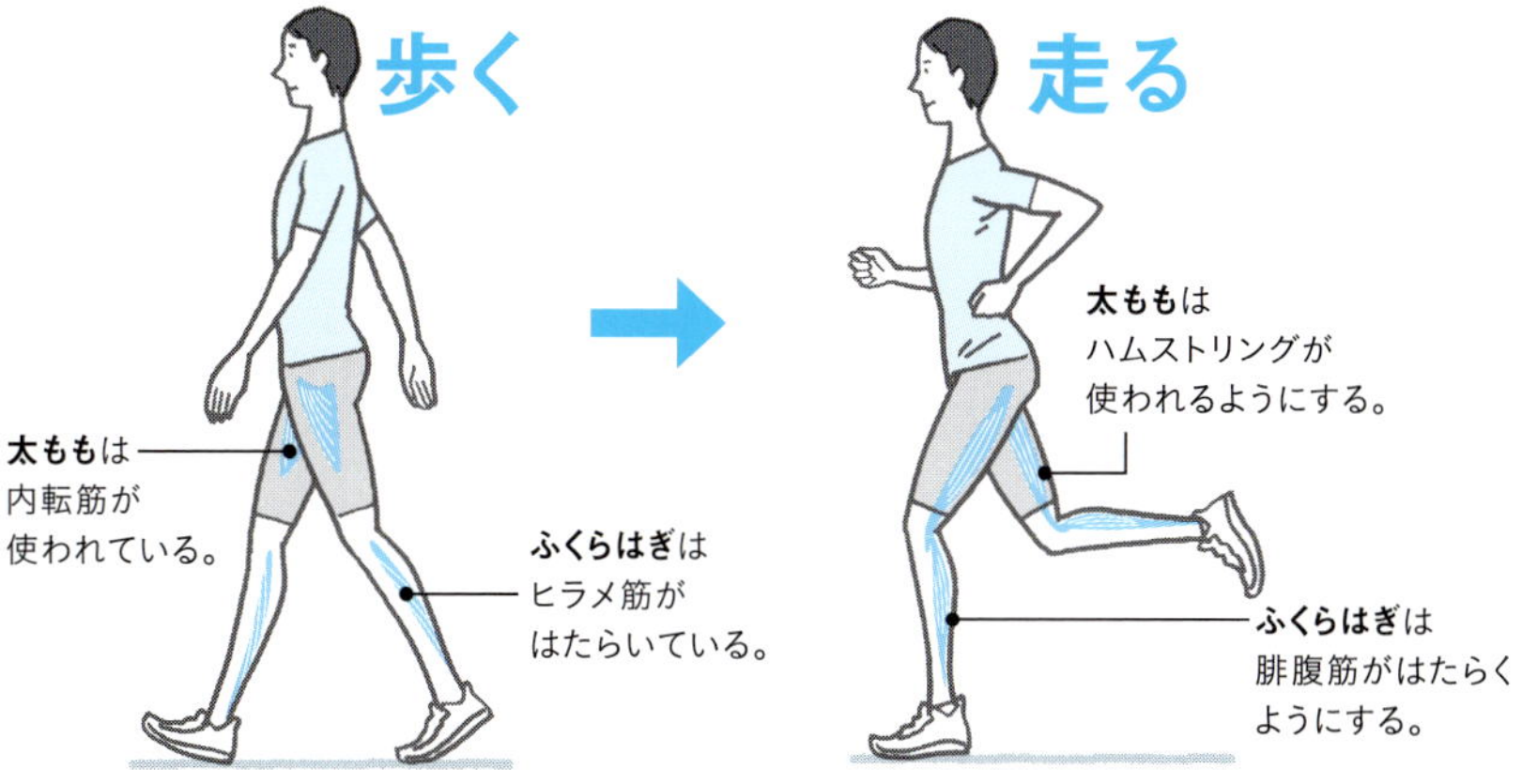

歩く
走る
太ももは
内転筋が
使われている。
ふくらはぎは
ヒラメ筋が
はたらいている。
太ももは
ハムストリングが
使われるようにする。
ふくらはぎは
腓腹筋がはたらく
ようにする。

ウォームアップとクールダウンの流れ

日常生活モードと運動モードを切り替える(=ウォームアップ)方法を紹介する。133〜135ページで紹介する「ニーアップ」「チアリーダー」「手旗」の3つのドリルに、ジョグやウォーキングを組み合わせると効率的だ。

ウォームアップ

ジョグとスキップに分けて、それぞれで3つのドリルを行う。血流、神経、筋肉に刺激を与える動きなので、効率よく運動モードに切り替えることができる。

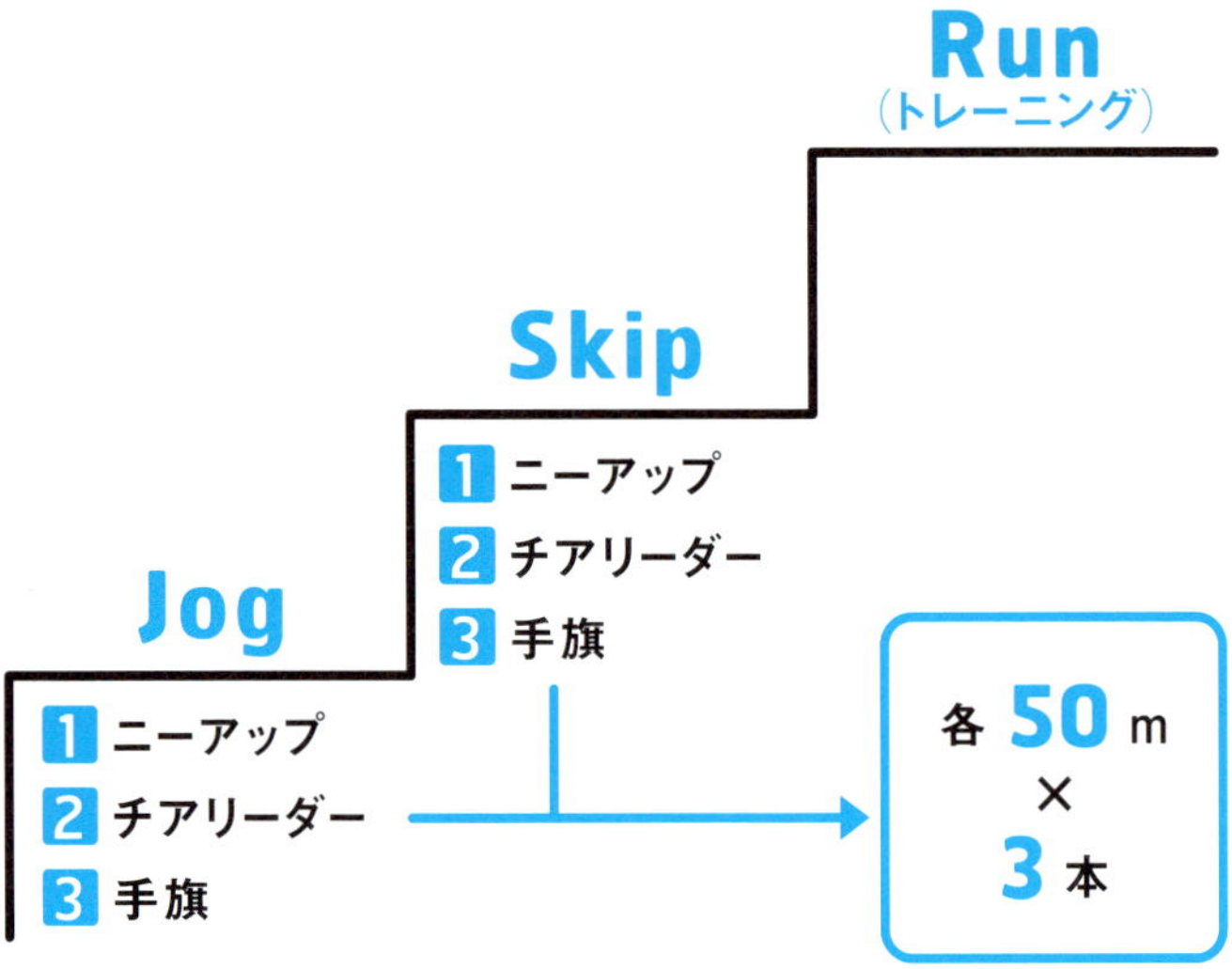

クールダウン

トレーニング後は、ゆっくりとジョギングやウォーキングを行う。そのあとで3つのドリルを行うことで、疲労回復効果を高めつつ、体を日常生活モードに戻すことができる。

1 ジョギング or ウォーキング

トレーニングで高い負荷をかけた場合はジョギング、負荷が低かった場合はウォーキングで、体をゆっくり動かす。

▼

2

1 ニーアップ
2 チアリーダー
3 手旗

各 10 m × 1 本

ウォーミングアップよりも短い距離、少ない本数で、丁寧に体に刺激を与えていく。

ドリル① ニーアップ

ヒザを腰よりも高く上げて、リズムよく前に進んでいく。血流や神経に刺激を与えるほか、とくに腓腹筋がはたらくので、ふくらはぎの筋肉を運動モードに切り替えることができる。

まずはニーアップでジョギング

Jog
腓腹筋にスイッチが入る。
太ももを高く上げていく。

着地と同時に、同じように右脚を上げていく。

左脚の太ももを上に高く上げて走り始める。

左脚を軽く後ろに引いて立つ。

次に同じ姿勢でスキップ

Skip
とくに腓腹筋が伸ばされて、はたらくようになる。

体の少し前側で着地。左右の脚で連続して、これを繰り返す。

左脚の太ももを高く真上に上げるようにしてスキップする。

少しだけ左脚を後ろに引いて立つ。

ドリル② チアリーダー

脚をチアリーダーのように上げながら進んでいく。血流や神経に対する刺激はもちろん、とくにハムストリングがはたらくので、太もも後ろ側の筋肉を運動モードに切り替えることができる。

まずはチアリーダーでジョギング

ハムストリングがはたらくようになる。
チアリーダーが脚を上げるようなイメージ。

左脚の着地と同時に、右脚を振り出していく。

つま先をできるだけ高く上げるようにして、走り始める。

両足をそろえて立ち、少しだけ前傾する。

次に同じ姿勢でスキップ

ハムストリングにスイッチが入り、太ももの後ろ側の筋肉が運動モードになる。

着地後、今度は右脚を同じように振り上げる。

つま先から足を高く振り上げて、スキップする。

足を前後に開いて立つ。

ドリル③　手旗

手旗を振るように、手を上下に振りながら前に進む。とくに広背筋がはたらくので、体幹の筋肉を運動モードに切り替えることができる。血流と神経にも作用する。

まずは手旗でジョギング

背中の広背筋にスイッチが入るようになる。
Jog

手旗を振るイメージで、腕を上下に振りながら走る。

右腕を振り上げ、その反動で左脚を振り上げて走っていく。

次は左腕を上げる。腕を上下させながら走り続ける。

次に同じ姿勢でスキップ

広背筋にスイッチが入り、体幹の筋肉が運動モードになる。
Skip

腕を上下に振りながら、スキップしていく。

右腕を振り上げる反動で、右脚を高く上げてスキップする。

次は左腕を上げて、右脚を上げてスキップする。

ランナーが知るべき栄養素の基礎知識

エネルギーになる糖質と脂質 筋肉となるたんぱく質

一人前のランナーになるためには、食事や栄養に関する基礎的な知識を持っていることも大切です。そこで、ここでは栄養学の基礎となる五大栄養素である**糖質**、**脂質**、**たんぱく質**、**ビタミン**、**ミネラル**について解説します。

糖質はエネルギーとなる栄養素で、1gで約4kcalのエネルギーを発生します。炭水化物とも呼ばれますが、炭水化物のうち人間が消化できるものが糖質です。消化できないものは、食物繊維と呼ばれています。糖質は体内ではグリコーゲンになって、筋肉や肝臓に蓄《たくわ》えられます。糖質を豊富に含む食品はごはん、パン、パスタ、めん類などです。

脂質もエネルギーとなる栄養素です。1gが約9kcalと、エネルギー量が多いのが特徴です。体内では主に中性脂肪になり、皮下脂肪や内臓脂肪として蓄えられます。脂質を豊富に含む食品は、バターや植物油などの油脂類、肉の脂身、マヨネーズ、ドレッシング、種実類などです。

たんぱく質は筋肉、内臓、皮膚、血液など、体の材料となる栄養素です。消化によってアミノ酸に分解され、体内に吸収されます。そのアミノ酸を材料にして、体に必要なたんぱく質がつくられます。たんぱく質を豊富に含む食品は、肉、魚、卵、乳製品、大豆製品などです。

体の機能を整えたり はたらきをよくしたりする

ビタミンは、人間の体内でつくり出せないものがほとんどです。とくに水溶性ビタミン（ビタミンB群やビタミンCなど）は体内に蓄えておけないため、日々の食事からとっておきましょう。ビタミンには多くの種類があり、はたらきもさまざまです。ビタミンが欠乏すると、何かしらの障害が現れたり、体のはたらきが異常をきたしたりします。

ミネラルは、体の機能調整などに必要な栄養素で、無機質とも呼ばれます。骨の材料としてカルシウムが、ヘモグロビンの材料として鉄が使われます。その他、筋肉の収縮や神経の興奮など、さまざまな生体機能に多くのミネラルが関わっています。

ランナーに必要な栄養素を知る

質の高いトレーニングによってダメージを受けた体は、栄養のあるものを食べることで回復し、大きく成長することができる。そのために、栄養素の基本を理解しておこう。

脂質

エネルギーとなる。とくに糖質と並び、重要なエネルギー源となる。バターや油脂類などがある。

糖質

エネルギーとなる。とくにランニングに重要なグリコーゲンのもとになる。ごはん、パン、めん類、いも類など。

ミネラル

体の機能調整などに必要。とくにランナーには、貧血対策に鉄分をとることが大事。また、筋肉を動かすのに使われるカルシウムをとる。

たんぱく質

体の材料となる。トレーニングによってダメージを受けた体を修復するのに重要となる。肉類、魚類、豆類など。

ビタミン

体の機能調整などに必要。エネルギーの燃焼を助ける。ビタミンB群やビタミンCをとることが大事。

LEVEL《レベル》 UP《アップ》

トレーニングのテーマに合わせて食べる

トレーニングの効果を高めるためにも、疲労をなるべく残さないためにも、トレーニング内容に合わせて適切な栄養を補給することを考えましょう。

長い距離を走るトレーニングでは、大量のエネルギーを消費するため、トレーニング前の食事では糖質をしっかりとり、筋肉のグリコーゲンを増やしておくようにします。また、糖質や脂質の燃焼に必要となるビタミンB群も、不足しないようにすることが大切です。

トレーニング後は、筋肉のグリコーゲンが減少しているので、なるべく早く糖質を補給します。そうすることで、疲労の回復が早くなります。スピードトレーニングや筋肉に大きな負荷をかけたときには、筋肉のダメージを回復させるために、たんぱく質が必要です。

このようにトレーニングに合わせた栄養補給をすることで、ダメージの回復や成長を大きく促すことができます。

ビタミンとタイミングで補給を制す

エネルギーをつくり出すのにビタミンB群が欠かせない

多くのランナーはエネルギー源の補給に熱心で、トレーニングやレースの前に、ごはんやパスタなど糖質をたくさん含んだ食品を食べています。ランニングに糖質の補給は欠かせませんが、それだけで十分とはいえません。

なぜなら、**体内に蓄えたグリコーゲンや脂肪をうまく燃焼させてエネルギーをつくり出すには、ビタミンB_1、B_2、B_6、B_{12}、ナイアシンなどのビタミンB群が必要**だからです。ビタミンB群が不足していると、糖質も脂肪もうまく燃やすことができません。

そこで、糖質をとるだけでなく、ビタミンB群の摂取も心がけるようにしましょう。そうすることで、体内のグリコーゲンや脂肪が本当に使えるエネルギー源となります。

さらに、**トウガラシ、ニンニク、ショウガ、ネギ、ニラなどの食品には、ビタミンB群のはたらきを高める成分**が含まれています。これらをうまく組み合わせることで、エネルギー源の燃焼効果をさらに高めることができます。

エネルギー源の燃焼を助けるビタミンB群

ビタミンB群は糖質などからエネルギーを生み出すはたらきをサポートするほか、皮膚や粘膜の健康維持、神経のはたらきなどに関わる栄養素だ。

ビタミンB_1

糖質からエネルギーを生み出すはたらきや皮膚や粘膜の健康維持を助ける。とくに**豚肉**に豊富に含まれ、**レバー**、**豆類**などにも含まれている。

ビタミンB_2

糖質などからエネルギーを生み出すはたらきや皮膚や粘膜の健康維持をサポート。**レバー**や**うなぎ**、**卵**、**納豆**、**乳製品**に多く含まれている。

ビタミンB_6

たんぱく質からエネルギーを生み出すはたらきを助けるほか、筋肉や血液をつくるときに必要。**カツオ**や**マグロ**、**レバー**などに多く含まれている。

ビタミンB_{12}

血液中のヘモグロビンを生み出すほか、神経のはたらきを正常に保つ役割を果たす。**カキ**などの魚介類や**レバー**などに多く含まれている。

ナイアシン

糖質や脂質、たんぱく質からエネルギーを生み出すはたらきに不可欠。**レバー**や**魚類**、**肉類**などに多く含まれている。

トレーニングに合わせてタイミングよく栄養補給する

トレーニング内容に合わせて適切に栄養を補給すると、より充実したトレーニングができるようになるほか、トレーニング後の回復を早める効果も期待できます。

トレーニング前には、糖質を含む食品をとって、筋肉のグリコーゲンを増やしておきます。とくに長い距離を走る場合には、糖質を多く補給しておくとよいでしょう。もちろん、糖質を燃焼させるためのビタミンB群も必要です。

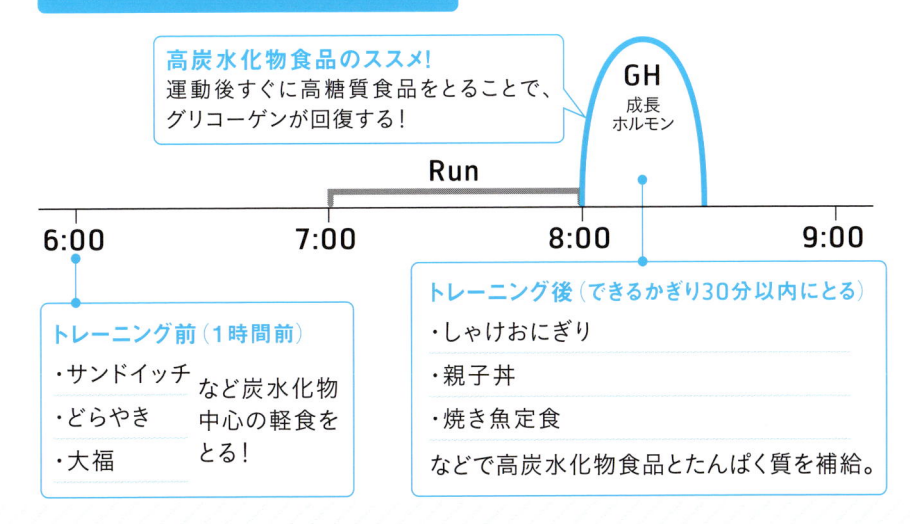

トレーニング後は、使われたグリコーゲンを回復させるために、糖質を中心に補給します。トレーニング後、30分以内は成長ホルモンの分泌が高まるため、ゴールデンタイムと呼ばれています。そこで、トレーニング後、なるべく早めに高炭水化物食品をとることで、運動前のレベルまでグリコーゲンが回復させるのです。高炭水化物食品とは、ごはんやパスタなど、炭水化物を多く含む食品のことです。トレーニング後は、脂質が多めのパスタよりも、ごはんがおすすめです。あわせて、筋肉などを修復するたんぱく質（肉類や魚類、豆類など）をとるとよいでしょう。

補給すべき最高のタイミングを逃さないようにしよう

トレーニングの前後で、適切に栄養補給するようにしよう。とくに運動後30分以内はゴールデンタイムなので、できる限りこのタイミングで栄養補給できるようにしたい。

午後7〜8時にトレーニングした場合

高炭水化物食品のススメ!
運動後すぐに高糖質食品をとることで、グリコーゲンが回復する!
GH
成長ホルモン
Run
6:00
7:00
8:00
9:00

トレーニング前（1時間前）

- サンドイッチ
- どらやき
- 大福

など炭水化物中心の軽食をとる!

トレーニング後（できるかぎり30分以内にとる）

- しゃけおにぎり
- 親子丼
- 焼き魚定食

などで高炭水化物食品とたんぱく質を補給。

補給を効率化！消化・吸収のしくみ

消化・吸収されなければ栄養として利用できない

ランナーにとって栄養は重要です。しかし、食べたり飲んだりしたものは、きちんと消化され、吸収されて体内に入らなければ役に立ちません。そこで、**どうすれば補給したものがより効率よく消化・吸収されるようになるのか、つまり消化・吸収機能について考えてみましょう。**

人間の体が分泌する消化液には、唾液、胃液、胆汁《たんじゅう》、膵《すい》液《えき》、腸液があります。これらの消化液を使って、糖質、脂質、たんぱく質を分解し、栄養分を血管内に取り入れられる大きさにしていくのです。

咀嚼《そしゃく》することで消化液の分泌が高まる

消化液の分泌は、自律神経のはたらきでコントロールされ、食べたものが消化管に入ることで分泌が高まります。

食べ物が口に入れば唾液が分泌され、それが胃に送られてくれば胃液が分泌され、十二指腸に送られることで胆汁と膵液が分泌され、小腸に入ると腸液が分泌されるのです。

消化管の蠕動《ぜんどう》運動も、自律神経でコントロールされています。**蠕動運動とは、食べ物と消化液を混ぜ合わせ、それを消化管が先へ先へと送っていく機能**のことです。蠕動運動は、食べ物が入る刺激によって活発になります。

ただし、消化液の分泌や蠕動運動の一部は、食べ物が送られてこなくても高まります。たとえば、おいしそうな食べ物を見ておなかがグーッと鳴るのは、胃の蠕動が始まるためです。食べ物を咀嚼《そしゃく》することにも、そのような効果があります。食べ物を噛むことで生じる刺激により、胃が蠕動運動を始めたり、胃液の分泌が高まったりするのです。

こうしたはたらきを最大限に利用するためには、よく噛んで食事をすることが大切です。唾液は糖質を分解する消化液でもあります。また、噛む刺激によってほかの消化液の分泌も高まります。つまり、**よく噛んで食べることで、唾液をはじめとする消化液が多く分泌されるようになり、蠕動運動も活発になるので、糖質やたんぱく質や脂質などを消化・吸収するはたらきがよくなる**のです。

消化液の分泌と蠕動運動のしくみ

せっかく食べたものも、消化・吸収されずに終わってしまってはもったいない。消化液の分泌と蠕動運動のしくみを知って、体の消化・吸収機能を活かした栄養補給を行おう。

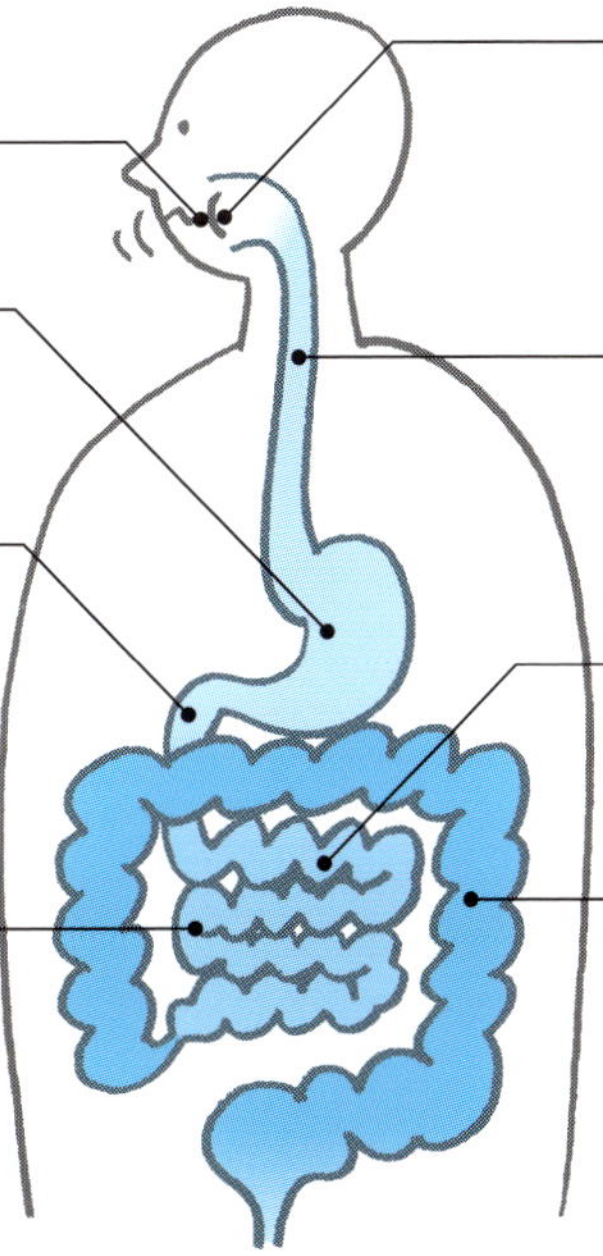
口
唾液を分泌。唾液は糖質を消化、分解。
胃
胃液を分泌。脂質やたんぱく質を消化、分解。
十二指腸
胆汁と膵液を分泌。胆汁は脂質を、膵液は糖質、脂質、たんぱく質を消化、分解。
小腸
腸液を分泌。消化の最終確認をするもので、主にたんぱく質をアミノ酸に変える。
1 よく咀嚼する
消化液の分泌と蠕動運動のはたらきを活性化させる。
2 消化液をたくさん分泌
各消化器官で対象となる栄養素を消化し、分解する。
3 栄養素は小腸から吸収
分解された食べ物の栄養素は小腸から体内に吸収される。
4 水分は大腸から吸収
消化管を通ってきた水分は大腸から体内に吸収される。
蠕動運動が活発化 ＝ 消化・吸収機能が高まる!

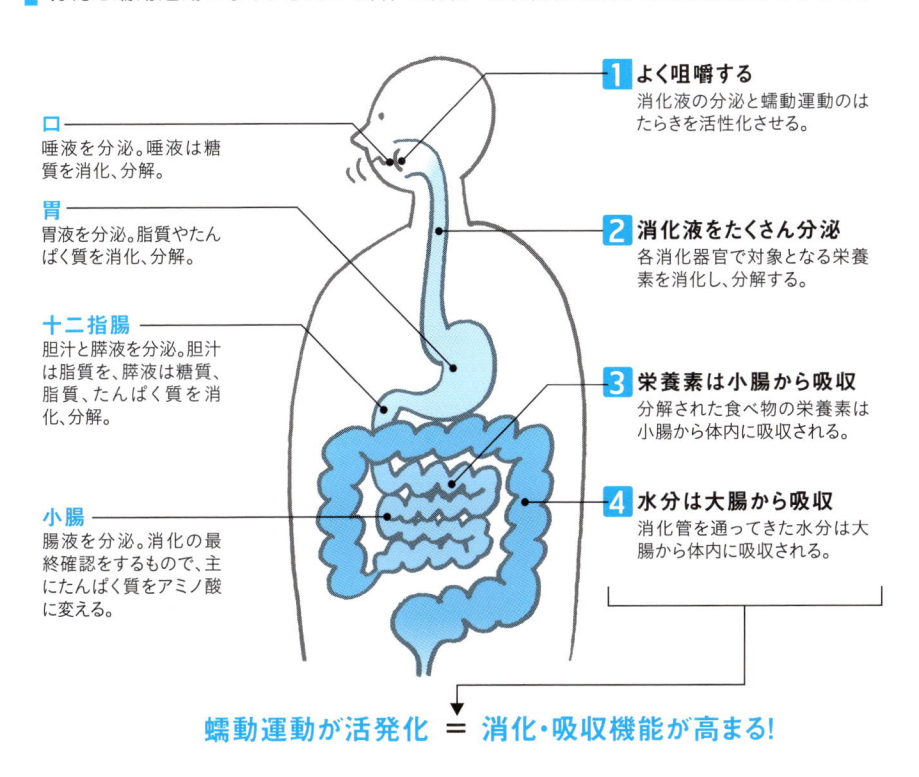

LEVEL《レベル》 UP《アップ》

咀嚼しないものは注意!

エネルギー補給の1つとして、ゼリーを飲むランナーは少なくないでしょう。手軽に飲めるため、便利ではありますが、消化・吸収を考えると問題点もありそうです。

固形のものを食べたときと異なり、咀嚼しないため、消化液が十分に分泌されない可能性があるからです。一見すると速く消化・吸収されそうですが、体の消化・吸収機能が高まっているとはいえない状態ですから、その効果には疑問符がつきます。

やはりおすすめは、よく咀嚼して食べるものです。食べるときに大変さを感じるかもしれませんが、体の機能をきちんと発揮させて、栄養補給の効果を高めるようにしましょう。

疲労度を知って効率的にケアをする

疲労の度合いを3段階で考える

ランナーの体は、トレーニングやレースによって疲労します。疲労とは、どのような状態を指すのでしょうか。

疲労したランナーの体では、**①筋肉中のエネルギー源が枯渇《こかつ》している、②筋肉が張って血液が十分に送り込まれない状態になっている、③筋線維が損傷している**、といったことが起きています。

これらのような疲労を回復させるためには、起きている疲労に合わせた対策をとることが必要になります。

筋肉のエネルギー源が枯渇している場合には、食事をしてグリコーゲンを補充します。栄養が十分に行きわたっていない状態でトレーニングをしても、効果は望めません。ですから、栄養が十分に充填《じゅうてん》されるまで、安静にして体を休めることも大切です。

筋肉に張りがあったり、硬くなっていたりすると、筋肉に流れ込む血液量が減ってしまい、十分な栄養を補給することができなくなります。そこで、**ストレッチやマッサージを行って筋肉をほぐしたり、交感神経を刺激する熱めの風呂や冷たい風呂に入ったりして、血流を促す**ようにしましょう。

筋線維に損傷があり、**筋肉痛が起きている場合には、氷を使って筋肉を冷やすアイシング**を行います。また、副交感神経を優位にするぬるめの風呂に入って血管を拡張させ、静脈の血液が心臓に戻る作用を促します。

自分の疲労度を知って適切な対処法をとる

疲労を効果的に回復させるには、入浴や睡眠を工夫することも大切です。また、自分でできるマッサージやアイシングの方法も身に付けておくとよいでしょう。

まず必要なのは、**体にどのような疲労が起きているのかを理解すること**です。筋肉のエネルギー源が枯渇しているのか、筋肉が張っているのか、筋損傷が起きているのか、それがわかれば、疲労を解消するために何をすればよいのかがわかってきます。

空腹、張り、筋肉痛の3段階で疲労具合を見る

トレーニング後の体の状態を確認することも、ランナーにとって大切なことの1つ。自分の疲労具合に合わせて、適切なケアの仕方を行うようにしよう。

高い

疲労具合

低い

空腹（枯渇）

疲れてお腹がすいているときは、「枯渇」のサイン。筋肉中のエネルギー源が足りなくなっている。

▼

・糖質を多めにとる。

・安静にして体を休める。

張り（拒絶）

筋肉が張っていたり、硬くなったりしていると、筋肉に流れ込む血液量が減り、栄養が行き届かなくなる。

▼

・ゆっくりジョギングして体をほぐす。

・アイシングやマッサージで筋肉をほぐす。

・熱い、もしくは冷たい風呂に入って、交感神経を刺激する。

・糖質やたんぱく質に加え、カルシウムやマグネシウムもとる。

筋肉痛（損傷）

筋肉にダメージがあるため、その修復に栄養が必要な状態。できるだけ早く損傷を回復させる。

▼

・ゆっくりジョギングして体をほぐす。

・アイシングやマッサージで筋肉をほぐす。

・ぬるめのお風呂に入って、副交感神経を刺激。

・たんぱく質やビタミンCを多めにとる。

体のケアの仕方を工夫して疲労回復を早める

入浴、睡眠、マッサージ、アイシング＆ウォーミング、それぞれに疲労回復効果を高めるやり方がある。

1 入浴の仕方

疲労度が低い場合は熱めか冷たい風呂に入り、交感神経を優位にする。**疲労度が高い場合は、ぬるめ風呂**に入って、副交感神経を優位にして体をリラックスさせる。

疲労度が低い

▼

水温:35度以下か39度以上

熱い（もしくは冷たい）水温に加えて、肺の高さまで湯船に浸かることで、肺の中の圧力が下がり、交感神経が優位になる。動脈の血流がよくなり、疲労を回復しつつ、戦闘モードを維持できる。

疲労度が高い

▼

水温:36〜38度以下

ぬるい水温に加えて、水位を腰の高さにして肺の中の圧力を下げないことで、副交感神経が優位になる。静脈の血流がよくなり、大きな疲労回復効果を得られ、心身がリラックスしていく。

2 睡眠のとり方

オススメは**段差をつけて、頭を高く、足を低くして眠る方法**。背中の緊張がとれて楽になるため、末端部から心臓へ戻る静脈の血流がよくなり、疲労回復効果が高まる。

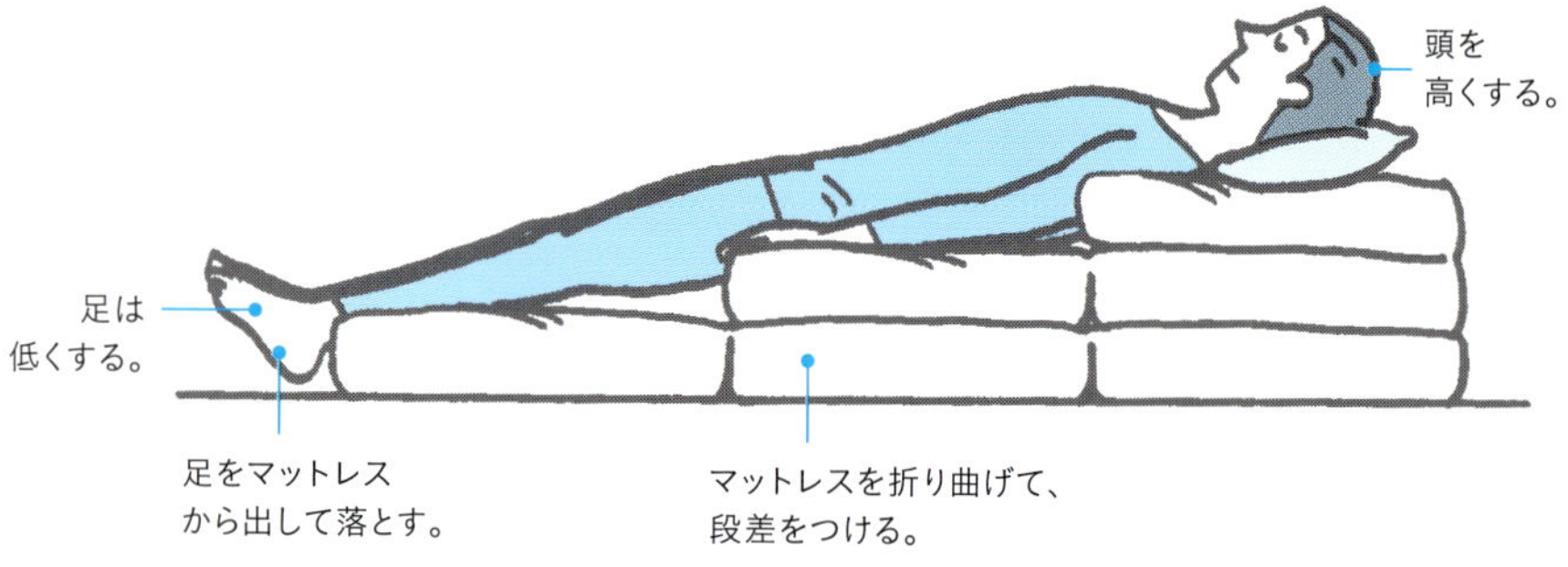
頭を
高くする。
足は
低くする。
足をマットレス
から出して落とす。
マットレスを折り曲げて、
段差をつける。

3 マッサージの仕方

自分で太ももやふくらはぎを押したりさすったりして、筋肉の張りを減らし、血流をよくする。血管の通り方に合わせて、押し方を調整することで疲労回復効果が高まる。

1 上から下に強く押して動脈を刺激

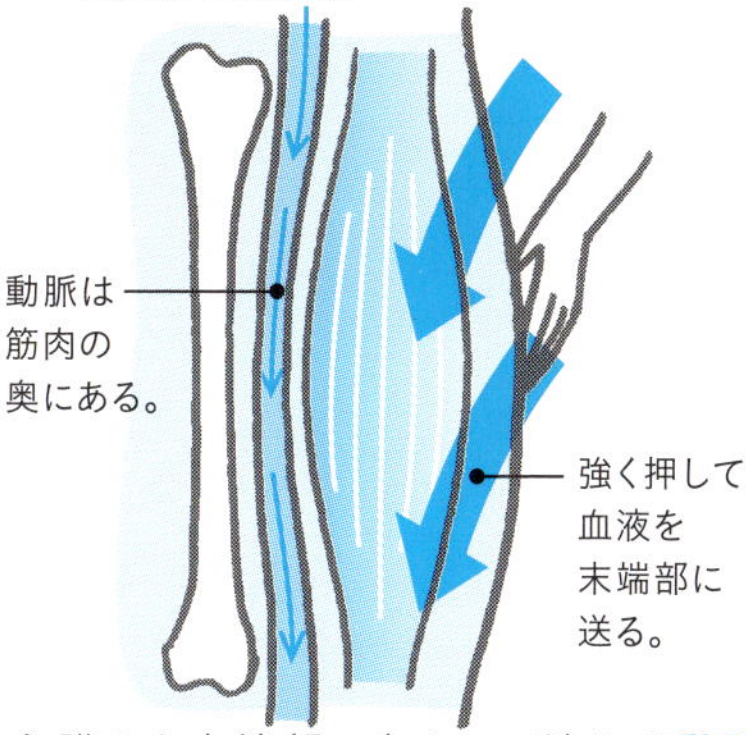

動脈は
筋肉の
奥にある。
強く押して
血液を
末端部に
送る。

心臓から末端部に向かって流れる**動脈は強く押す**ことで血流をよくする（筋肉の奥にあるので）。

2 下から上に軽くさすって静脈を刺激

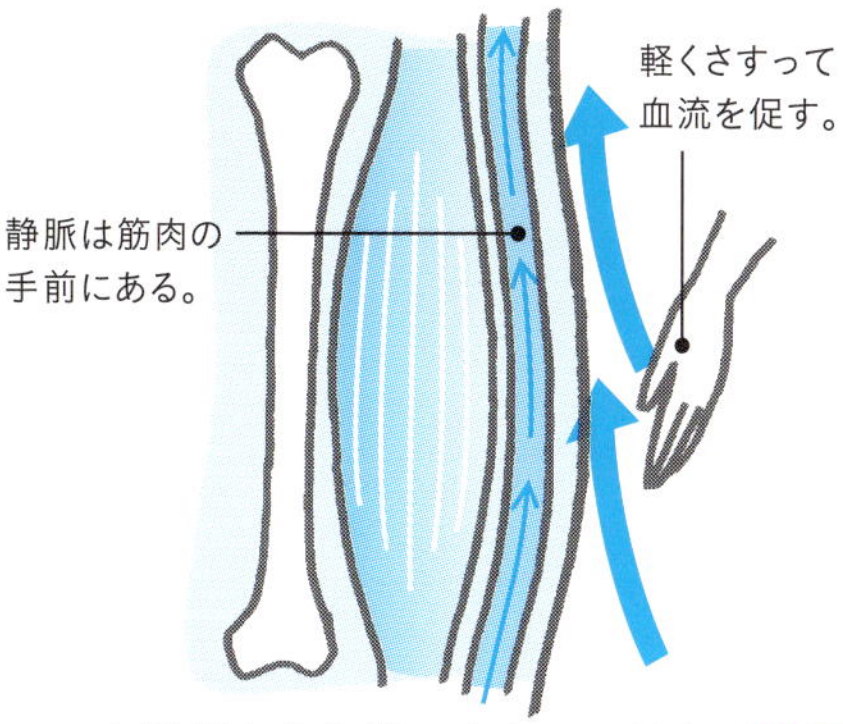

軽くさすって
血流を促す。
静脈は筋肉の
手前にある。

末端部から心臓に向かって流れる**静脈を軽くさする**（筋肉の手前にあるので）。丁寧に行おう。

4 アイシング・ウォーミングの仕方

夏場で大きく疲労した場合は、「裏々アイシング」で筋肉を冷やすことがおすすめ。冬場の疲れは、「首々ウォーミング」で温めよう。

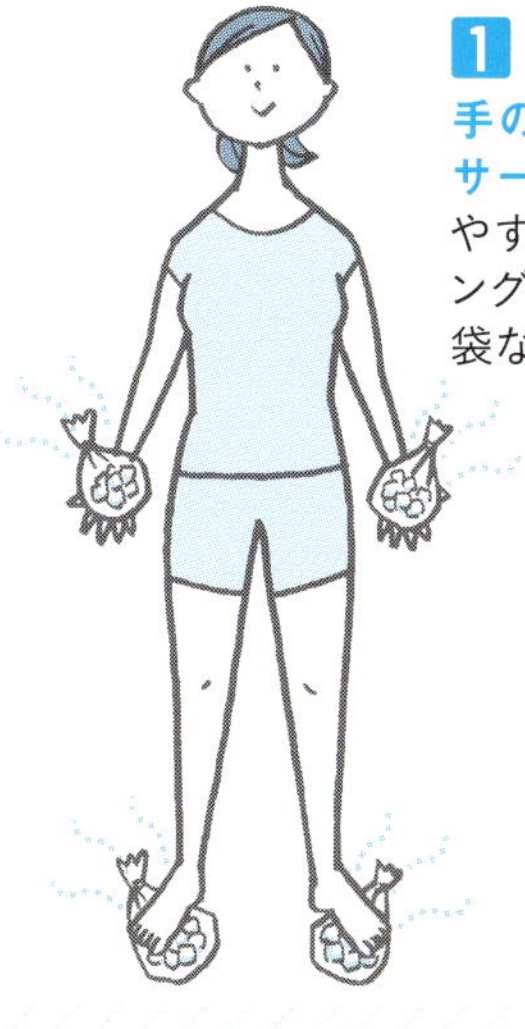

1 裏々アイシング

手のひらと足の裏は、温度のセンサーになっている部分。ここを冷やすことで、全身の筋肉をアイシングできる。アイシングバッグや氷袋などを使ってアイシングしよう。

2 首々ウォーミング

手首、足首、首は表面付近に動静脈が通っており、空気に触れると血管（血液）が熱を奪われて全身が冷えやすくなる。首、手首、足首にタオルを巻いて空気を遮断することによって、熱が奪われなくなり、体が温まる。

ランナーの疲れは積極的休養で解消!!

筋肉痛が出ない程度の運動で筋肉をほぐす

休養の方法は、大きく2つに分けることができます。**軽い運動などを行って疲労を回復させる「積極的休養」**と、**運動などは行わずに疲労を回復させる「消極的休養」**です。

積極的休養では、軽めのウォーキングやジョギングを行います。**適度に筋肉を使うことで、筋肉の張りが解消されてきます。すると、筋肉内の血流がよくなり、筋肉細胞に十分な栄養と酸素が送り込まれるようになる**のです。

適切な運動の目安は、動いていて筋肉痛を感じるかどうかです。ごく軽い筋肉痛を感じる程度ならいいのですが、しっかりと筋肉痛が出る場合は強度が高すぎます。

具体的なやり方としては、まずは約30分程度のウォーキングで体を温めます。このときに強い筋肉痛を感じるようなら、積極的休養に適した体の状態とはいえません。消極的休養に切り替えて、体を休ませてください。

体が温まったら、ごくゆっくりとしたジョギングから始め、強い筋肉痛が出ない範囲でペースを上げてみます。疲労の程度が軽ければ、かなりペースを上げることができるでしょう。時間は疲労具合に応じて、約30分程度。決して筋肉痛が増すようなペースでは、走らないでください。

疲労度が高いときは消極的休養がよい

疲労の程度が高い場合や軽い運動をしても強い筋肉痛が出る場合、積極的休養を行うと、かえって疲労をため込んでしまう可能性があります。そこで、このような体調のときには消極的休養を行います。

消極的休養とは、ジョギングなどで体を動かすことは避け、安静にして過ごすことで体を休ませます。１４４～１４５ページで紹介したような入浴や睡眠、マッサージなどを行って、体の疲労をとりましょう。

ただし、このレベルまで疲労が蓄積してしまうケースは、実際にはあまり多くはありません。マラソンのレース後、数日間くらいでしょう。ほとんどのランナーの疲労は、積極的休養で対処することができます。

疲労具合に応じて、休み方を調整する

よほど疲れ切っている場合でなければ、積極的休養を行って問題ない。負荷の軽い運動を行うことで、筋肉の張りがほぐされ、疲労回復を早めることができる。

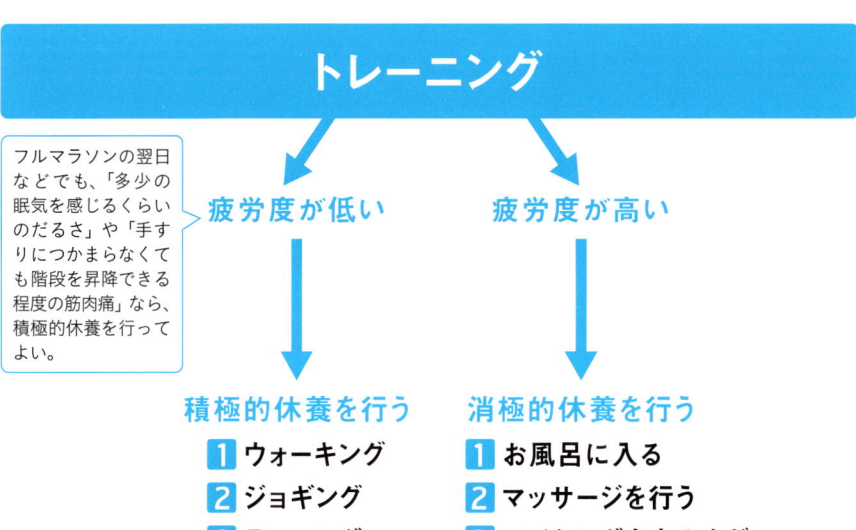

トレーニング

フルマラソンの翌日などでも、「多少の眠気を感じるくらいのだるさ」や「手すりにつかまらなくても階段を昇降できる程度の筋肉痛」なら、積極的休養を行ってよい。

疲労度が低い → **積極的休養を行う**

1. ウォーキング
2. ジョギング
3. ランニング

疲労度が高い → **消極的休養を行う**

1. お風呂に入る
2. マッサージを行う
3. アイシングをする など

積極的休養の効果

積極的休養の目的は、トレーニングによって張りの出た筋肉をほぐし、血流をよくすること。そのため、筋肉に張りが出るほど負荷の高い運動はNG。

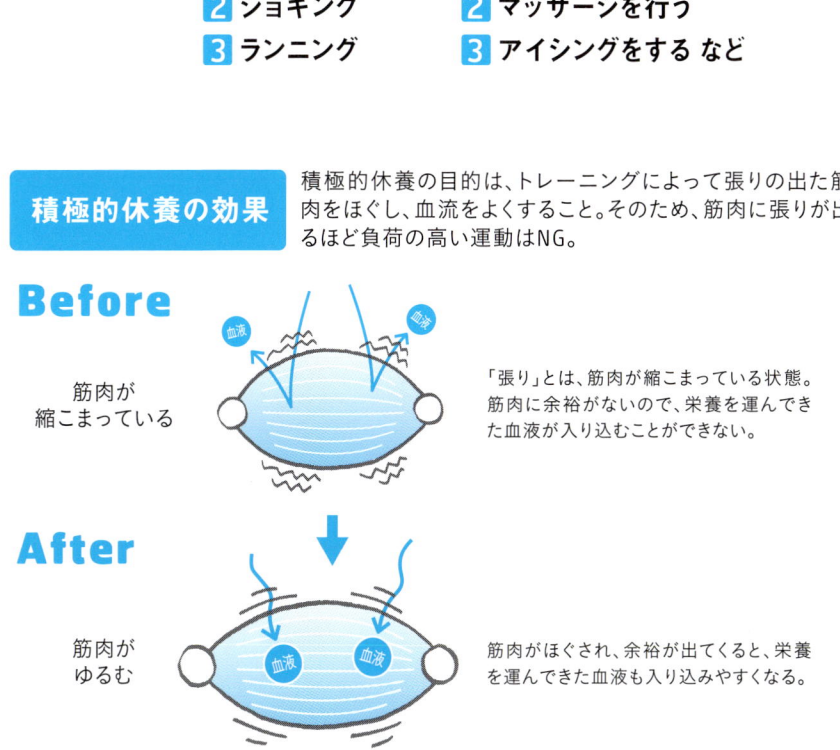

Before

筋肉が縮こまっている

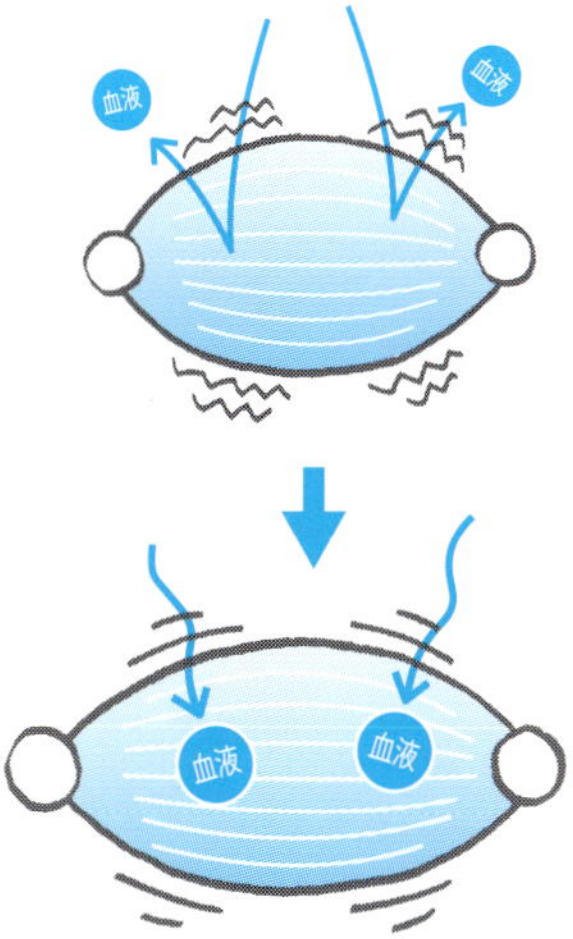

「張り」とは、筋肉が縮こまっている状態。筋肉に余裕がないので、栄養を運んできた血液が入り込むことができない。

After

筋肉がゆるむ

筋肉がほぐされ、余裕が出てくると、栄養を運んできた血液も入り込みやすくなる。

強いメンタルを手に入れるには？

つらいときはよろこびのエネルギーで乗り切る

レース中、苦しさのあまりペースダウンしてしまうことがあります。「あのとき、耐えることができれば、もっとよい記録が出せたのに」と思う人は少なくないはずです。そのような人に、いくつかオススメの方法を紹介します。

1つめは、よいペーサーを見つけ、一緒に走ることです。走るペースだけでなく、ランニングのリズムが合うランナーを見つけましょう。リズムよく走ることができれば、疲労が高まっていても、ペースを保ちやすくなります。

2つめは、ゴールまでのことはいったん忘れて、これからの1kmに集中します。ずっと先のことまで考えるとつらくなるので、目先のことだけに集中するのです。

3つめは、仲間からパワーを得ることです。つらくなったとき、一番頼りになるのは〝よろこびのエネルギー〟です。よいタイムを出すことやライバルに勝つことは、よろこびをもたらしてくれます。そのよろこびを分かち合う仲間がいれば、エネルギーはさらに増大するでしょう。

苦しいときに耐えるには？

苦しいときにどれだけがんばれるか、それによってレースやトレーニングでの成果が大きく変わってくる。自分の力にできるものは、何でも積極的に活用しよう。

1 よいペーサーを見つける

ペースとリズムが合うランナーを見つけることで、苦しいときでも快適に走ることができる。

2 次の1kmに集中する

目先のことだけに集中することで、プレッシャーを軽くでき、今の走りに意識を傾けることができる。

3 仲間からパワーを得る

よろこびを分かち合える仲間たちを思い浮かべることで、エネルギーを得る。

適切な目標設定が がんばりを導き出す

レースに出場するとき、多くのランナーが何らかの目標を持っているはずです。**よい目標設定は、ランナーに力を与えてくれます。**

たとえば、十分なトレーニングができていないランナーが、根拠もなく「サブ4」という目標を掲げてもあまりプラスにはなりません。苦しくなったとき、「やはり無理だった」と思うだけでしょう。

「目的が目標を生み、目標が努力を生み、努力が結果を生み、結果が満足を生む」という言葉があります。まず考えてほしいのは、自分がマラソンを走る目的です。「誰かによろこんでもらいたい」「自分の力を証明したい」「コーチングしてくれた恩師に報いたい」など、自分が本気でがんばれる目的をはっきりさせるのです。

目的がはっきりしていれば、自然と目標をみちびき出すことができます。目標は、目的を達成するために必要なことだからです。そうして、目的と目標に筋が通れば、それに向けて正しい努力ができるでしょう。その努力によって得られた結果は、あなたに大きな満足を与えてくれます。

適切な目標設定をするには?

「目的が目標を生み、目標が努力を生み、努力が結果を生み、結果が満足を生む」という言葉がある。まず考えるべきは、何を目的に走るか。それによって、自分が何を目指して、何を行うかが決まる。結果や満足はそのあとについてくるものだ。

目的　**ランニングを指導してくれた恩師に報いたい。**

タイムの目標だけでなく、その前提となる目的を定めることで、強いメンタルを手に入れられる。

目標　**かねてからの目標だったサブ4を達成する。**

努力　**サブ4に向けて、自分に力に合ったトレーニングを積む。**

結果　**自己記録を更新すべく、自分の力を出した。途中、気持ちが折れそうになったが、恩師に報いるという目的を思い出し、モチベーションを維持。**

満足　**サブ4を達成し、恩師が心から祝福してくれた。自分ひとりでは達成できなかったことを成し遂げられて、うれしい。**

ランニングハイは苦しさを越えた先にある

ランニング中の快適な気分になることを「ランニングハイ」と呼ぶことがありますが、私はランニングハイには段階が2つあると考えています。

　1つは、誰もが感じる快適さです。走って汗をかくだけで、人は気持ちよさを感じます。走ることで血液の循環がよくなり、疲労状態も回復するからでしょう。こうした心地よさも、ランニングハイの1つです。

　もう1つのランニングハイは、苦しんだ先にやってきます。走り続けられるぎりぎりのペースで走っていると、苦しさの波と心地よさの波が交互に押し寄せてきます。最初はたいした強さではなく、間隔も開いていますが、徐々に波の強さが増し、間隔が狭くなってきます。そして、**もうこれ以上走り続けられない、という状況に追い込まれた瞬間、ふっとハイの状態になることがある**のです。

　このような経験をしたランナーは、苦しさが波状的に押し寄せてくる状況でも、そこであきらめずに走り続けることができます。

ランニングハイってどんな状態？

ランニングハイには、2つの段階がある。1つめの段階は誰もが走っていれば感じるものだが、2つめの段階はギリギリのペースで走り続けることで、突然やってくる。

段階1　汗をかいて走って気分がよくなる

走ることで血液の循環がよくなり、疲労も回復するため、気持ちよく感じる。

段階2　苦しさの波を越えてハイの状態になる

ぎりぎりのペースで走っていると、苦しさの波と楽な波が交互にやってくる。それらの波がだんだんと強くなり、間隔が狭くなると、突然ハイな状態になる。

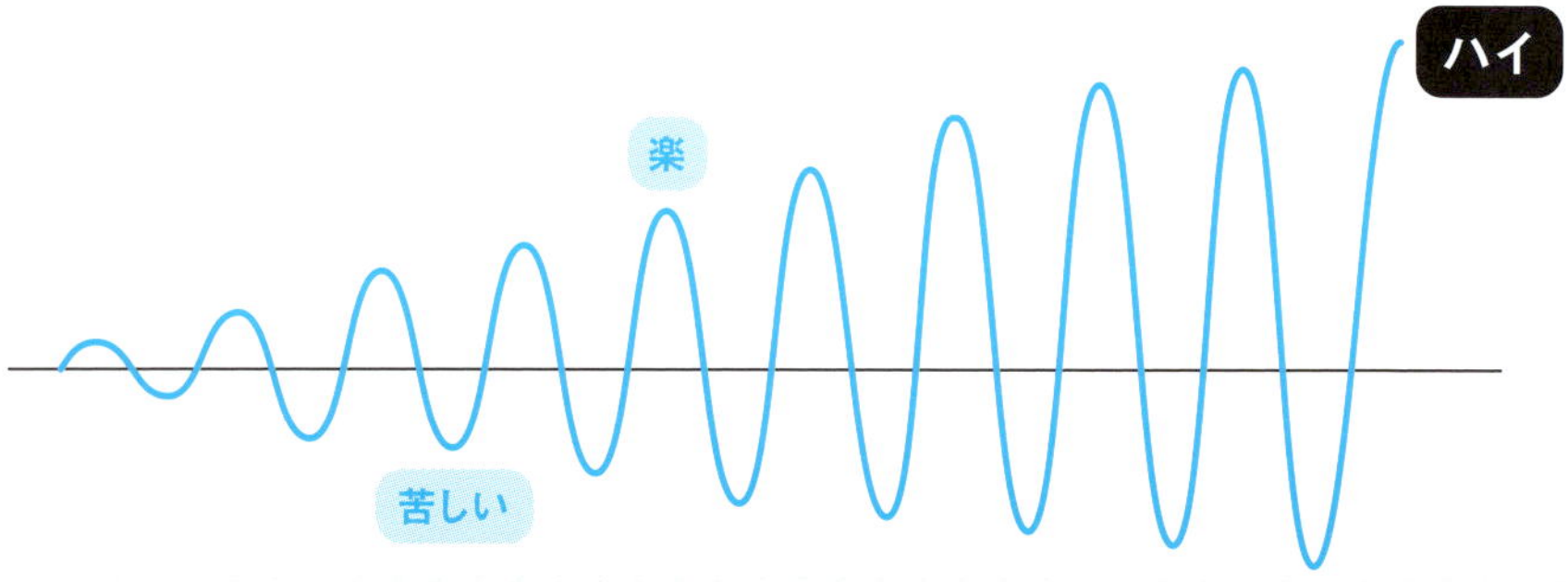

刺激のあるランニングなら あきずに続けることができる

ランニングを続けていると、ふと走ることにあきてしまうことがあります。こういう時期はトレーニングを休みがちになりますし、走ることが楽しく感じられません。そのままランニングをやめてしまう場合もあり得ます。

ランニングにあきるのは、気持ちの問題ばかりではありません。**体への刺激が足りず、体が物足りなさを感じてしまうから、気持ちもあきてくる**のです。こうした状況を改善するには、体に刺激を与えるトレーニングを行う必要があります。

具体的には自分が向上していくレベルに合わせて、ランニングのスピードを高めたり、距離を延ばしたりしていきます。**今の自分の走力では、簡単にはこなせないメニューを行うことで、心身に刺激を与える**のです。そのような刺激を意識して走っていれば、いつまでも充実した気持ちで走り続けることができ、常に成長し続けていけるでしょう。

あきずに走り続けるためには?

あきるのは気持ちの問題ばかりではない。体への刺激が足りなければ、体が物足りなさを感じて、やる気の低下することもある。心身に刺激を与えられる走り方を心がけよう。

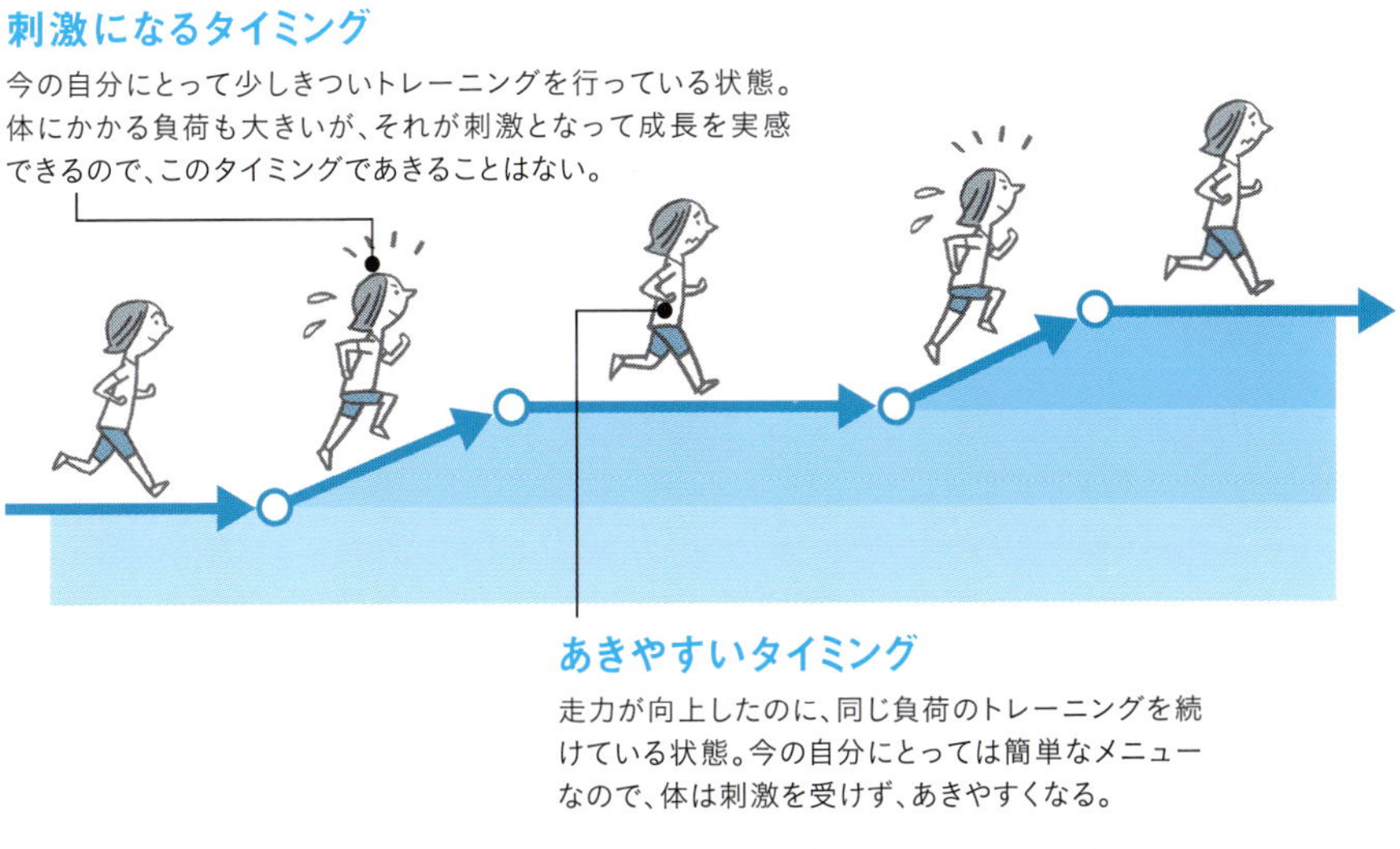
刺激になるタイミング
今の自分にとって少しきついトレーニングを行っている状態。体にかかる負荷も大きいが、それが刺激となって成長を実感できるので、このタイミングであきることはない。
あきやすいタイミング
走力が向上したのに、同じ負荷のトレーニングを続けている状態。今の自分にとっては簡単なメニューなので、体は刺激を受けず、あきやすくなる。

6 交感神経と副交感神経でオンとオフを切り替える

内臓や血管のはたらきは、**交感神経と副交感神経のはたらきでコントロールされています。交感神経のはたらきが高まった状態はいわば「戦闘モード」、副交感神経のはたらきが高まった状態は「休息モード」**といわれています。

ランニングをしているときの体は、基本的には戦闘モードになっています。交感神経のはたらきが優位になることで、**心拍数が増え、血管が収縮して血圧が上がり、気管は拡張しているのです。**

交感神経のはたらきで、全身のすべての血管が収縮するわけではありません。皮膚や内臓の血管は収縮しますが、筋肉の血管と冠動脈（心臓の筋肉に栄養と酸素を送る血管）は、交感神経の支配を受けていないので収縮しないのです。そのため、皮膚や内臓の血管が収縮することで、そこを流れていた血液がどんどん筋肉の血管や冠動脈に流れ込むことになります。

激しく体を動かすには、心臓の筋肉を含めた全身の筋肉に、たくさんの酸素と栄養を送る必要があります。そのため、筋肉の血流が増えるしくみになっているのです。戦闘モードで皮膚の血管が収縮するのは、戦闘で怪我をしたときに出血しにくいからだと考えられています。このように、交感神経のはたらきで、体はまさに「戦闘モード」に切り替わるわけです。筋肉にたくさんの血液が送られるのは、ランニングにとって好都合でしょう。

一方、体を休ませたいときには、「休息モード」である副交感神経を優位にすることが大切です。144～145ページで紹介した体のケア方法を実践したり、リラックスした精神状態で過ごしたりすることで、心身をしっかり休めましょう。

PART 7

どんなに走っても故障しない走り方を身に付ける

故障は、特定の箇所に過剰なストレスが加わり続けた結果、そこの組織が壊されることで起こります。そこで、PART7では、代表的なランニングの故障について、その原因と対処法を紹介していきます。対処法を実践し、よい走り方を身に付けることができれば、どんなに走っても故障しない体になることも夢ではありません。

故障のメカニズムを知ろう

故障が起こる ミクロの原因を知ろう

ランニングは、回転運動を基本としています。うまく回転していれば、ブレーキがかかることはありません。体は流れるように進んでいき、ランナーの体に大きな物理的ストレスが加わることはありません。

ところが、きれいに回転していないとブレーキがかかり、体の特定の部分に過剰なストレスが加わってしまいます。

つまり、**走り方に問題があることで、故障が引き起こされる**わけです。これはマクロの原因です。

体の組織に加わる**物理的ストレスには、引っ張られることで生じる牽引《けんいん》ストレス、押しつけられることで生じる圧迫ストレス、ずれる方向に生じるせん断ストレスの3つがあります。**このようなストレスが体に加わることで、筋肉や腱《けん》、靱帯《じんたい》、骨、軟骨などの組織が壊されてしまうのです。これが、ランニングで故障が起きるミクロの原因です。

マクロとミクロの視点で故障の原因を知る

ランニングの故障は走り方に問題があることで、特定の部位に過剰な物理的ストレスがかかり、それによって体の組織が破壊されることで起こる。物理的ストレスには、「牽引」「せん断」「圧迫」の3つがある。

マクロ原因

特定の箇所に、大きな物理的ストレスがかかるような走り方をしていること。

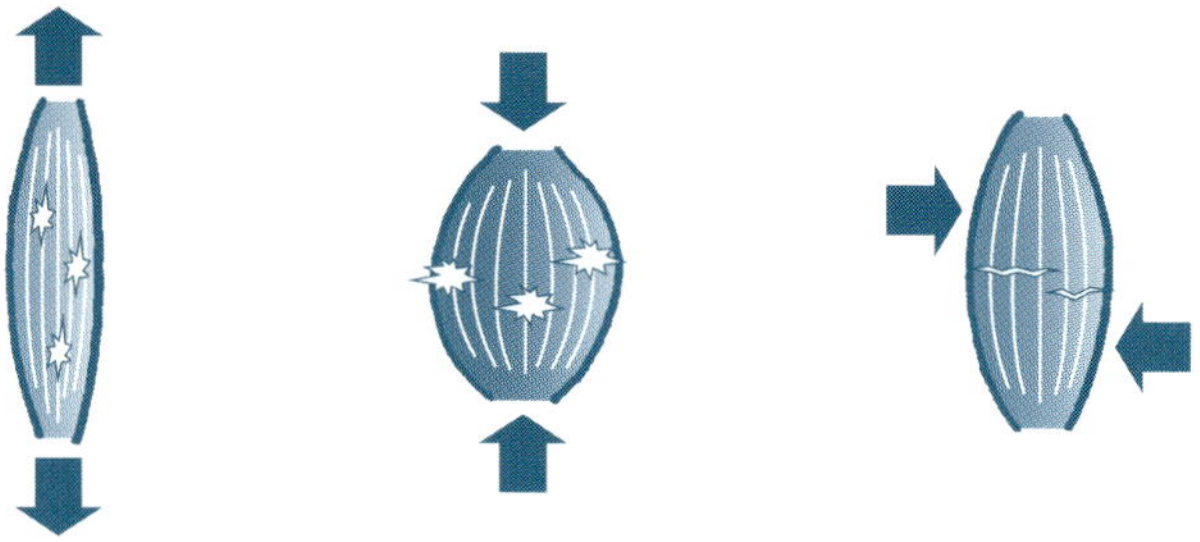

ミクロ原因①　引っ張られる（牽引ストレス）

同一の組織が反対方向に引っ張られることで生じるストレス。アキレス腱炎（→170ページ）などが代表的。

ミクロ原因②　押しつけられる（圧迫ストレス）

体の組織が過剰に押しつけられることで生じるストレス。半月板損傷（→162ページ）などが代表的。

ミクロ原因③　ずれる（せん断ストレス）

体の組織がずれる方向に生じるストレス。シンスプリントなどが代表的。（→172ページ）

故障のレベルに応じて対処方法を変える

故障したときはランニングをやめ、安静にして治すのがよいといわれることがあります。もちろん、安静にしたほうがよい場合もありますが、走りながら治すことができる障害もあります。故障のレベルに応じた対応が必要です。

安静にしたほうがいいのは、「じっとしていても痛い」「運動をすると痛みが増す」という場合です。医療機関での治療など、専門的な対処が必要となります。**「運動してもあまり痛みが変わらない」「走ることで痛みが軽くなる」という場合には、運動をしたほうがよい状態**と考えられます。ウォーキングやジョギングなど、痛みがひどくならない範囲で運動を行います。

故障したときは、自分の走り方を改善するチャンスでもあります。これまでと同じように走っていたら、必ず同じ箇所を痛めます。痛みがあるときこそ、どのように走れば痛みがないか、いろいろと試してみるチャンスなのです。そのように試行錯誤していくことができれば、いずれ故障しない走り方を身に付けることができるでしょう。

故障のレベルで対処方法を決める

絶対安静や専門機関での治療が必要な場合は、限られている。故障の根本原因は自分の走り方にあるので、故障したときこそランニングを行って、その中で痛みが出ない走り方を探すことが、故障をなおす一番の方法となる。

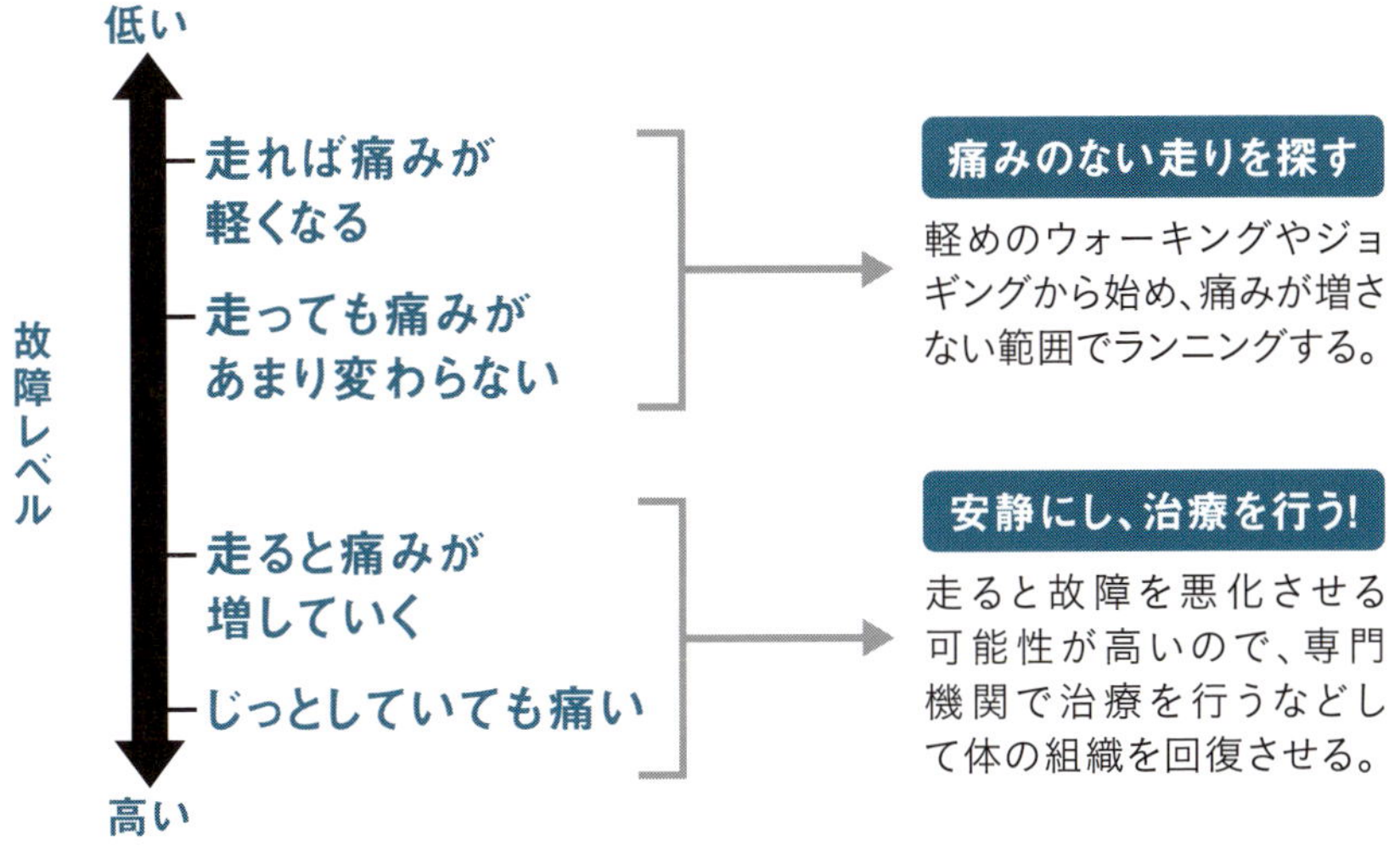

低い
故障レベル
高い
走れば痛みが軽くなる
走っても痛みがあまり変わらない
走ると痛みが増していく
じっとしていても痛い
痛みのない走りを探す
軽めのウォーキングやジョギングから始め、痛みが増さない範囲でランニングする。
安静にし、治療を行う!
走ると故障を悪化させる可能性が高いので、専門機関で治療を行うなどして体の組織を回復させる。

故障① ヒザの外側が痛む（テンション型）

NG 原因 着地するときにヒザが伸びすぎている

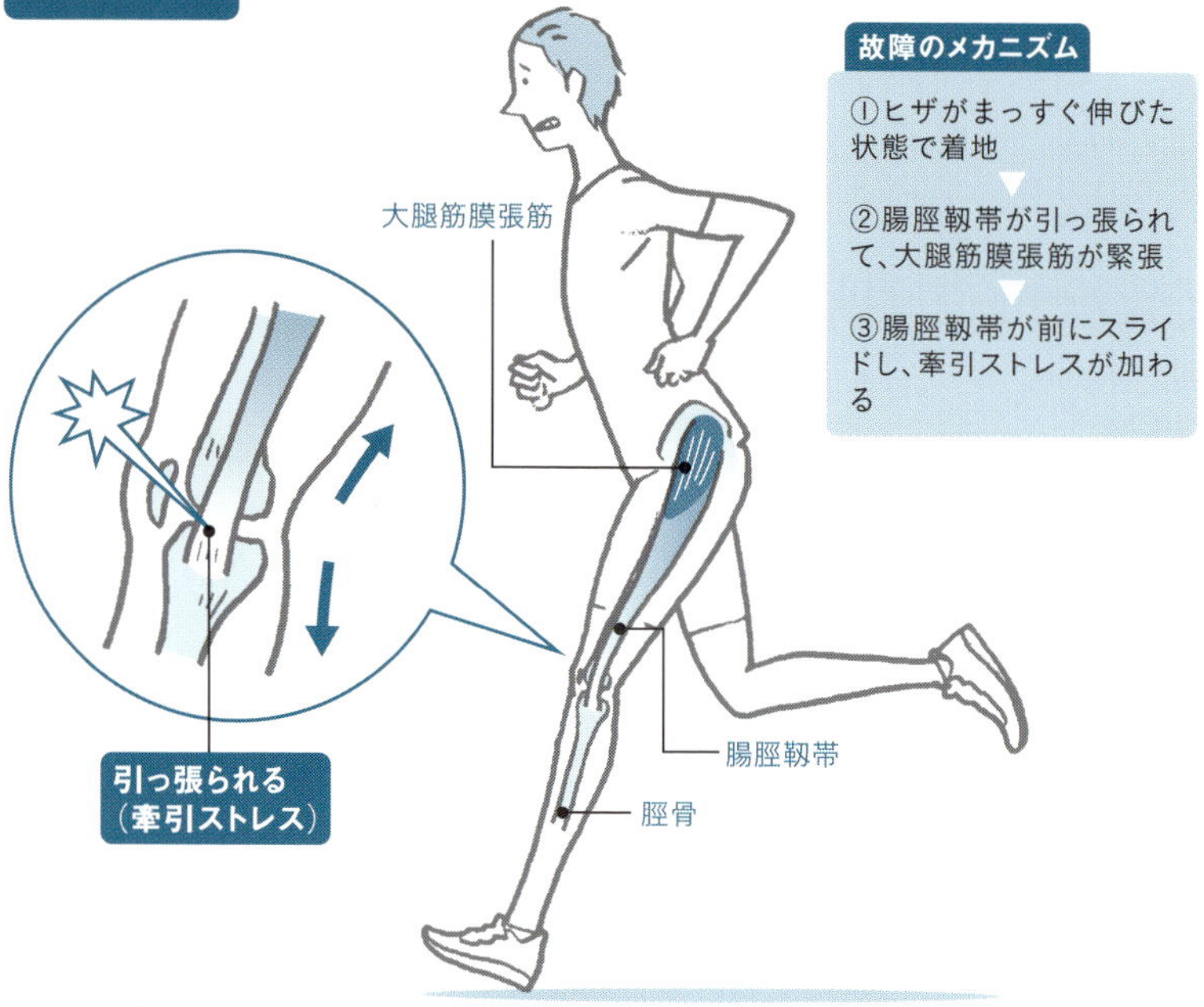
故障のメカニズム
①ヒザがまっすぐ伸びた状態で着地
②腸脛靱帯が引っ張られて、大腿筋膜張筋が緊張
③腸脛靱帯が前にスライドし、牽引ストレスが加わる
大腿筋膜張筋
腸脛靱帯
脛骨
引っ張られる（牽引ストレス）

脚が伸びすぎていると腸脛靱帯が引っ張られる

ヒザの外側には、腸脛靱帯《ちょうけいじんたい》という長い靱帯が通っています。腸脛靱帯の上部は、大腿筋膜張筋《だいたいきんまくちょうきん》につながり、この筋肉は骨盤の骨の前側についています。腸脛靱帯の下部は、ヒザの外側を通り、脛骨《けいこつ》についています。

この**腸脛靱帯が炎症を起こして痛むのが、「腸脛靱帯炎」**です。腸脛靱帯炎は、原因によって2つのタイプに分けられます。それは**テンション型**と**まさつ型**です。

テンション型の腸脛靱帯炎は、着地するときにヒザが伸びすぎていることが原因となります。脚が棒のように伸びて着地すると、腸脛靱帯が引っ張られ、大腿筋膜張筋の緊張が高まってしまいます。こうして大腿筋膜張筋の収縮傾向が強まると、腸脛靱帯は前側にスライドし、そこに牽引《けんいん》ストレスが加わりますす。こうして靱帯が炎症を起こしてしまうのです。

OK
改善方法

少し上を向いて走る

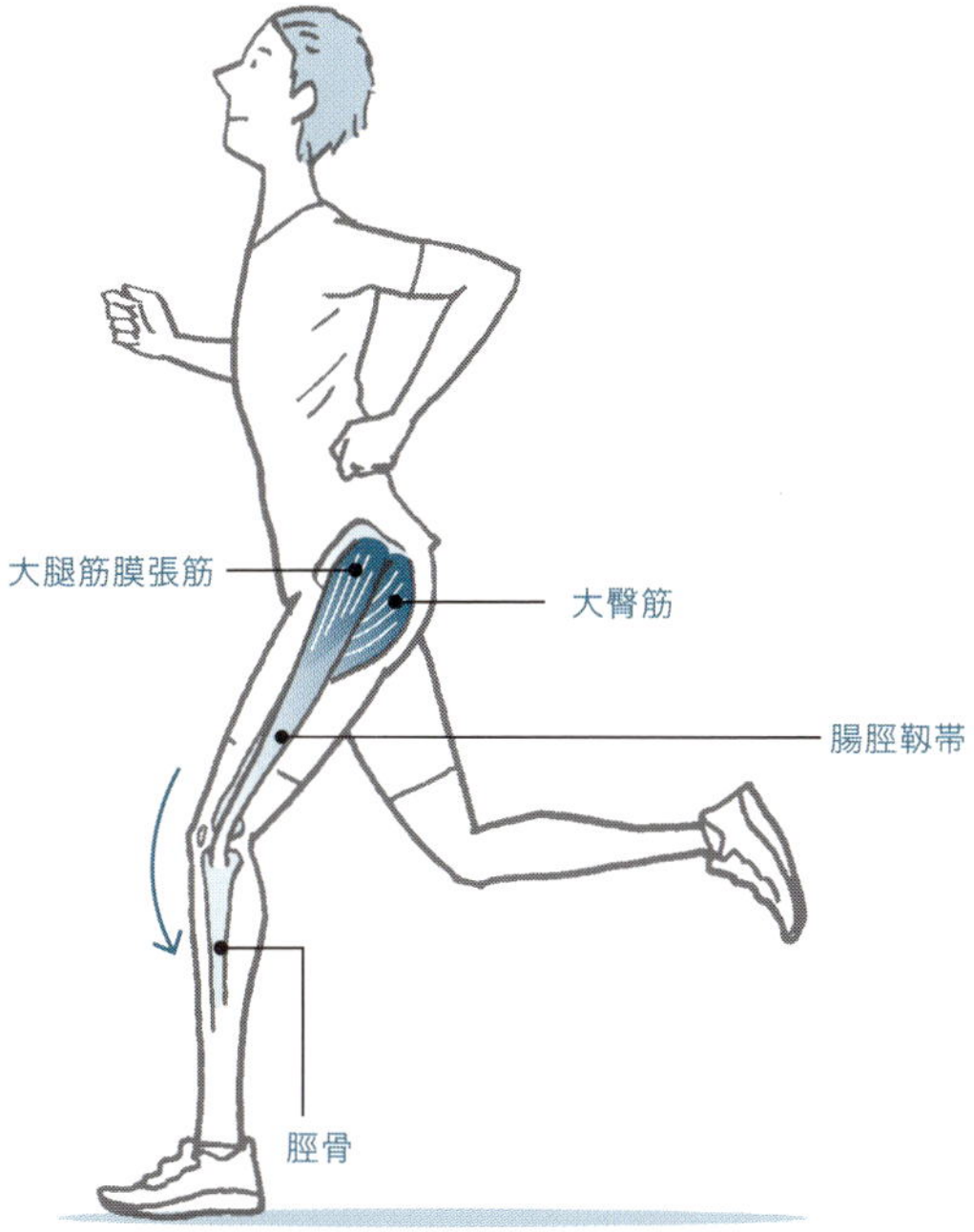

改善のメカニズム

①上を向いて走ることで、大臀筋などに力が入るようになる。

▼

②大臀筋に拮抗する大腿筋膜張筋がゆるむ。

▼

③大腿筋膜張筋がゆるむことで、腸脛靭帯が正しい位置に戻る。

▼

④腸脛靭帯へのストレスが減る。

上を向いて着地すると脚が前に出すぎない

テンション型の腸脛靭帯炎を改善するためには、**少し上を向いて走って**みましょう。上を向くと、体の裏側の筋肉に力が入りやすくなります。僧帽筋《そうぼうきん》や脊柱起立筋《せきちゅうきりつきん》など背中の筋肉はもちろん、大臀筋《だいでんきん》にも力が入ります。

大臀筋と大腿筋膜張筋は拮抗する筋肉なので、大臀筋に力が入ると、大腿筋膜張筋はゆるみます。それによって、改善前の走り方では少し前のほうにスライドしていた腸脛靭帯が、後ろのほうにスライドしてきます。ここが腸脛靭帯の正しい位置です。また、大腿筋膜張筋がゆるむことで、腸脛靭帯のテンションは下がります。

上を向くことで体の裏側の筋肉が使われるようになると、前に振り出された脚が棒状になることはありません。適度にヒザが曲がり、やわらかく着地できるようになります。このことも腸脛靭帯のテンションを解消するのに役立ちます。

故障② ヒザの外側が痛む（まさつ型）

NG 原因

路面を蹴ろうとする意識が強すぎる

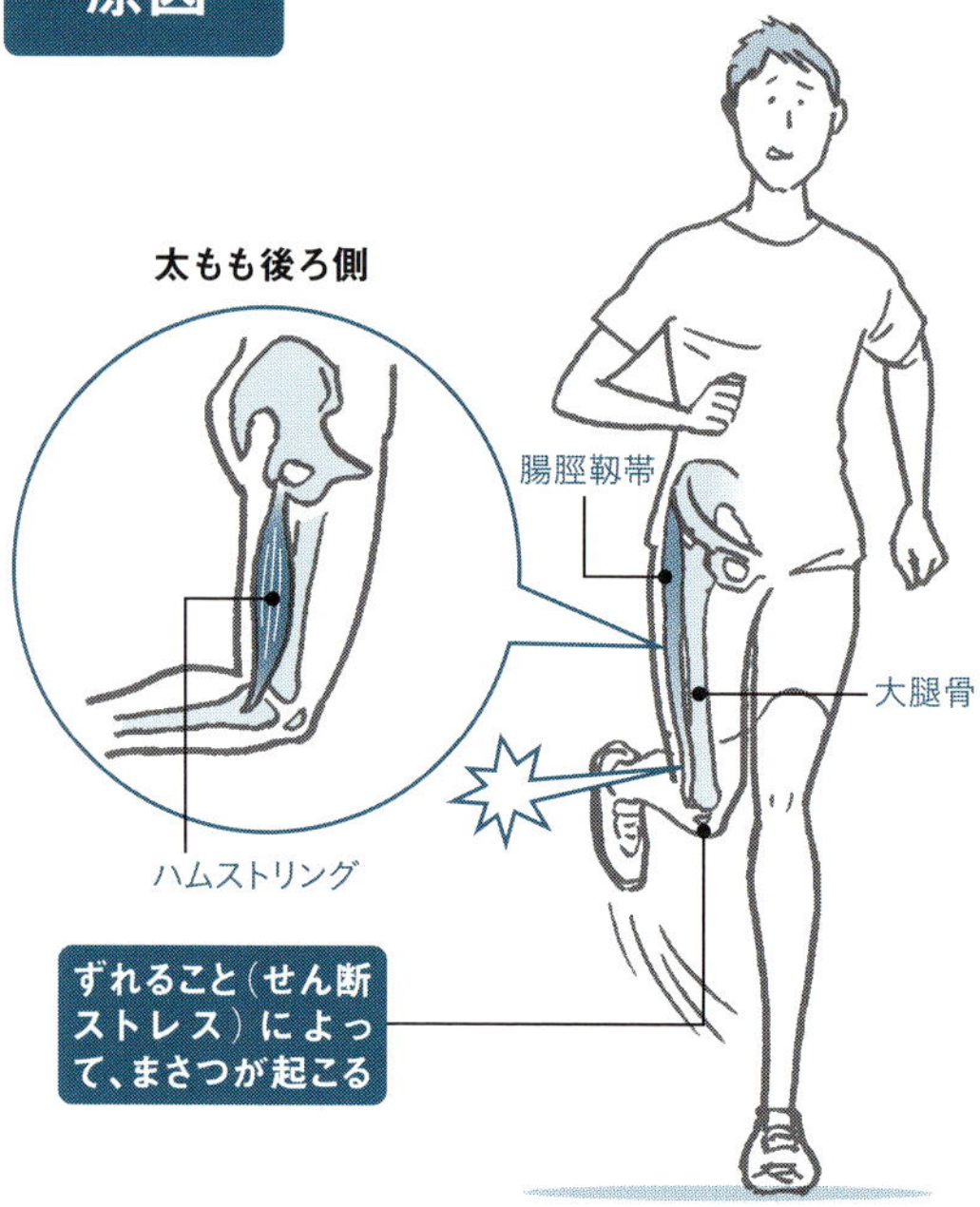

故障のメカニズム

①路面を強く蹴ろうとする
▼
②ハムストリングの外側の筋肉が早く収縮
▼
③脚が後方外側に蹴り出される
▼
④ヒザがねじれて（せん断ストレス）、腸脛靭帯が大腿骨とこすれてまさつが起こる

蹴った脚が外側に流れて靭帯が骨とこすれる

まさつ型の腸脛靭帯炎《ちょうけいじんたいえん》は、路面をプッシュしたあとの脚の動きに原因があります。

「路面をプッシュしよう」「路面を蹴ろう」という意識が強すぎると、蹴った脚が後ろに流れます。このとき、後方外側に蹴り出してしまいやすくなります。

地面を蹴る意識が強すぎると、プッシュのタイミングが早くなりすぎます。すると、ハムストリングの外側の筋肉が早く収縮してしまうため、脚が後方外側に蹴り出されてしまうのです。

脚が外に流れ、ヒザがねじれると、腸脛靭帯と大《だい》腿骨《たいこつ》の骨の出っ張りが、こすれるようになります。そして、このまさつが原因となり、腸脛靭帯に炎症が起きてしまうのです。

OK 改善方法

足もとの豆腐を踏みつぶすイメージで着地する

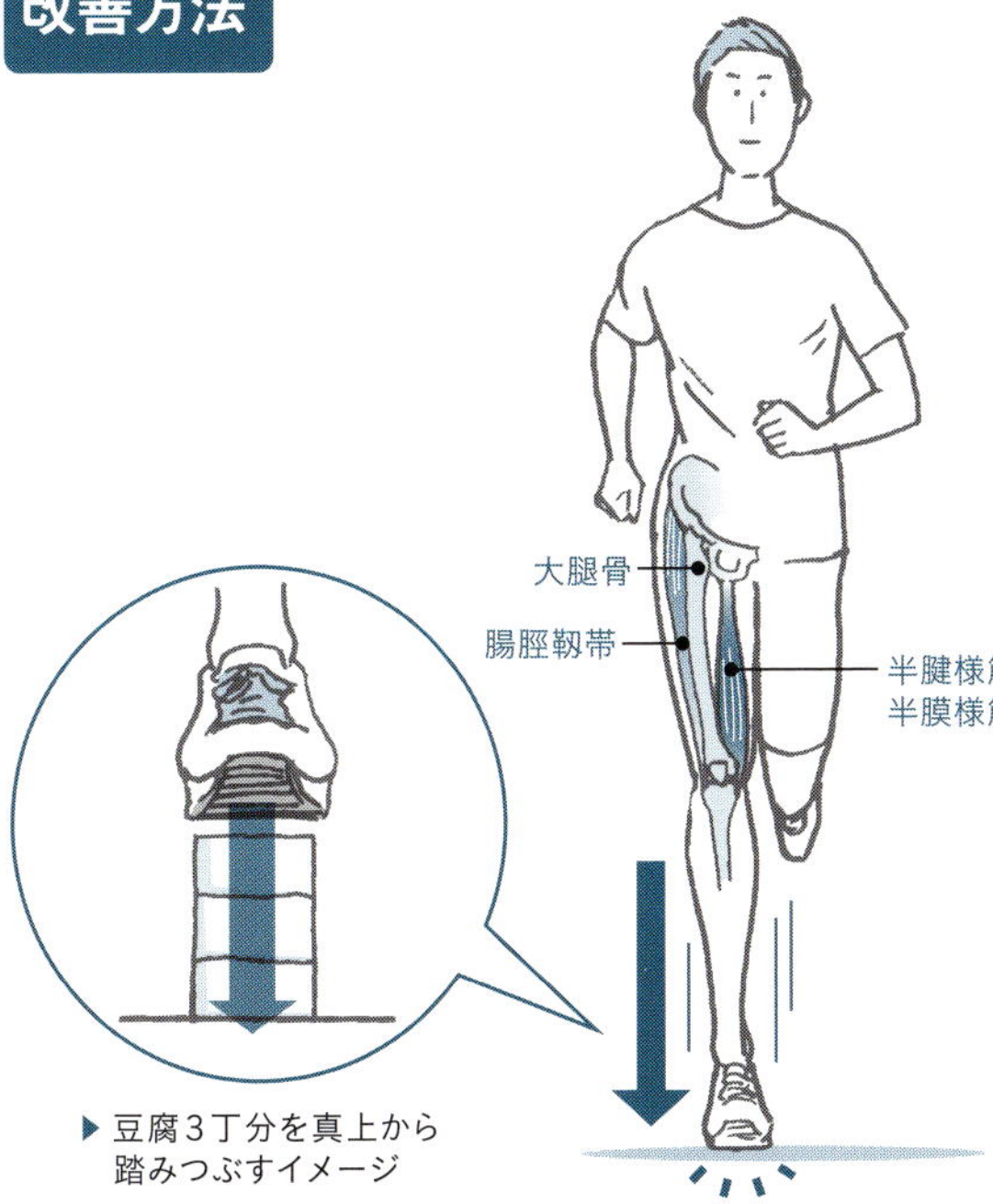

▶ 豆腐3丁分を真上から踏みつぶすイメージ

改善のメカニズム

①3丁の豆腐を上から踏みつぶすイメージで着地
▼
②プルが生まれて、半腱様筋と半膜様筋にスイッチが入る
▼
③蹴った脚が外側に流れなくなる
▼
④腸脛靱帯と大腿骨のまさつがなくなる

豆腐を踏みつぶすイメージで着地する

腸脛靱帯に生じているまさつを取り除くためには、着地を直す必要があります。まさつ型の腸脛靱帯炎を起こしているランナーは、プッシュばかり意識しすぎているために、プルが小さくなっていることがよくあります。そこで、しっかりとプルを行う走り方に変えます。

具体的には、**地面に置いてある豆腐を上から踏みつぶすようなイメージで着地する**とよいでしょう。前に出した脚を、真下におろすように着地するのです。

こうすることによって、自然とプルが生み出され、ハムストリングの内側の筋肉（半腱様筋《はんけんようきん》と半膜様《はんまくよう》筋《きん》）にスイッチが入るようになります。

半腱様筋と半膜様筋に力が入ると、蹴った脚が外側に流れなくなります。つまり、ヒザの異常なねじれがなくなるのです。それによって、腸脛靱帯と骨のまさつは解消され、炎症もよくなってきます。

故障③ ヒザの下側が痛む

NG 原因 着地するときにヒザが深く曲がりすぎている

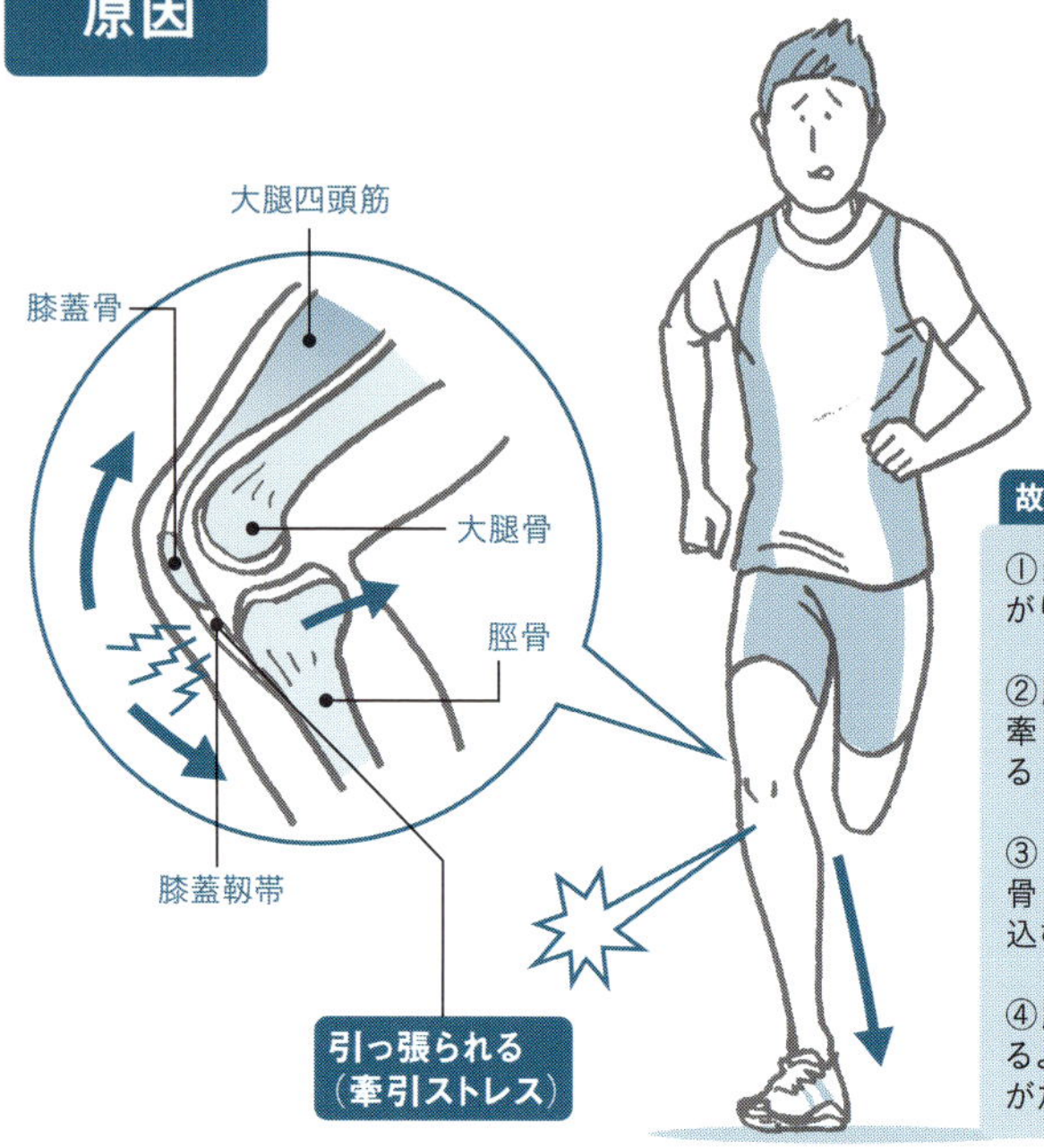
大腿四頭筋
膝蓋骨
大腿骨
脛骨
膝蓋靱帯
引っ張られる
（牽引ストレス）

故障のメカニズム

①着地時にヒザが曲がりすぎている

▼

②膝蓋靱帯に大きな牽引ストレスが加わる

▼

③下腿が外旋し、脛骨が大腿骨にもぐり込むように動く

▼

④膝蓋靱帯にちぎれるような牽引ストレスが加わる

ヒザが深く曲がって着地する人に多い

着地するときに、ヒザが伸び切っているのも問題ですが、ヒザが深く曲がりすぎているのもよくありません。脚を大きく股関節から動かせていると、このような着地にはなりません。しかし、股関節を十分に動かせず、ヒザから下に頼った走りをしていると、ヒザが深く曲がった着地になりがちです。

このような着地は、膝蓋靱帯炎《しつがいじんたいえん》によるヒザの下側の痛みを引き起こすことがあります。

膝蓋靱帯は、膝蓋骨《しつがいこつ》（お皿の骨）の下側についています。膝蓋骨は太もも前面の大腿四頭筋《だいたいしとうきん》につながっていて、この筋肉が収縮すると引っ張り上げられます。すると、膝蓋靱帯は脛骨《けいこつ》の前面についているため、脛骨が引っ張られてヒザが伸びるのです。

ヒザを深く曲げて着地すると、膝蓋靱帯には大きな牽引《けんいん》ストレスが加わります。さらに、このとき下腿（ヒザから下）が外旋していると（つま先が外側を

OK 改善方法 つま先を少し内側に向けて走る

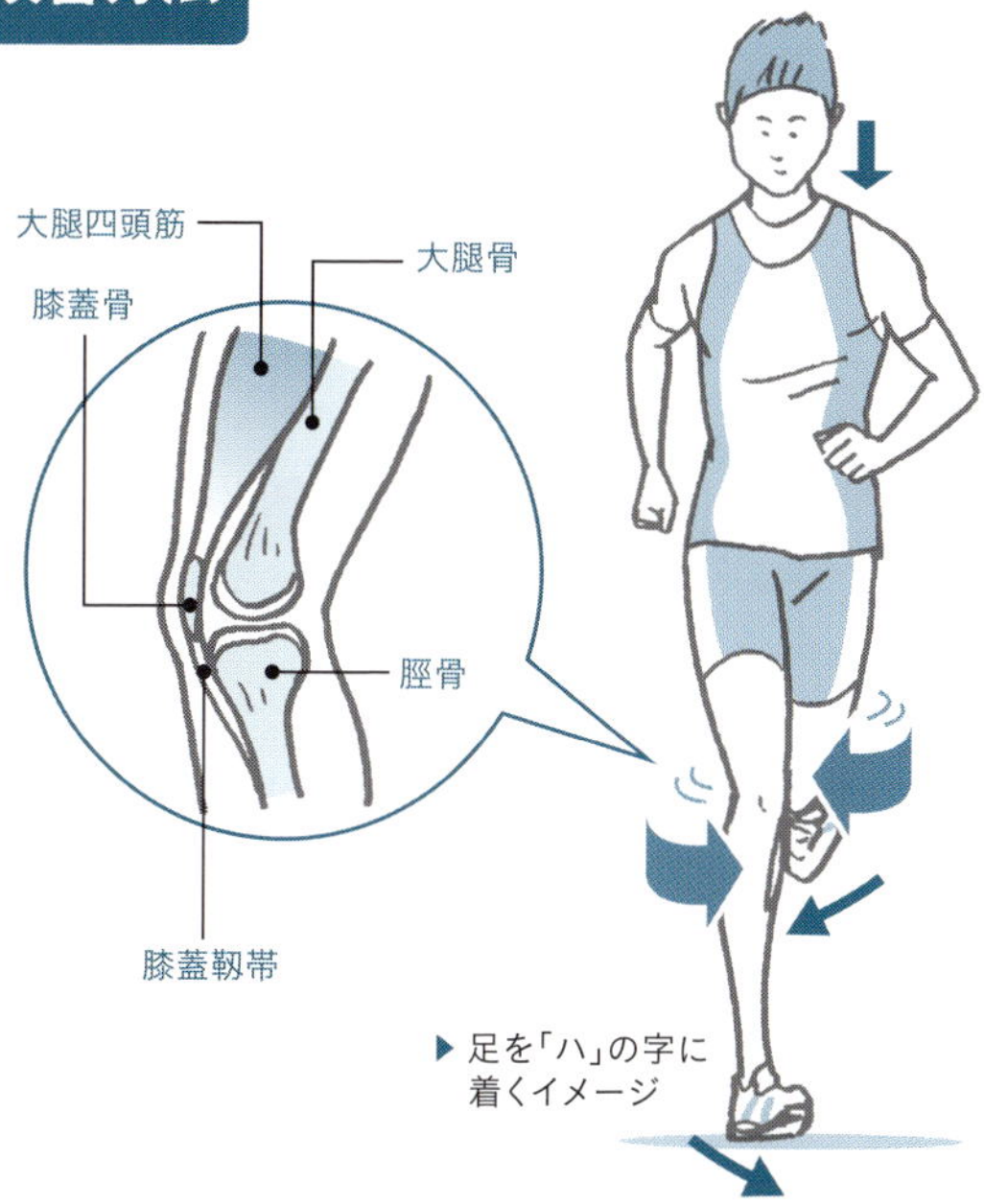

改善のメカニズム

①つま先を少し内側に向けて（ハの字で）走る
▼
②下腿が内旋してヒザが伸びる
▼
③膝蓋靭帯に加わっていたストレスが小さくなる

向く方向にひねられていると）、脛骨が大腿骨《だいたいこつ》の下にもぐり込むように動きます。**このわずかなずれによって、膝蓋靭帯にはちぎれるような牽引ストレスが加わり**、それが繰り返されることで、膝蓋靭帯に炎症が起きてしまうのです。

足を「ハ」の字に着くと自然とヒザが伸びる

このような着地を改善するためには、**つま先を少し内側に向けて足を着く**ようにします。「ハ」の字に着くイメージです。下腿《かたい》を内旋させるわけですが、こうするとヒザは自然と伸びます。ヒザを深く曲げて着地することが難しくなるのです。

ヒザが伸びると、膝蓋靭帯に加わる牽引ストレスは小さくなります。また、下腿が内旋することで、脛骨のもぐり込みも抑えられるため、膝蓋靭帯に加わっていた、ちぎれるようなストレスも解消することができます。

足をハの字にすることで、ヒザが伸び、脚を大きく使ったのびやかな走りができるようになるのです。

故障④ ヒザの内側が痛む

NG 原因 内股気味の走りになっている

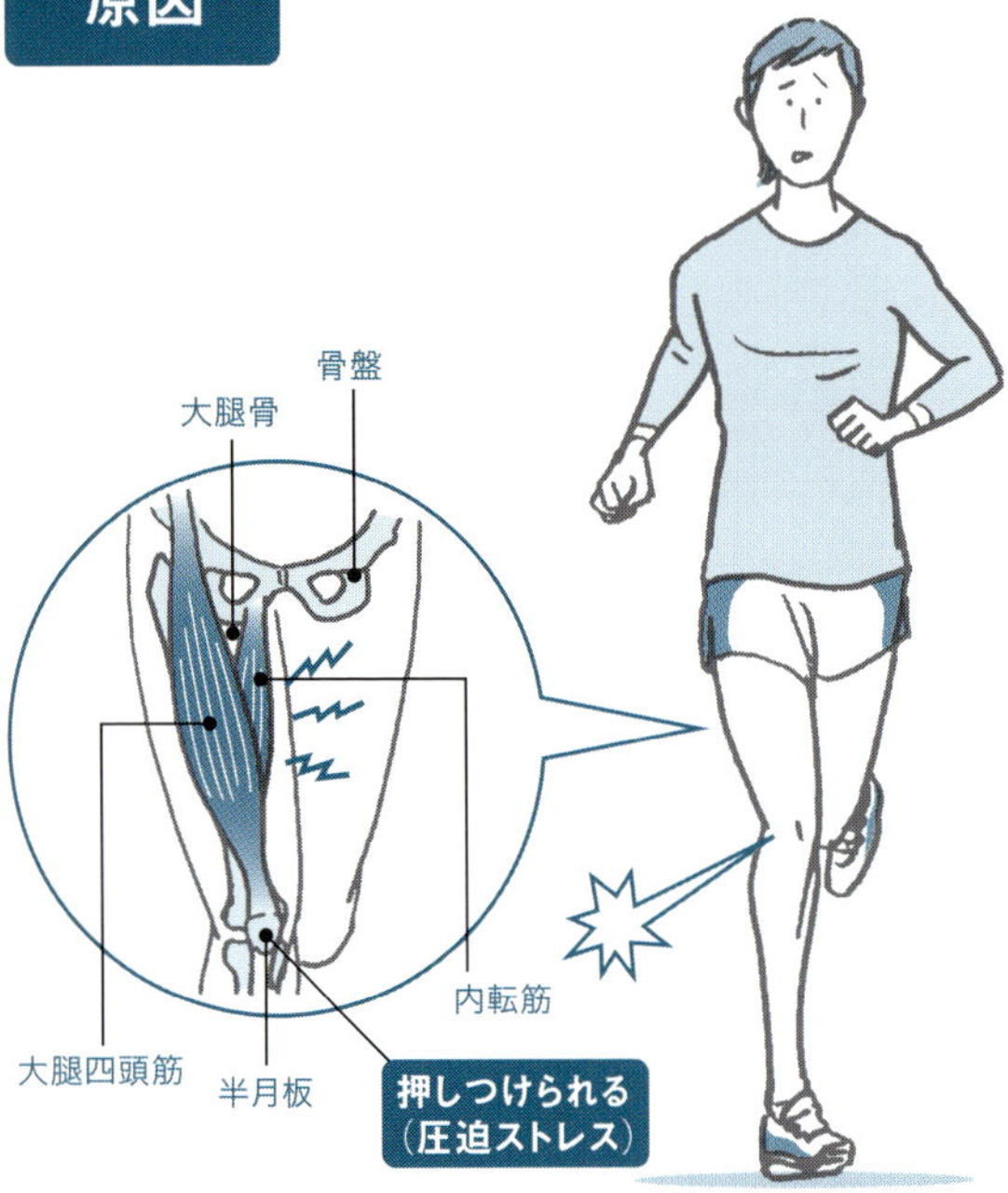

故障のメカニズム

①内転筋の力が入って、内股気味で走っている

▼

②大腿四頭筋やハムストリングが使われなくなり、ヒザが不安定になる

▼

③ヒザ関節がゆるんで、大腿骨と脛骨がずれることで圧迫ストレスがかかり半月板を痛める

内転筋に力が入り ヒザが不安定になる

ヒザの内側が痛くなる故障には、いくつかの種類があります。中でももっとも一般的なのは、半月板《はんげつばん》損傷です。

ヒザ関節は大腿骨《だいたいこつ》と脛骨をつないでいますが、骨と骨の間には半月板があります。衝撃を吸収するクッションの役割や、関節を安定させるはたらきをしています。

半月板はヒザの外側と内側に1つずつあります。ランニングでは、内側の半月板を損傷することがよくあります。

半月板損傷の原因となるのは、内転筋《ないてんきん》を使いすぎるランニングです。股関節から脚を左右に開く動きが外転、閉じる動きが内転です。したがって、脚を閉じる内転筋は、ランニングではあまり重要な筋肉ではありません。ところが、内転筋に力が入り、内股ぎみで走っているランナーがいます。

OK
改善方法

O脚走りにする

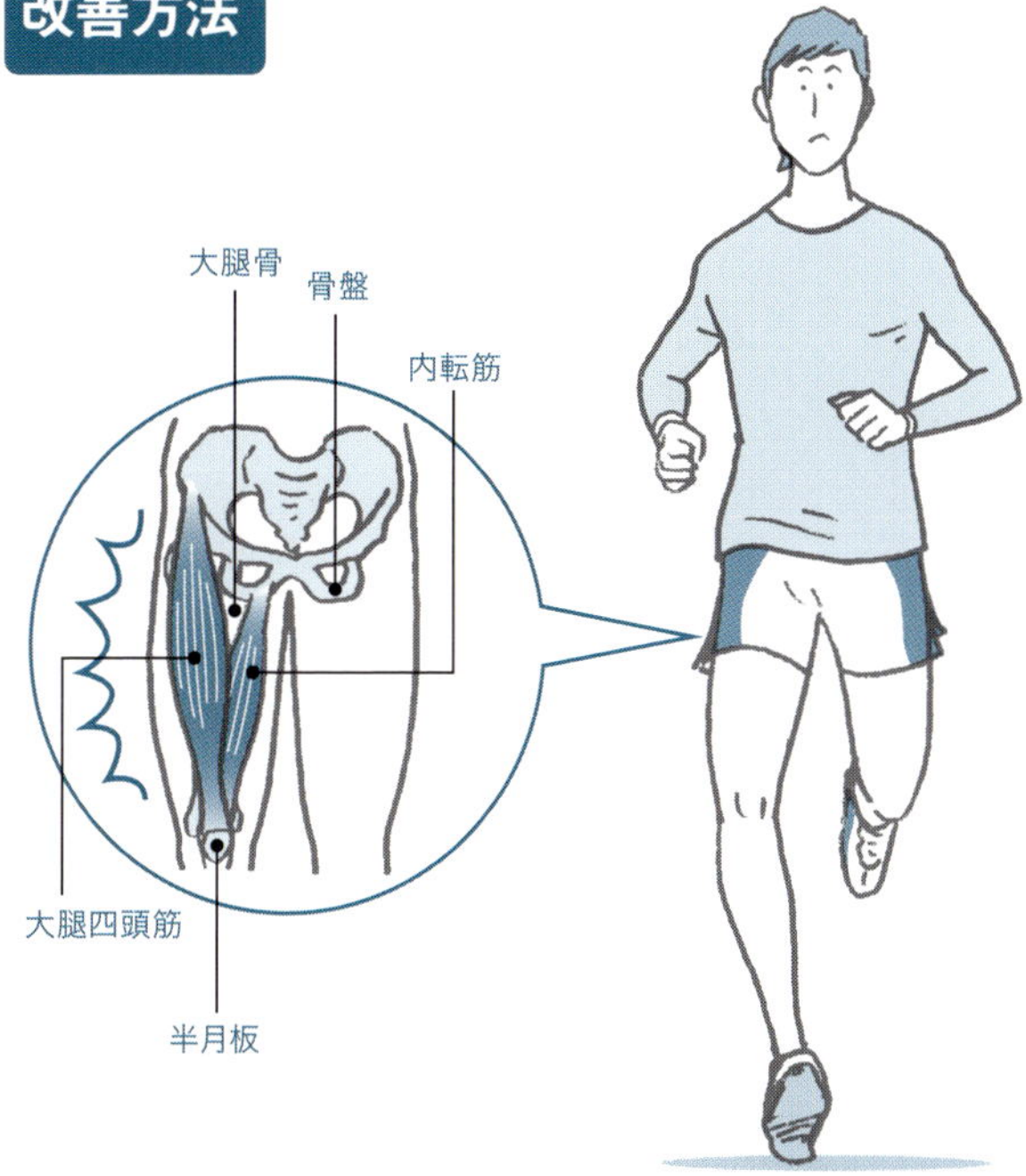

改善のメカニズム

①O脚のような姿勢で走る

▼

②内転筋の力が抜け、大腿四頭筋とハムストリングに力が入る

▼

③ヒザが安定し、半月板に加わっていたストレスが減る

内転筋は骨盤の骨と大腿骨をつなぐ筋肉で、ヒザより下にはつながっていません。そのため、内転筋に力が入って、大腿四頭筋《だいたいしとうきん》やハムストリングが十分に使われていないと、ヒザが不安定になってしまいます。ヒザ関節がゆるむと、骨と骨がずれたりすることで、半月板が損傷してしまうことがあるのです。

O脚にすることで内転筋の緊張をとる

ヒザの不安定さを解消するためには、内転筋に入っている力を抜く必要があります。**そこで、内転筋に力が入らないようにするために、O脚走りをしてみましょう。**

O脚にすることで内転筋の緊張がゆるみ、大腿四頭筋とハムストリングが使えるようになります。つまり、ランニングに不必要な内転筋の力が抜け、ランニングで使うべき重要な筋肉である、大腿四頭筋とハムストリングにスイッチが入るのです。

半月板へのストレスが軽減すれば、損傷した半月板も時間をかけて修復されていきます。

故障⑤ 腰が痛む

NG 原因

背筋をピンと伸ばし、棒脚で着地している

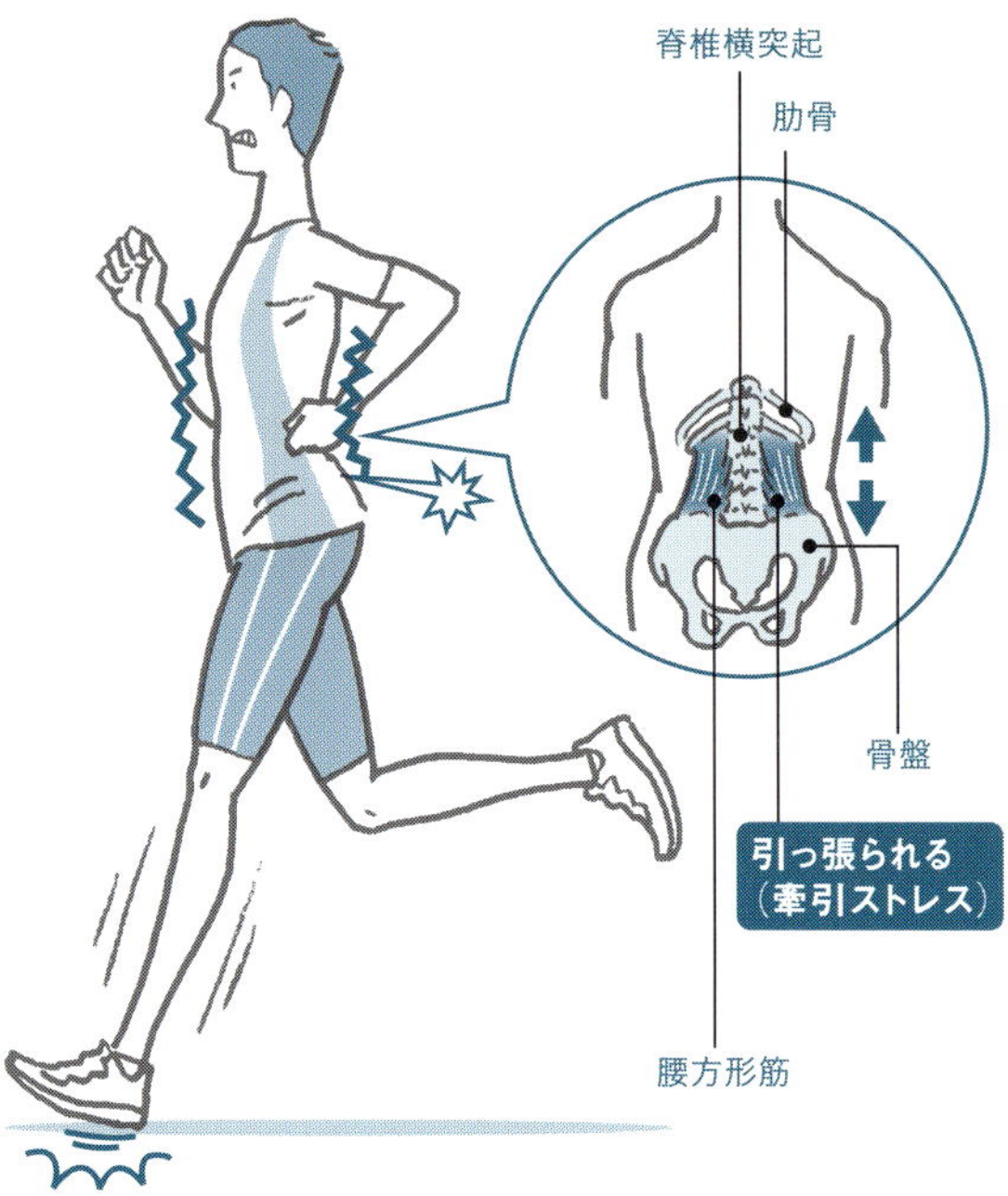

故障のメカニズム

①背筋を伸ばすことで、上半身の筋肉に力が入る

▼

②棒足で着地することで、着地時のブレーキが脚から伝わる

▼

③上半身と下半身が連動せず、中間にある腰方形筋が酷使される（牽引ストレス）

上体を固定した走りで腰の筋肉が張ってくる

腰の痛みを引き起こす原因としては、背骨や筋肉などの異常が考えられます。その中でも比較的多いのが、筋肉が張ることで起きている腰の痛みです。原因となるのは、腰方形筋《ようほうけいきん》という腰の奥のほうにある筋肉。肋骨《ろっこつ》、脊椎横突起《せきちゅうおうとっき》、骨盤などに付着する筋肉で、上半身をある位置に固定しようとすると、緊張が高まります。

上半身がうまく使えず、いわゆる**脚だけで走っているようなランナーは、腰方形筋を酷使しがち**です。また、**背筋をピンと伸ばして走ろうとしているランナーも、上半身と下半身がうまく連動しません。**背筋をピンと伸ばそうとすることで、広背筋《こうはいきん》や大胸《だいきょう》筋《きん》に力が入り、腰方形筋も酷使してしまいます。

また、**棒脚着地になって着地でのブレーキが大きいランナーは、着地の振動が伝わっていくことで、腰によくない影響を及ぼしてしまいます。**こうした

OK
改善方法

バックハンドロールで走る

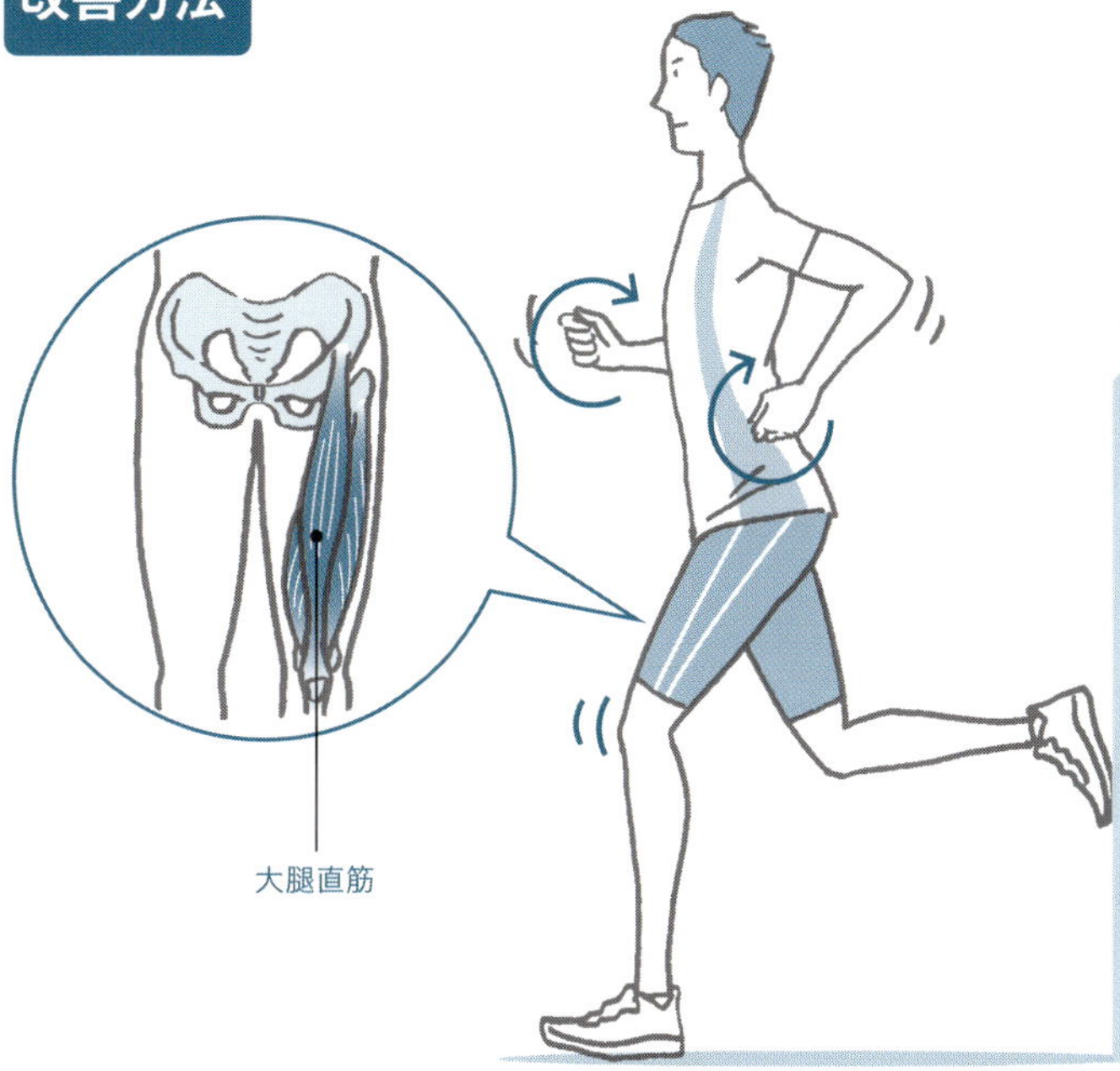

改善のメカニズム

①手を後ろに回しながら走る
▼
②上半身と下半身が連動しやすくなる
▼
③4本ある大腿四頭筋のうち、大腿直筋だけにスイッチが入り、ほかの3本の力が抜ける
▼
④股関節が屈曲することで、ヒザが上がりやすくなって着地が改善され、腰への負担が減る

ことが重なることで、腰方形筋の過度の緊張（牽引ストレス）が生み出されるのです。

腕を後ろ向きに回すと上半身と下半身が連動する

腰方形筋の緊張を取り除くためには、腕振りを後ろ向きに回転させるようにします。バックハンドロールといいます。前に出た手が上から後ろに動き、さらに後ろから下へと動くように振るのです。

このバックハンドロールを行うことで、ランニング中の上半身と下半身が、うまく連動するようになります。上半身をかっちりと固め、脚だけで走っていたときとは、大きなちがいがあるのを感じられるはずです。

バックハンドロールを行うと、大腿四頭筋の4本の筋肉のうち、大腿《だいたい》直筋《ちょくきん》にだけスイッチが入り、あとの3本の筋肉はゆるみます。大腿直筋は股関節の屈曲にも関わる筋肉なので、ヒザが上がりやすくなって着地が改善されます。それによって、着地の衝撃が小さくなっていくのです。

故障⑥ 足の裏が痛む

NG 原因

1. 着地時に足がねじれている
2. つま先ランニングになっている

1.

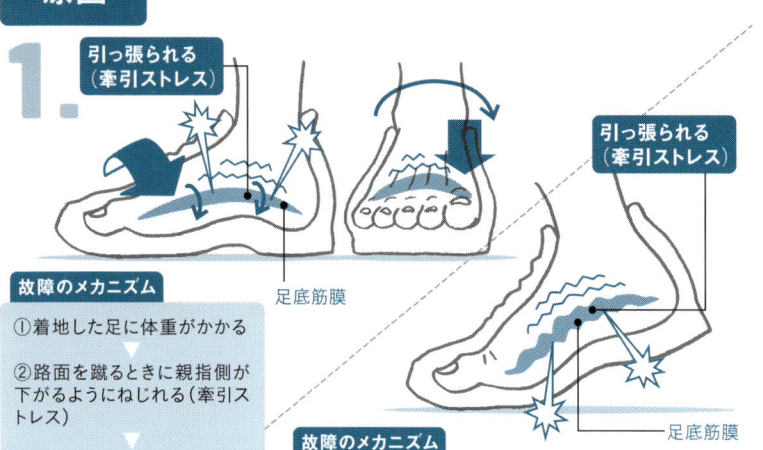

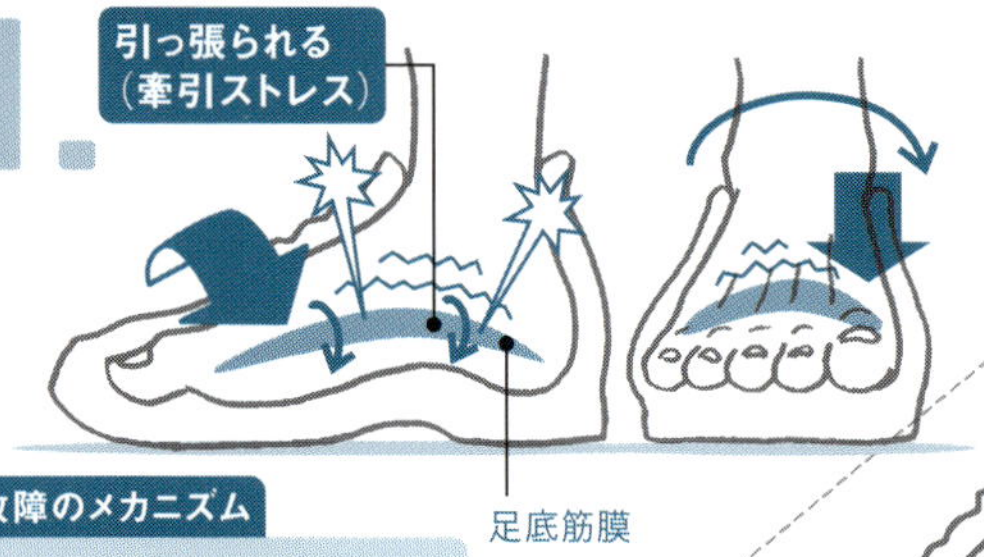

故障のメカニズム

①着地した足に体重がかかる
▼
②路面を蹴るときに親指側が下がるようにねじれる(牽引ストレス)
▼
③アーチがつぶれる

2.

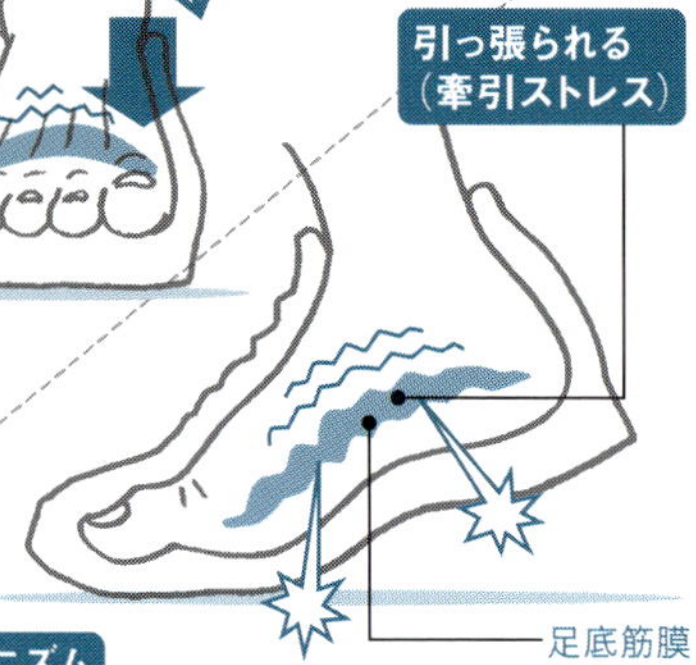

故障のメカニズム

①つま先走りになっている
▼
②アーチが高いままの状態になり(牽引ストレス)、足底筋膜が短縮したまま硬くなる
▼
③そのテンションに耐えきれなくなる

足のアーチを形成する足裏の腱に炎症が起きる

足にはアーチがあります。このアーチを形成するのに役立っているのが、足裏に張られた足底筋膜《そくていきんまく》という筋肉です。かかとと前足部をつないでいて、弓の弦《つる》のようにピンと張ることで、アーチが崩れないようにしているのです。この**足底筋膜に炎症が起こるのが、足底筋膜炎**です。足の裏が痛くなります。

足底筋膜炎が起こる原因は2つあります。

1つは、アーチがつぶれることです。着地した足に体重がかかり、路面を蹴ろうとするときに、親指側が下がるようにねじれ、アーチがつぶれてしまいます。足底筋膜はまっすぐ引っ張られるのには強いのですが、ねじるように引っ張られると、細かな断裂ができ、炎症を起こすようになります。

もう1つは、アーチが硬くなってしまうことです。つま先走りを繰り返していると、アーチが高いまま走ることになるので、足底筋膜が短縮したまま

OK
改善方法

1. ややO脚気味に走る
2. ややガニ股気味に走る

1.

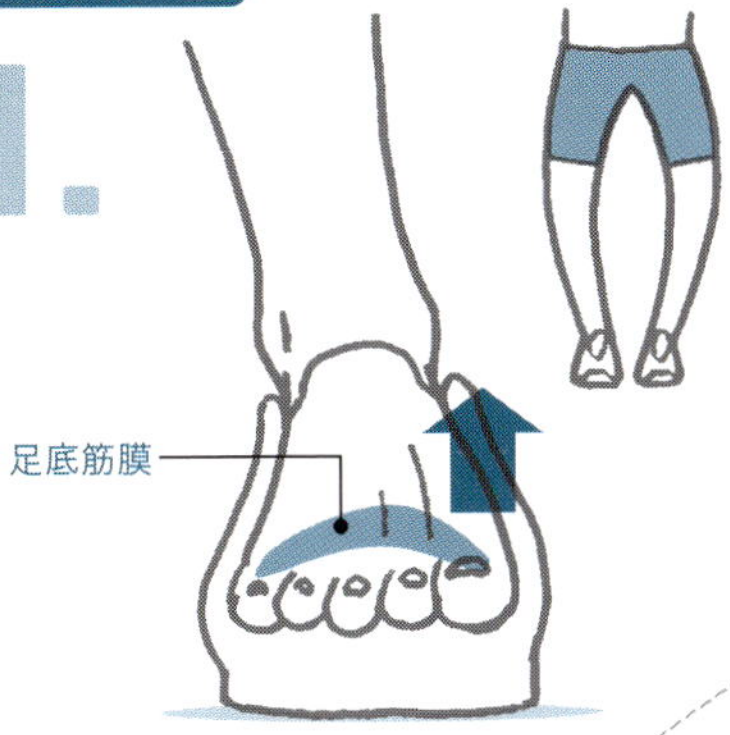

改善のメカニズム

①ややO脚気味に走る
▼
②足の外側だけに体重がかかるようになる
▼
③アーチがつぶれなくなる

改善のメカニズム

①ややガニ股気味に走る
▼
②親指側が沈んで、アーチが低くなる
▼
③足底筋膜のストレスがなくなる

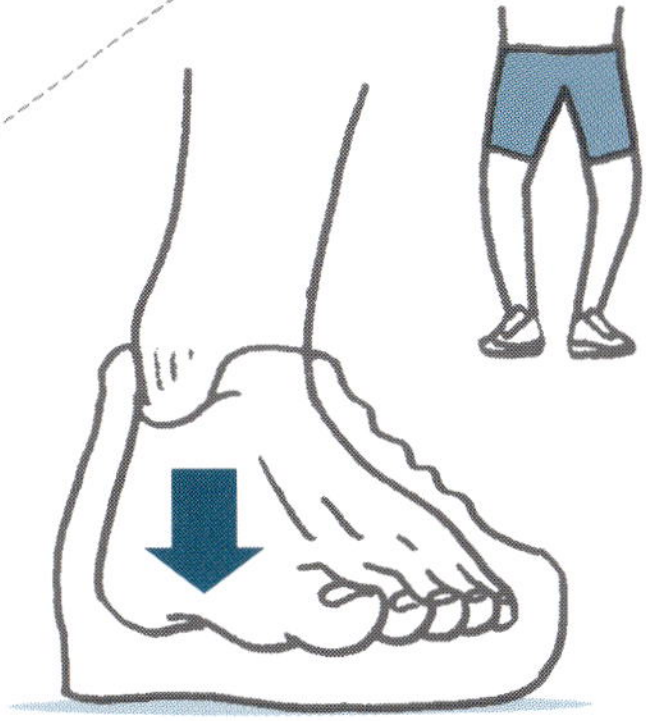

2.

硬くなってしまいます。そのため、足底筋膜のテンションが高くなり、それに耐えきれなくなると、足底筋膜の炎症が起きてしまいます。

O脚走りやガニ股走りで足底筋膜のストレスを軽減

原因に応じた対処を行います。

アーチがつぶれる場合には、脚をややO脚の状態にして走ります。足の外側にだけ体重がかかるようにして走るのです。そうすると、アーチがつぶれることがありません。これを続けているうちに、アーチが復元してきますし、足裏の痛みも解消されます。

アーチが高い状態で硬くなってしまった場合には、つま先を外に向け、ガニ股で走るようにします。つま先を外に向けると、親指側が沈み、自然とアーチが低くなります。それにより、足底筋膜のストレスがなくなり、痛みが起きなくなります。また、つま先から着地しにくくなるため、アーチに無理のない着地が身につきます。

故障⑦ ふくらはぎが痛む

NG 原因

1. ヒザ下の動きに頼った走りになっている
2. 足の指に力が入っている

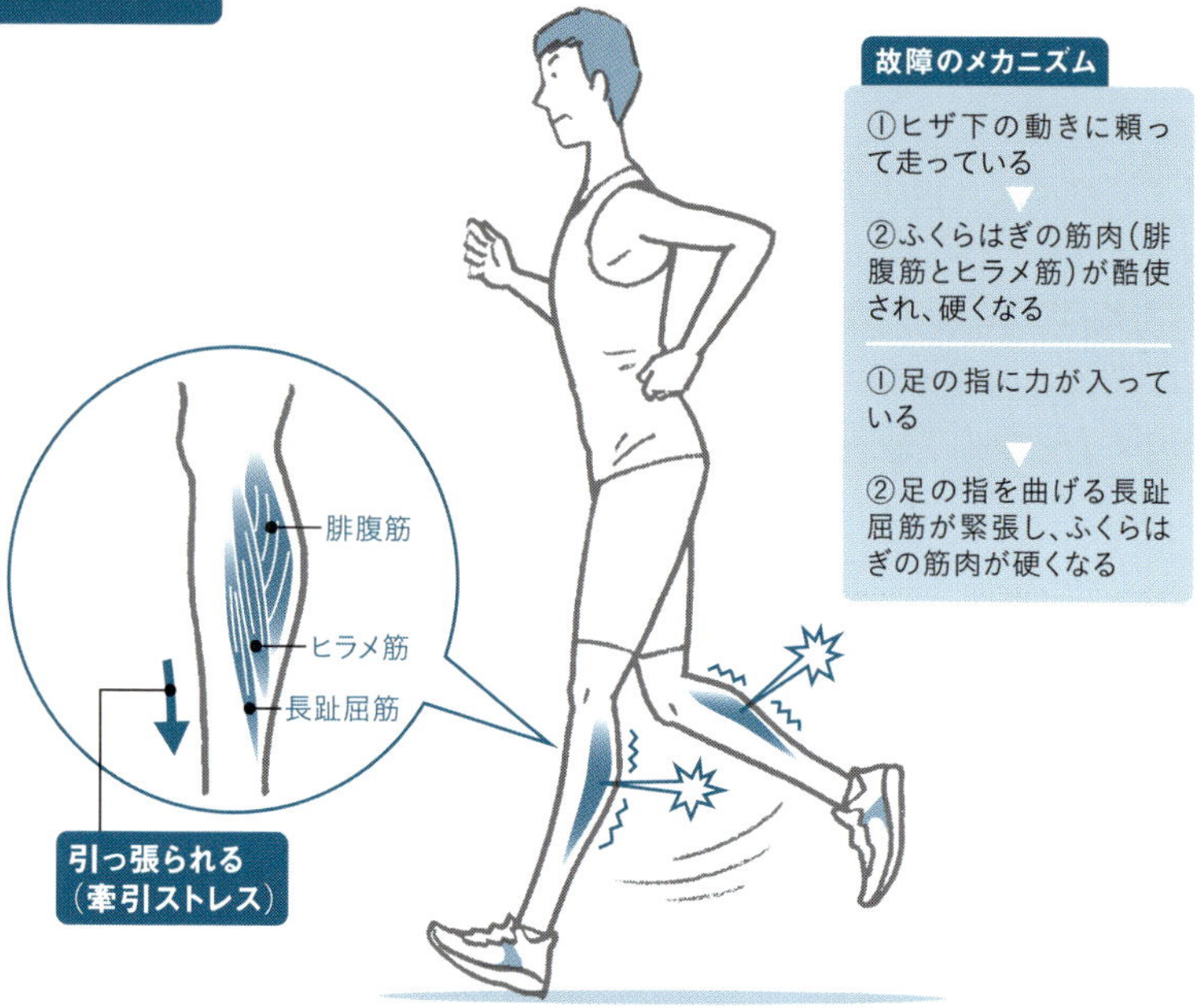
故障のメカニズム
①ヒザ下の動きに頼って走っている
②ふくらはぎの筋肉（腓腹筋とヒラメ筋）が酷使され、硬くなる
①足の指に力が入っている
②足の指を曲げる長趾屈筋が緊張し、ふくらはぎの筋肉が硬くなる
腓腹筋
ヒラメ筋
長趾屈筋
引っ張られる（牽引ストレス）

ふんばりすぎることで筋肉が硬くなっている

ふくらはぎが痛くなる症状は、股関節から脚を大きく動かせていないランナーに多く見られます。ヒザから下の動きが中心となっているため、ふくらはぎを酷使することになるのです。

とくにふくらはぎでふんばるような使い方をすると、筋肉がガチガチに硬くなってきます。そして、筋肉がガチガチになることで、うずくような痛みが現れてくるのです。

足の指に力が入っていることも、ふくらはぎの痛みの原因になります。指の力みが癖になっている人もいますし、シューズに問題がある場合もあります。大きくゆるめのシューズや、ミッドソール（ソールの中央）が曲がりにくいシューズをはいていると、シューズの中で足が滑るため、ふんばろうとして足の指に力が入ってしまうのです。

足の指を曲げる筋肉は、長《ちょう》趾《し》屈筋《くっきん》といってふくら

OK
改善方法

サイドキックランニングを行う

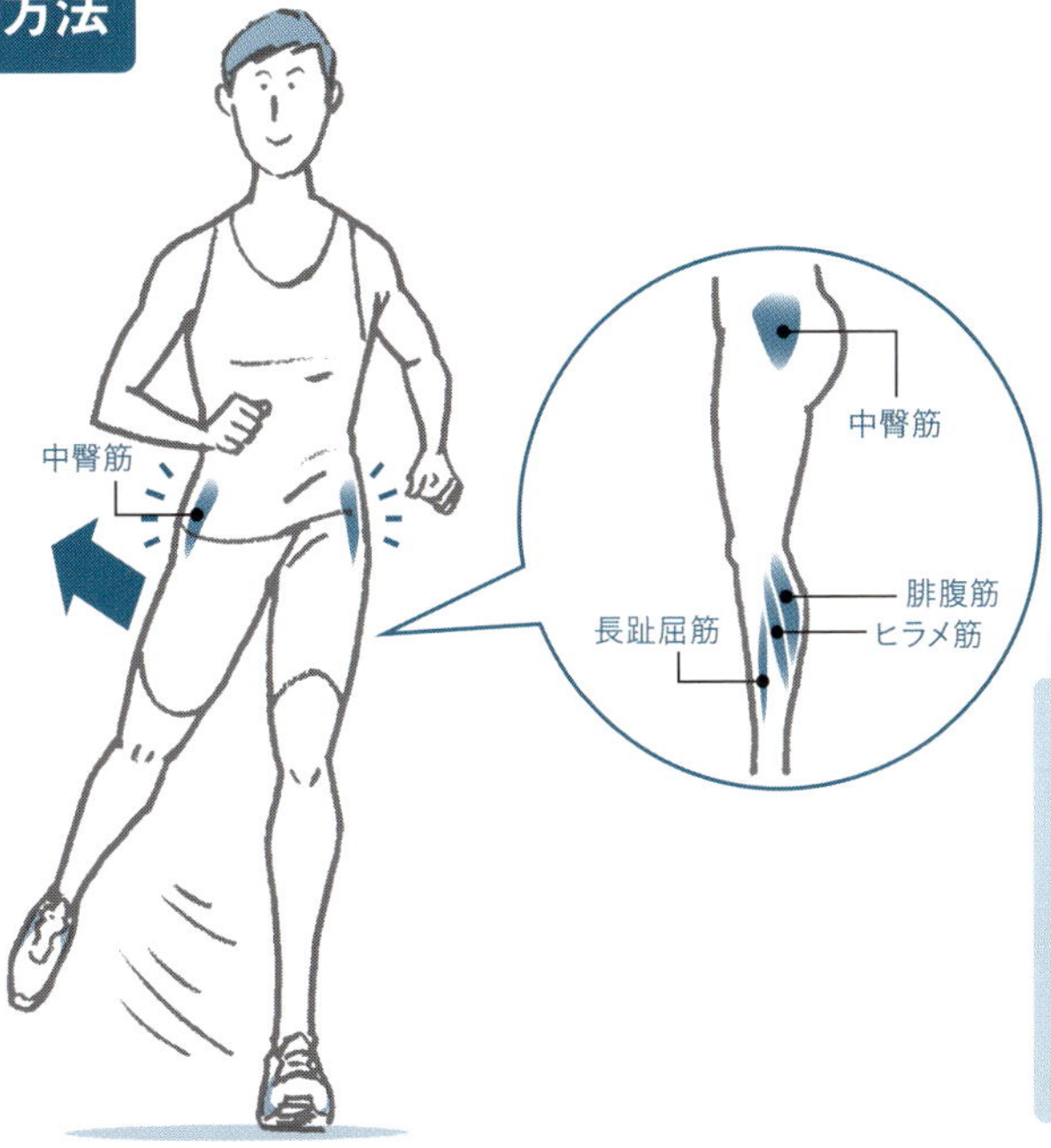

改善のメカニズム

①足を外側に振り出しながら走る
▼
②中臀筋が使われて、股関節から脚が外転するようになる
▼
③股関節が使われることで、ふくらはぎの筋肉への負担が減る

はぎの一番奥にあります。指に力が入っている人は、長趾屈筋が緊張したままで走って牽引ストレスがかかっているのです。

股関節から脚を動かして ふくらはぎの緊張をとる

ふくらはぎの痛みを解消するためには、サイドキックランニングを行います。外くるぶしを外側へ押すイメージで、横にキックするようにしながら前に進みます。脚を前に振り出すとき、つま先を少し内側に向けると、やりやすくなります。

このサイドキックランニングを行うときには、中《ちゅう》臀筋《でんきん》が使われています。脚を外転させるのに使われる筋肉です。中臀筋を使えば、脚を股関節の付け根部分から動かすことになります。

それによって、走るときに脚を股関節から動かせるようになれば、ふくらはぎを酷使せずにすみます。それによって、ふくらはぎの痛みは徐々にやわらいでくるのです。

故障⑧ アキレス腱が痛む

NG 原因 つま先走りになっている

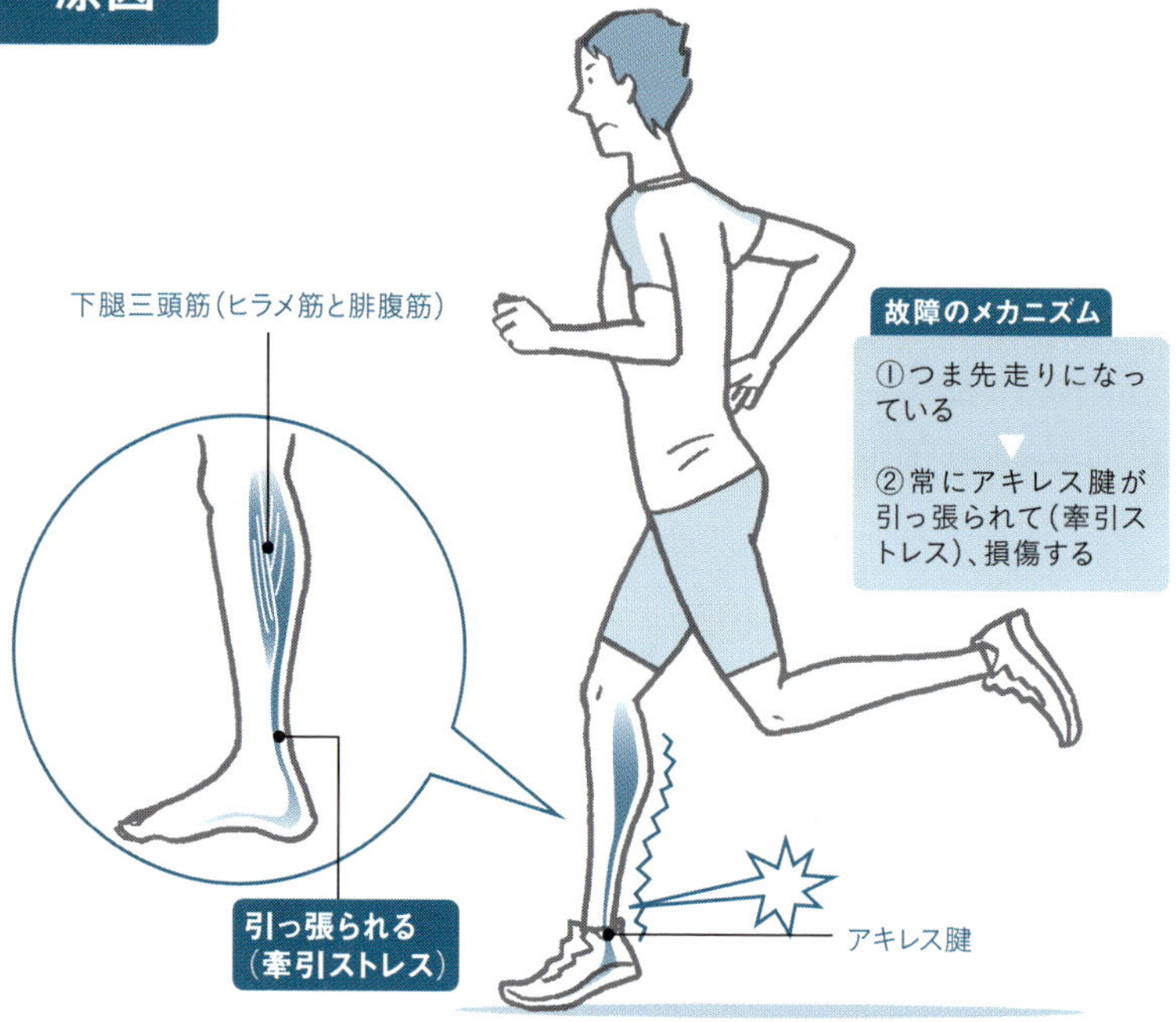
下腿三頭筋（ヒラメ筋と腓腹筋）
故障のメカニズム
①つま先走りになっている
②常にアキレス腱が引っ張られて（牽引ストレス）、損傷する
引っ張られる（牽引ストレス）
アキレス腱

常に引っ張られることでアキレス腱が損傷する

アキレス腱は、人間の体の中でもっとも強い腱です。下腿三頭筋《かたいさんとうきん》の筋線維がまとまった先にあり、それがねじれながら伸びていき、かかとの骨についています。走るときには、アキレス腱に大きな牽引《けんいん》ストレスが加わります。足が着地したときから、蹴り出すまでの間、アキレス腱にはずっと大きなテンションがかかっているのです。

さらに足首の関節は、背屈と伸展というちょうつがいのような動きだけでなく、内返し、外返しといった複雑な運動も行います。このような動きが加わることで、**アキレス腱には、休む間もなく複雑な物理的ストレス（牽引ストレス）が加わり続ける**ことになります。こうしてアキレス腱が損傷し、炎症を起こしてしまうのが**アキレス腱炎**です。アキレス腱炎は多くの場合、右足のアキレス腱に起こります。

走るとき、体は左右対称に使われると考えられが

OK
改善方法

つま先を少し上げ、かかとから着地する

改善のメカニズム

①かかとから着地する
▼
②着地時から、足が抜けるまで、ずっとアキレス腱が伸びたままになる
▼
③アキレス腱にかかっていたテンションが減る

ちですが、実際はそうではありません。ランナーの多くは、左足を「着き足」、右足を「蹴り足」として使っています。そのため、蹴るときに大きなテンションがかかる右足に、アキレス腱炎が起きやすいのです。

つま先を少し上げて かかとから着地する

つま先着地では、アキレス腱が縮んだ状態で足が接地し、次の瞬間、体重によって引き伸ばされます。これが繰り返されると、アキレス腱はダメージを受けてしまいます。

そこで、アキレス腱炎の人は**つま先を少し上げ、プルをしながら、かかとから着地する**ようにします。この場合、着地する前からアキレス腱は伸びていて、体重がかかったときもそのままです。そのため、アキレス腱に大きな牽引ストレスが加わらずにすみます。痛む側だけでよいので、このような着地を心がけていると、損傷を受けていたアキレス腱もしだいに回復してきます。

故障⑨ スネが痛む

NG 原因 着地したときに下腿が内旋している

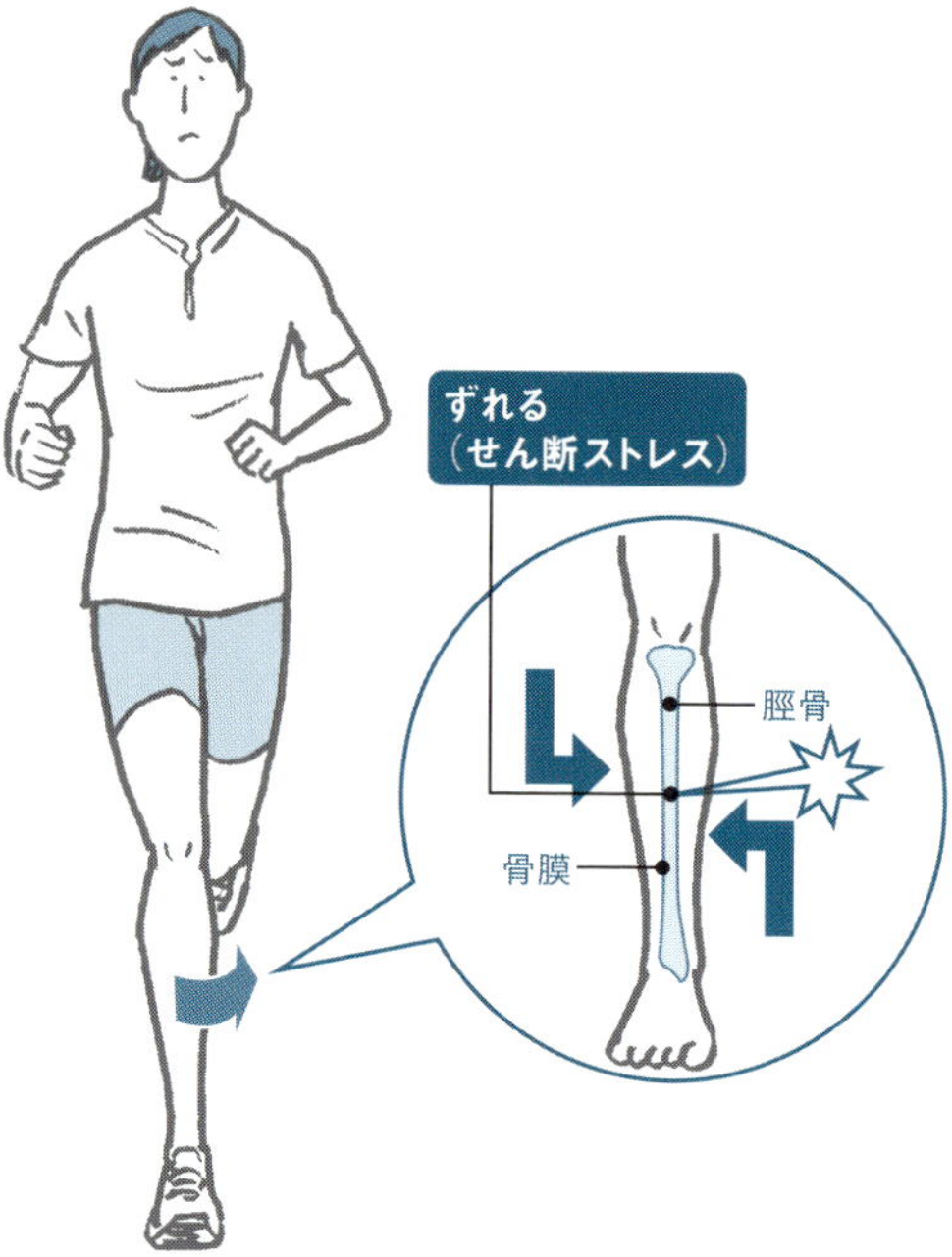

故障のメカニズム

①着地時に下腿が内旋している

▼

②上から路面を押そうとする力などが加わる

▼

③下からそれに対する路面の反力が加わる

▼

④上下から加わった力が脛骨の下から3分の1あたりの部分でぶつかり合って、せん断ストレスが加わる。

▼

⑤脛骨の内側にある骨膜が損傷する

スネの内側の下から3分の1の部分が痛む

スネの痛みは、脛骨《けいこつ》というスネの骨に起こります。痛む部位はほぼ決まっています。スネの内側で、脛骨の下から3分の1あたりです。 ここに鈍い痛みが生じます。**シンスプリント**と呼ばれる障害の典型的な症状です。

実際には骨が痛むのではなく、骨の表面を包んでいる骨膜が痛んでいます。骨には神経がありませんが、骨膜《こつまく》には神経が密集しているため、損傷を受ければ痛みが生じるのです。

シンスプリントの原因となるのは、着地のときの衝撃です。着地の瞬間、その衝撃によって脛骨はたわみます。このとき、上からは自分の体重や路面を押そうとする力が加わり、下からはそれに対する路面からの反力が加わっています。

この**上と下からの力によって、骨の下から3分の1あたりに、大きなせん断ストレスが生じてしまう**

OK
改善方法

リフティングランニングで走る

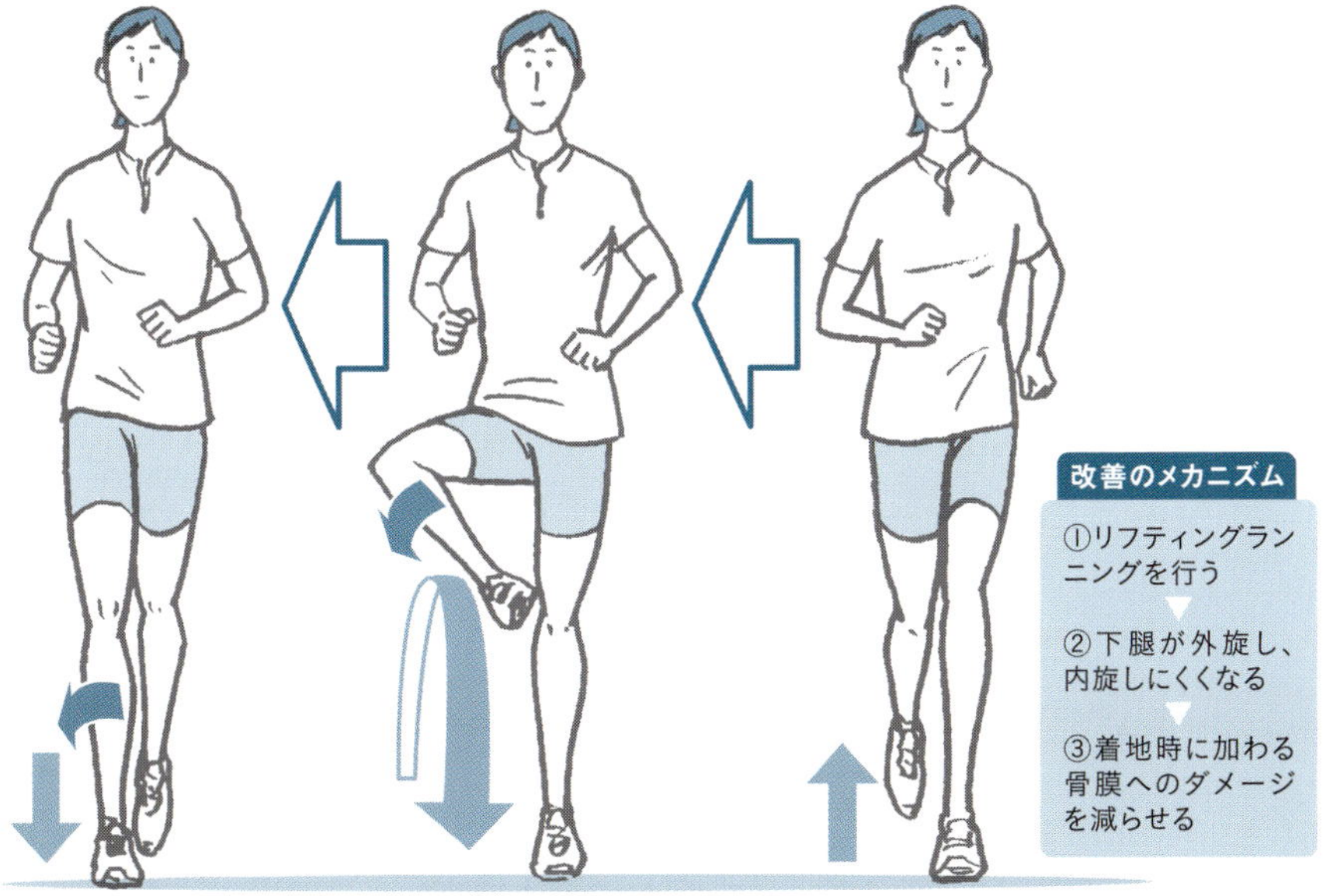

改善のメカニズム
①リフティングランニングを行う
②下腿が外旋し、内旋しにくくなる
③着地時に加わる骨膜へのダメージを減らせる

のです。これが繰り返されることで、骨膜が損傷を受けることになります。この損傷は、着地したときに下腿が内旋していると、とくに大きくなってしまいます。

ヒザ下を外旋させることでストレスを減らす

シンスプリントの解消には、下腿の内旋を矯正することが効果的です。そのためにおすすめなのが、リフティングランニングです。内くるぶしあたりでボールを蹴り上げることをイメージして、走っていきます。

リフティングをするように足を上げるとき、下腿は外旋します。これを繰り返すことで、内旋しやすい下腿を矯正していくのです。

下腿が内旋しなくなれば、着地時の脛骨に加わるダメージを小さくすることができます。

故障⑩ 脚の力が抜けてしまう（カックン症）

NG 原因

体の前側の筋肉ばかり使っている

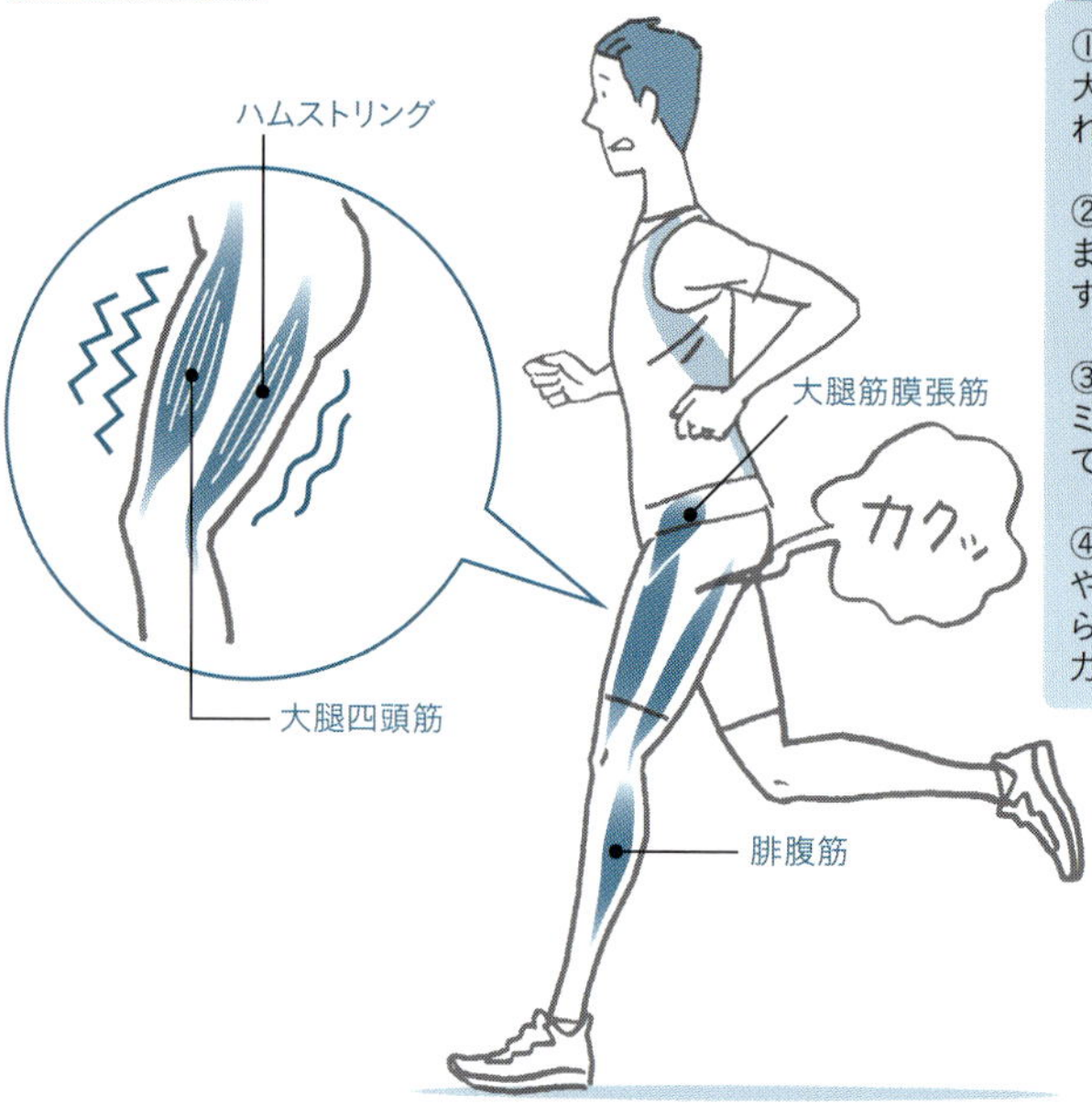

故障のメカニズム

①大腿筋膜張筋と大腿四頭筋が使われすぎている

▼

②着地時に脚がまっすぐに伸びやすくなる

▼

③プルすべきタイミングでプッシュしている

▼

④ハムストリングや腓腹筋に力が入らず、カックンと脱力する

前側の筋肉ががんばりすぎ 後ろ側の力が抜けてしまう

走っているときに、脚の力が抜けてしまう症状に悩まされているランナーがいます。急に力が入らなくなるため、カックン症などと呼ばれることもあります。力が入らなくなるため、走るペースが維持できなくなります。力が入らなくなるのは、体の片側です。左右どちらでも起こりますが、左側のほうが起きやすいようです。

典型的なのは、**走るときに大腿筋膜張筋《だいたいきんまくちょうきん》と大腿《だいたい》四頭筋《しとうきん》を使いすぎているケース**です。体の前側にあるこれらの筋肉が緊張すると、着地のときに、脚がまっすぐに伸ばされてしまいます。そのため、着地で脚が突っ張り、プルするタイミングにも関わらず、路面をプッシュしてしまうのです。

また、大腿筋膜張筋は、股関節の前方外側についている筋肉なので、これが収縮すると太ももは外旋します。

OK 改善方法 ゴム跳びランニングを行う

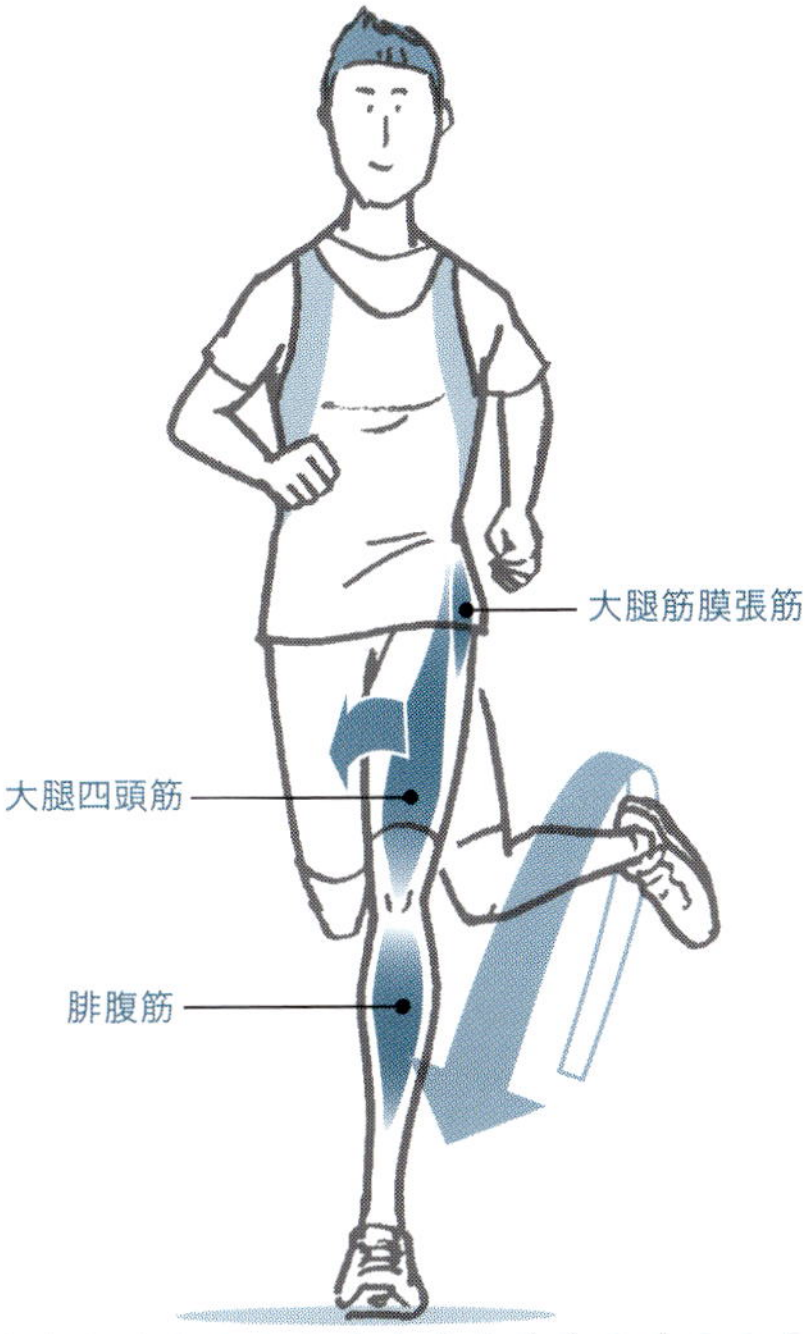

改善のメカニズム

①ゴム跳びランニングを行う

▼

②外旋していた大腿骨が内旋するようになる

▼

③棒足着地が解消される

▼

④ハムストリングや腓腹筋にスイッチが入る

このように**体の前側の筋肉ばかり使っている**と、ハムストリングや腓腹筋《ひふくきん》など、体の後ろ側の筋肉の力が抜けてしまいます。そのため、うまく走ることができず、カックンと脱力してしまうのです。

大腿部を内旋させ突っ張らないようにする

このようなカックン症を改善するためには、大腿《だいたい》骨《こつ》を内旋させるのが効果的です。

そのために、**ゴム跳びランニング**を行いましょう。症状が現れている側の足を、ゴム跳びをするときのように、ヒザを曲げたまま外から回して走るのです。痛みが出ているほうの脚だけ、ゴム跳びしながら走るのです。ヒザをしっかり深く曲げると、上手にできます。

外旋していた大腿骨が内旋するようになると、着地での突っ張る動きがなくなります。また、十分に使えなくなっていた体の裏側の筋肉に、スイッチが入ります。それによって、ランニング中に力が抜けてしまうことがなくなるのです。

故障⑪ ツメが黒くなる

NG 原因

1. 足の指に力が入りすぎている
2. つま先がシューズの前側にぶつかる
3. 足の指がシューズの上側にぶつかる

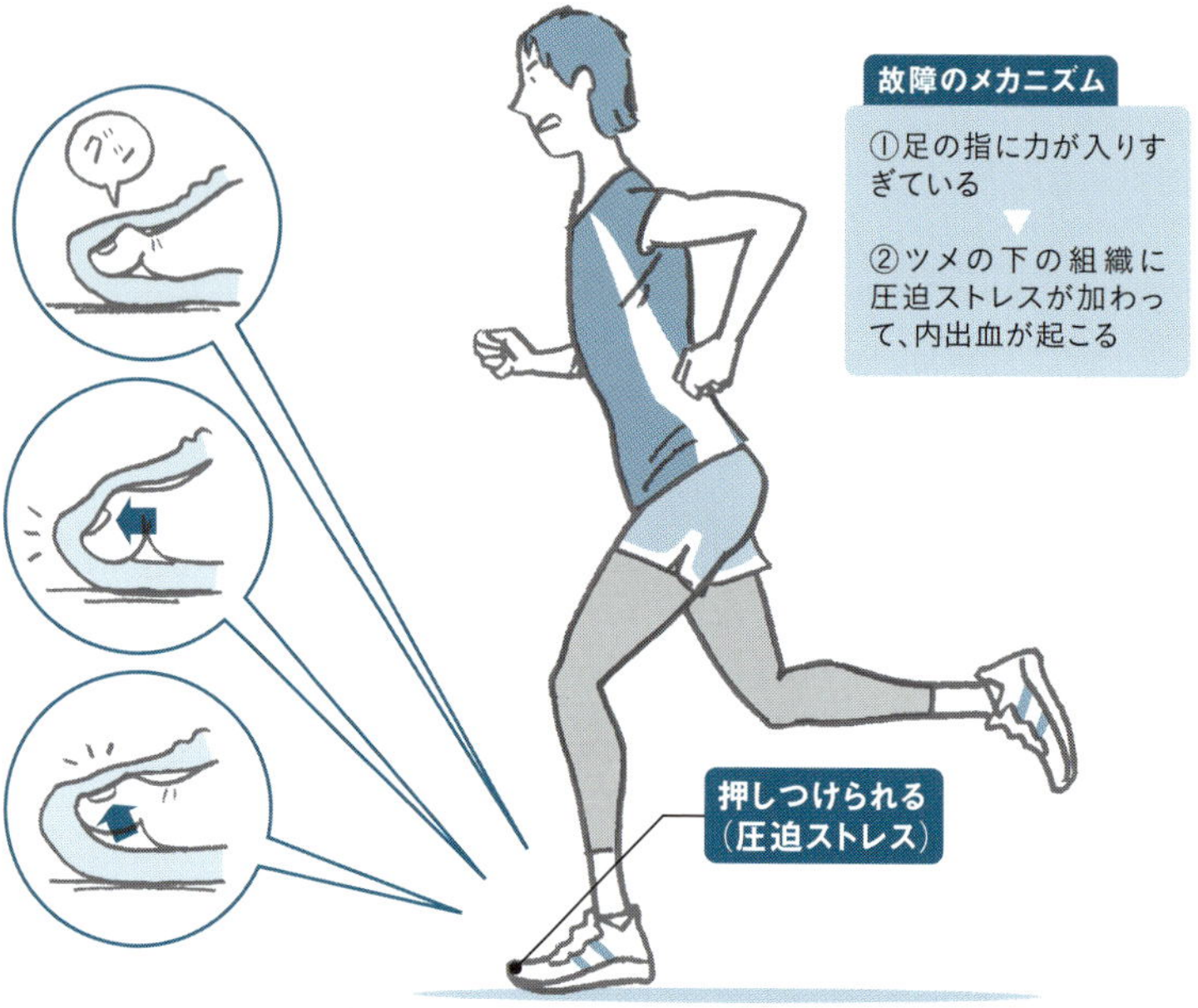
グッ
故障のメカニズム
①足の指に力が入りすぎている
②ツメの下の組織に圧迫ストレスが加わって、内出血が起こる
押しつけられる（圧迫ストレス）

指に力を入れすぎて内側に出血が起きる

ランニングでツメが黒くなるのは、爪の下の組織が挫《ざ》滅《めつ》するためです。圧迫ストレスが加わることで組織が破壊されてしまい、そのときに起こる出血で黒く見えるようになるのです。圧迫が加わる原因は、3つに分類することができます。

1つは、足の指に力を入れすぎることで生じる圧迫です。もっとも多いのはこれでしょう。

2つめは、足がシューズの中で滑り、つま先がぶつかることで生じる圧迫です。くだり坂を走るときなどにこのような圧迫が加わることがあります。

3つめは、シューズが大きすぎるため、シューズの中で足が滑り、つま先がシューズの上にぶつかって生じる圧迫です。

指に力を入れてしまうのも、シューズが大きすぎることが原因になっている場合があります。シューズの中で滑らないようにしようとして、足の指に力

OK 改善方法

天びんランニングをする

改善のメカニズム

①天びんランニングを行う

▼

②横を向くことで、つま先の力が抜ける

が入ってしまうのです。本人が意識していなくても、指に力を入れたまま走っているランナーはたくさんいます。マラソンなどを走ってツメが黒くなると、シューズが小さすぎたのだと考える人が多いのですが、ほとんどの場合、逆です。大きすぎるシューズを選ぶことで、ツメが黒くなっているランナーのほうが多いのです。

指の力が抜けた感覚を身に付けることが大切

走るときに指に力が入っている人は、**しっかりフィットするシューズを選ぶ**ことが大切です。

さらに、**横向きで走る天びんランニング**を行います。正面を向くとつま先に力みが生じますが、横を向くと、つま先の力みが抜けます。とくに前に出した足の親指には、重心がかからないため、自然と力が入らなくなります。

そこで、ツメが黒くなる側の足を前に出して、天びんランニングを行います。指の力が抜けた感覚を身に付けることが大切です。

7 レース前の「生もの」は本当にいけないのか？

レース前日や当日の食事として、「生ものを食べるのはよくない」という話をよく耳にします。そうなると、レース前には刺身もすしも食べられません。私はレース前の食事として海鮮丼をすすめることがありますが、それは「とんでもない！」らしいのです。

地方のレースにエントリーして、旅行とマラソンを組み合わせて楽しむランナーはたくさんいます。当地の名物が海鮮料理だった場合、「生ものは食べてはいけない」という縛りで、旅行の楽しみは半減してしまいそうです。

生ものは避けるべきだという根拠は、「食中毒の危険があるから」と理由を説明します。**しかし、レース前だからとくに食中毒になりやすい、ということはないでしょう。**レース前にかかわらず、私自身は刺身やすし、海鮮丼などを食べて食中毒を起こしたことは一度もないので、どうもピンときません。

それよりも生ものを食べることで、酵素を摂取することができます。酵素には食べたものの消化を促したり、代謝を加速させたりするはたらきがあります。**レース前に高炭水化物食を食べて蓄えた糖質を燃焼させるには、酵素を摂取しておくことも大切**なのです。ですから、苦手な人が無理に食べる必要はありませんが、好物なのに我慢しなくてもよいでしょう。

マラソンの常識の中には、とくに明確な根拠もないのに、多くの人が信じていることがたくさんあります。このような情報に対しては「本当にそうか？」と自分なりに考え、判断することが大切です。さらに**実践を通して自分の経験を積んで、そのようなことが考えられるようになると、一流のランナーにまた一歩近づく**でしょう。

PART 8

レース本番で最高のパフォーマンスを発揮するために

トレーニングしてきたことを本番でしっかりと出せることが、「強いランナー」の条件です。そこで、PART8ではフルマラソンを前提に、本番で結果を残すためのレースプランの立て方やレースまでの過ごし方、適したウエアなどについて考えていきましょう。最高の結果と満足を得られるように、しっかりと準備を整えていきましょう。

レースを攻略するには？

どういうコースかを知り自分なりのプランを立てる

マラソンなどのロードレースは、大会ごとにコース状況がちがっています。起伏が多い、曲がり角が多い、長い直線がある、標高が高いなど、コースの特徴はさまざま。**出場する大会がどのようなコースで行われるのか下調べして、レースプランを考えていきましょう。**

目標タイムから逆算して、5㎞ごとや1㎞ごとの平均タイムを計算しておくのは簡単ですが、その通りに走れることはまずありません。**のぼり坂、くだり坂、追い風、向かい風など、状況は刻々と変化するので、ペースも常に変化するものと考えるべき**です。

また、得意なところでペースを上げすぎないことも大切です。くだり坂が得意でのぼり坂が苦手なら、くだり坂でがんばるのではなく、そこはやや抑えて走り、のぼり坂でペースを維持するようにします。得意なくだり坂でがんばり、のぼり坂で失速するより、そのほうがいいタイムで走り切ることができます。

どこで走るのか？ 栄養補給は？ ウエアは？

レースは**できるだけ集団で走ったほうが有利**でしょう。自分に合ったペースなら、集団で走っているほうが楽に感じられます。とくに向かい風の場合、集団の中で走ることでロスを小さくすることができます。

レース中の栄養補給については、**サブ4レベルは固形物なし、それより遅ければ固形物あり**、と目標タイムで考え方を変えてみてください。4時間以内でゴールできるのであれば、レース前にしっかりと食べておけば、レース中に固形物を食べなくても走り切れるでしょう。

ウエアは気象条件に合わせて選びましょう。人間の体には、**太ももの前側など、熱を逃がしやすい部分があります。**寒い日のレースなら、それらの部分を覆《おお》うウエアを着ることで、熱が逃げにくくなります。暑い日のレースなら、それらの部分をできるだけ露出することで、効率よく熱を逃がすことができます。ですから、たとえば暑い日にタイツをはくことは、あまりおすすめできません。

コース特性を踏まえてレースペースを決める

レースペースは、目標タイムから逆算した平均ペースではなく、コース特性と自分の能力を踏まえて決めたほうがよい。まずはコースに関する情報を調べよう。

1 コースレイアウトを考える

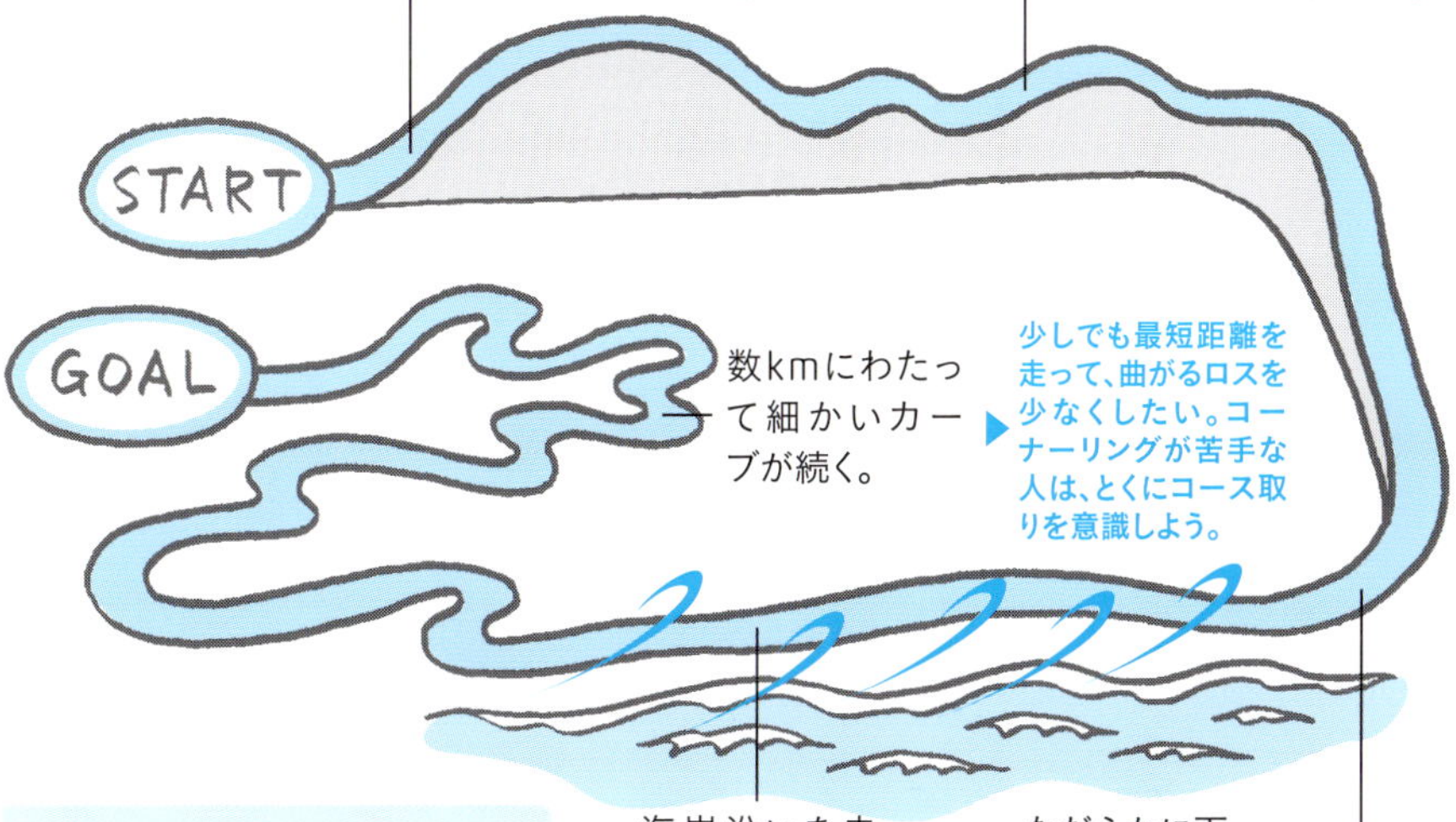
スタートしてすぐ急なのぼり坂がある。

のぼり坂が得意なら、ペースを上げすぎないように注意。苦手なら、ペースが落ちすぎないようにする。

細かいアップダウンが続く。

無理に平均ペースで走ろうとせず、リラックスしてコースなりに走っていく。なるべく体力の消耗を抑えたい。

START
GOAL
数kmにわたって細かいカーブが続く。

少しでも最短距離を走って、曲がるロスを少なくしたい。コーナーリングが苦手な人は、とくにコース取りを意識しよう。

海岸沿いを走るので強風が予想される。

集団の中に入って走る、ほかのランナーの陰に隠れて走るなど、空気抵抗を減らす工夫をする。

なだらかに下って曲がるカーブがある。

内側からコーナーに入って、外側に抜けるようにすると、ペースを落とさずに最短距離を走れる。


コースに関する情報は、主催者が細かく発表している。初めて出場する大会なら、コースをしっかり頭に入れておこう。出場経験のあるランナーに話を聞くのも有効だ。

2 コースの起伏を考える

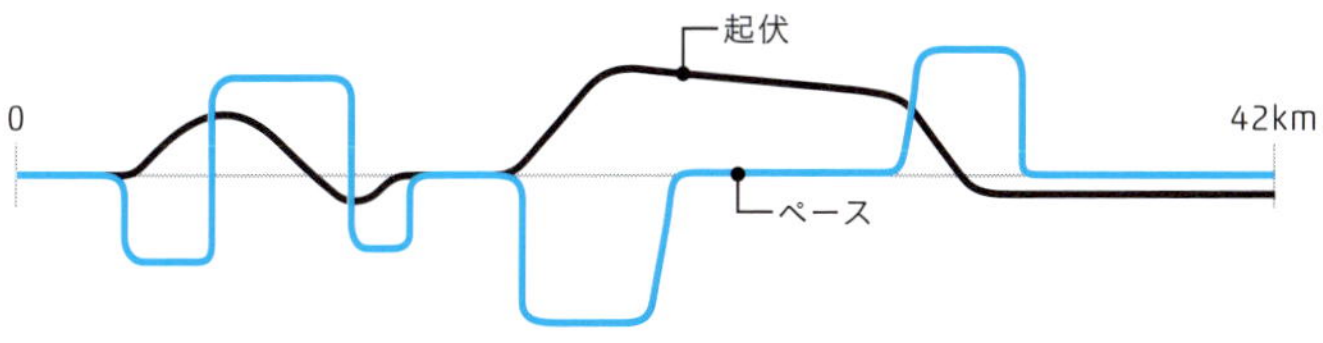
起伏
0
42km
ペース

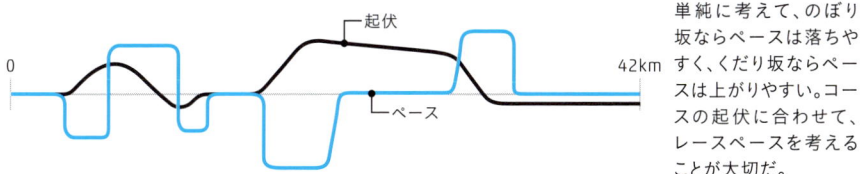

単純に考えて、のぼり坂ならペースは落ちやすく、くだり坂ならペースは上がりやすい。コースの起伏に合わせて、レースペースを考えることが大切だ。

強い向かい風のときは人のナナメ後ろを走る

強い向かい風の中で走る場合、少しでもその空気抵抗を減らして、無駄な体力を使わないようにしたいところ。

人の真後ろを走るのはNG

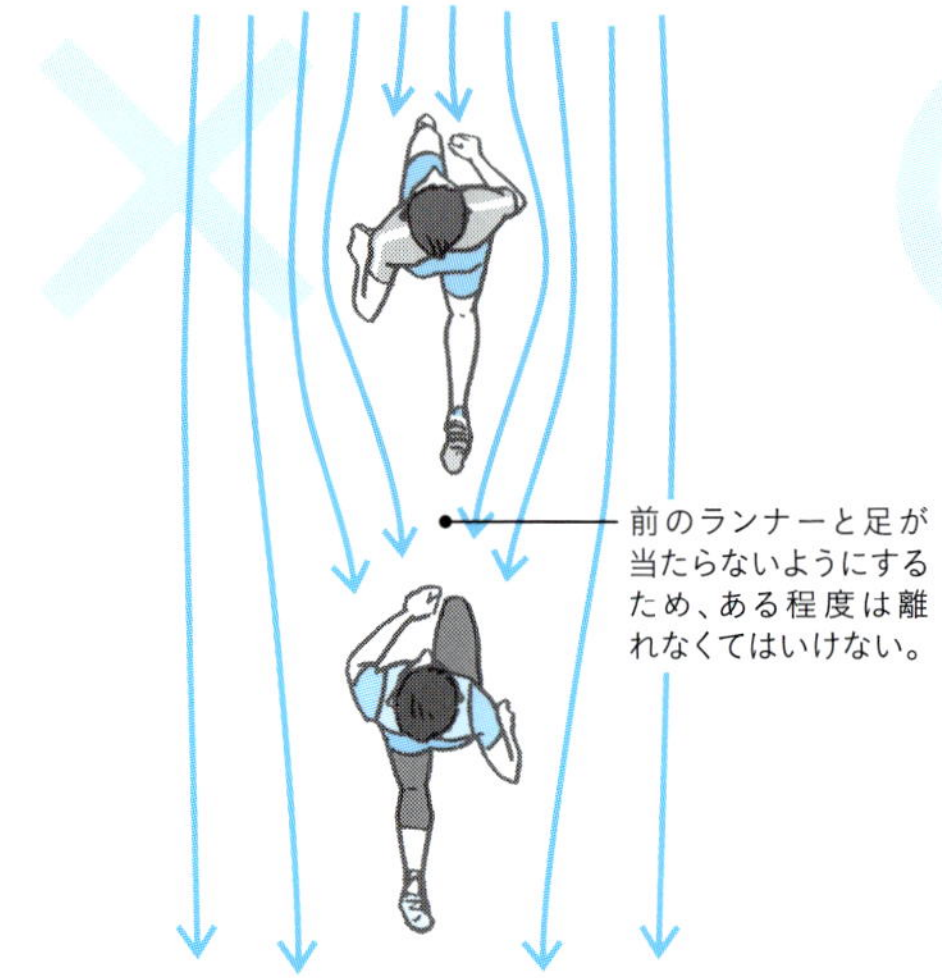

前のランナーと足が当たらないようにするため、ある程度は離れなくてはいけない。

このくらいの距離では前の人をよけて、ふたたび集まった風がモロにぶつかってしまう。これでは空気抵抗が大きいままだ。

人のナナメ後ろを走るとよい

足がぶつかる心配がないので、かなり接近して走ることができる。

このくらい近づけば、ナナメ前のランナーをよけた風がそのまま自分もよけてくれるので、空気抵抗をかなり減らせる。

エネルギーに変わる早さを考えて食事をとる

レース中にエネルギー切れを起こさないためには、エネルギーに変わる早さを踏まえて食事をとるとよい。基本はレース前に糖質と果糖を含んだものを時間差で食べておき、レース中のエネルギー切れ対策食品を用意しておくこと。

5時間で完走するランナーの例

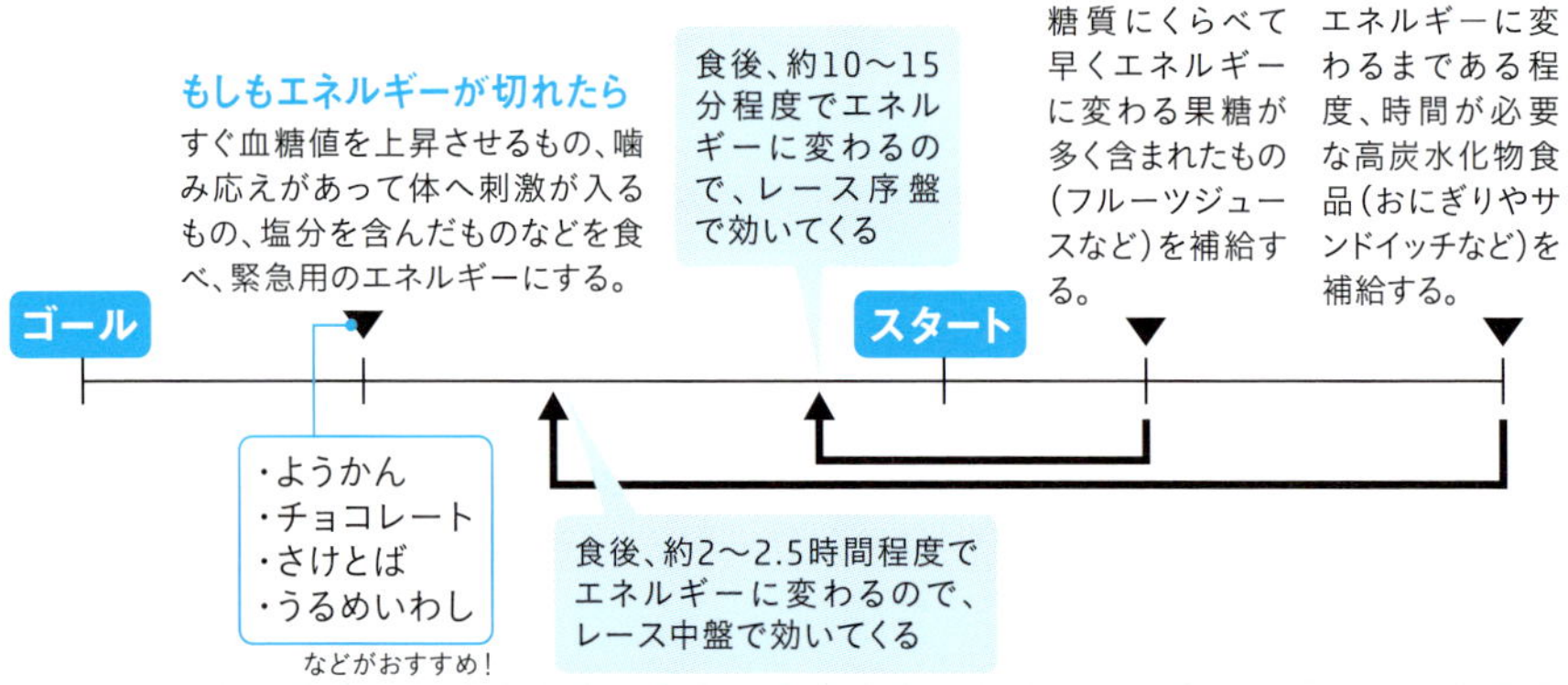

レース5分前
糖質にくらべて早くエネルギーに変わる果糖が多く含まれたもの(フルーツジュースなど)を補給する。
レース1時間前
エネルギーに変わるまである程度、時間が必要な高炭水化物食品(おにぎりやサンドイッチなど)を補給する。
もしもエネルギーが切れたら
すぐ血糖値を上昇させるもの、噛み応えがあって体へ刺激が入るもの、塩分を含んだものなどを食べ、緊急用のエネルギーにする。
食後、約10〜15分程度でエネルギーに変わるので、レース序盤で効いてくる
ゴール
スタート
・ようかん
・チョコレート
・さけとば
・うるめいわし
などがおすすめ!
食後、約2〜2.5時間程度でエネルギーに変わるので、レース中盤で効いてくる

ウエアは季節とペースで調整する

体には熱を逃がしやすい部分がある。とくに太ももの前側と足首は、人体におけるラジエーター（冷却放熱器）ともいうべき部位なので、気温に合わせた対策を考えよう。

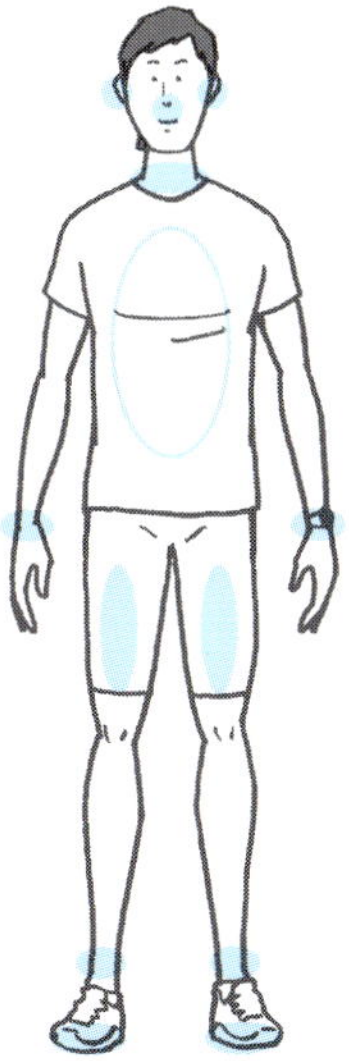

温度調節すべきところ

1. 鼻	5. 手首
2. 耳	6. 太ももの前側
3. 首	7. 足首
4. 背中	8. 足裏

この8箇所は体の熱が逃げやすいところなので、暑い日は露出し、寒い日は覆うとよい。下図を参考に、気温と走るペースウエアを決めよう。

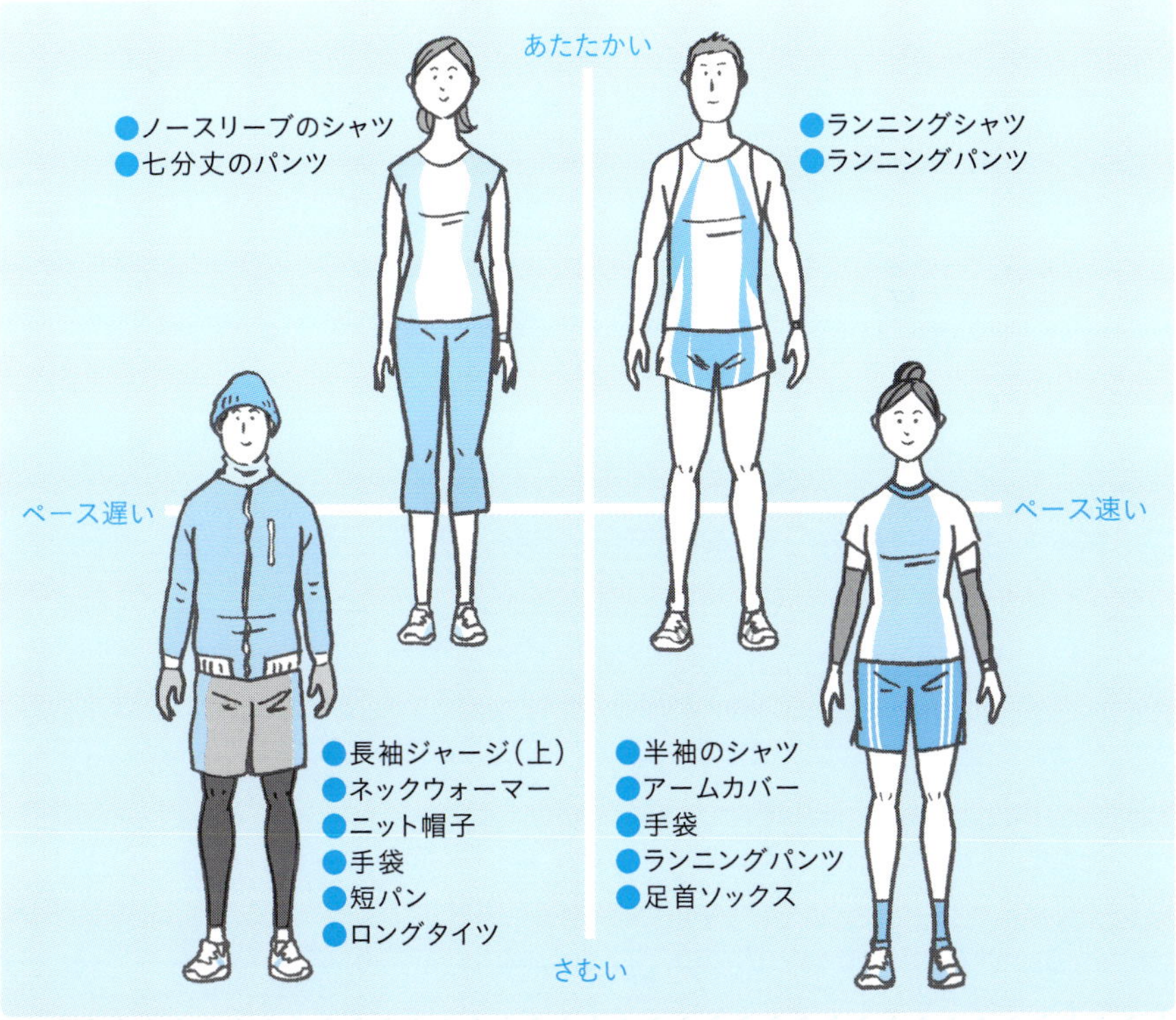
あたたかい
●ノースリーブのシャツ
●七分丈のパンツ
●ランニングシャツ
●ランニングパンツ
ペース遅い
ペース速い
●長袖ジャージ（上）
●ネックウォーマー
●ニット帽子
●手袋
●短パン
●ロングタイツ
●半袖のシャツ
●アームカバー
●手袋
●ランニングパンツ
●足首ソックス
さむい

レース前日からレースまでの過ごし方

持ち物などの準備は前日までに終わらせる

まず、レースの前日までにやっておきたいのは、持ち物の準備です。レース当日の朝にあわてなくていいように、**前日までに準備を終わらせておきましょう。**

前日にランニングしてもOKです。軽めのジョギングにし、5～10㎞程度にとどめます。ストレッチやマッサージも問題ありません。適度に体をほぐしておくことで、リラックスして眠れるでしょう。

注意すべきは前日の深酒です。適度な飲酒は問題ありませんが、飲みすぎてはいけません。前日移動して現地で宿泊する場合、観光や買い物を楽しみたい人もいるでしょうが、ほどほどにして疲れを残さないようにしましょう。

スタートの前までエネルギー源を補給

レース当日は、できるだけのんびり過ごせるようにします。そのためにも、前日までの準備が大切です。

当日、**起床後にすることは忘れ物がないかチェック**するだけ。最低限、シューズ、ウエア、ナンバーカード（引換証）があれば大丈夫です

起床時刻にもよりますが、朝食前に軽く何か食べておくとよいでしょう。

とくに当日移動の場合、起床時刻がかなり早くなるので、通常の朝食よりも前に何か食べておきたいところです。通常の朝食は、スタートの2時間～2時間半前くらいにとるようにします。

移動中や会場に着いてからも、さらにエネルギー源となる食べ物を軽くとっておきましょう。**スタートの30分前に、おにぎり、うどん、サンドイッチなど、消化吸収されやすい食べ物をとります。**

レース当日は、時間に余裕を持って行動することが大切です。受付で時間がかかるかもしれないし、トイレに並ぶことになるかもしれません。時間に余裕があれば、あわてることなく、レースに集中することができます。

前日からレーススタートまでの過ごし方（例）

前日移動か当日移動かによっても変わってくるが、朝は早めに起きて、ゆっくり過ごすことが大事。自分なりのルーティンをつくると、レースに集中しやすくなる。

当日移動・10時スタートの場合

前日

- 荷物を準備する
（シューズ、ウエア、ナンバーカード、引換証、着替えなど）
- 軽めに走る、あるいはウォーキングする。
（しなくてもOK）

21:00～22:00　就寝

当日

6:00　起床

7:00　**食事1（軽めに）**

フルーツグラノーラや果物、フルーツジュースなど、通常の朝食までお腹が減らないように軽く食べておく。

7:30～8:00　**食事2（いつも通りのメニュー）**

主食やおかずなど、いつも食べているものでOK。ごはん派ならごはんを、パン派ならパンを食べて、糖質をしっかり補給しておく。

・移動
・受付・トイレ

9:30　**食事3（軽め）**

おにぎりやうどん、サンドイッチなど消化吸収されやすいものを食べる。

10:00　**レーススタート**

深酒や買い物は注意

深酒は翌日の体調に影響を及ぼすので厳禁。食事や買い物も想像以上に体力を消耗するので、なるべく避けたい。

起きたらゆっくり過ごす

早めに起きて、ゆっくり朝食をとり、時間に余裕を持って会場へ向かう。「時間がない」「物がない」などあわてていると、レースに集中できなくなる。

ピークをレースに合わせるには？

超回復の原理を利用し最高の状態をつくり出す

トレーニングを行うと、疲労が強まり、ランニング能力は一時的に低下しますが、翌日から疲労は軽くなっていきます。そして、ランニング能力は上昇し始め、**数日後には最初のレベルを超えて高まっています**。このような現象を**超回復**といいます。レース前は超回復の原理を利用してコンディションを整えていきましょう。レース当日に、ランニング能力がピークに達するようにするのです。

そこで、**1週間から10日ほど前に、かなりきつい内容のトレーニングを行ってください**。あとは何もせずに回復を待ちます。トレーニング直後はランニング能力が落ち込みますが、そこからは上昇を続け、もとのレベルより高くなります。

どのくらい高いピークをつくれるかは、どのくらいきついトレーニングを行ったかによります。水に沈めたボールを放すと、勢いよく浮き上がって水面で飛び跳ねます。**深く沈めたボールほど高く跳び出すように、きついトレーニ**

7～10日前に負荷の高いトレーニングをする

レース当日にコンディションをピークの状態に持っていくカギは超回復。7～10日前にヘトヘトになるほど負荷の高いトレーニングを行って、超回復を導こう。

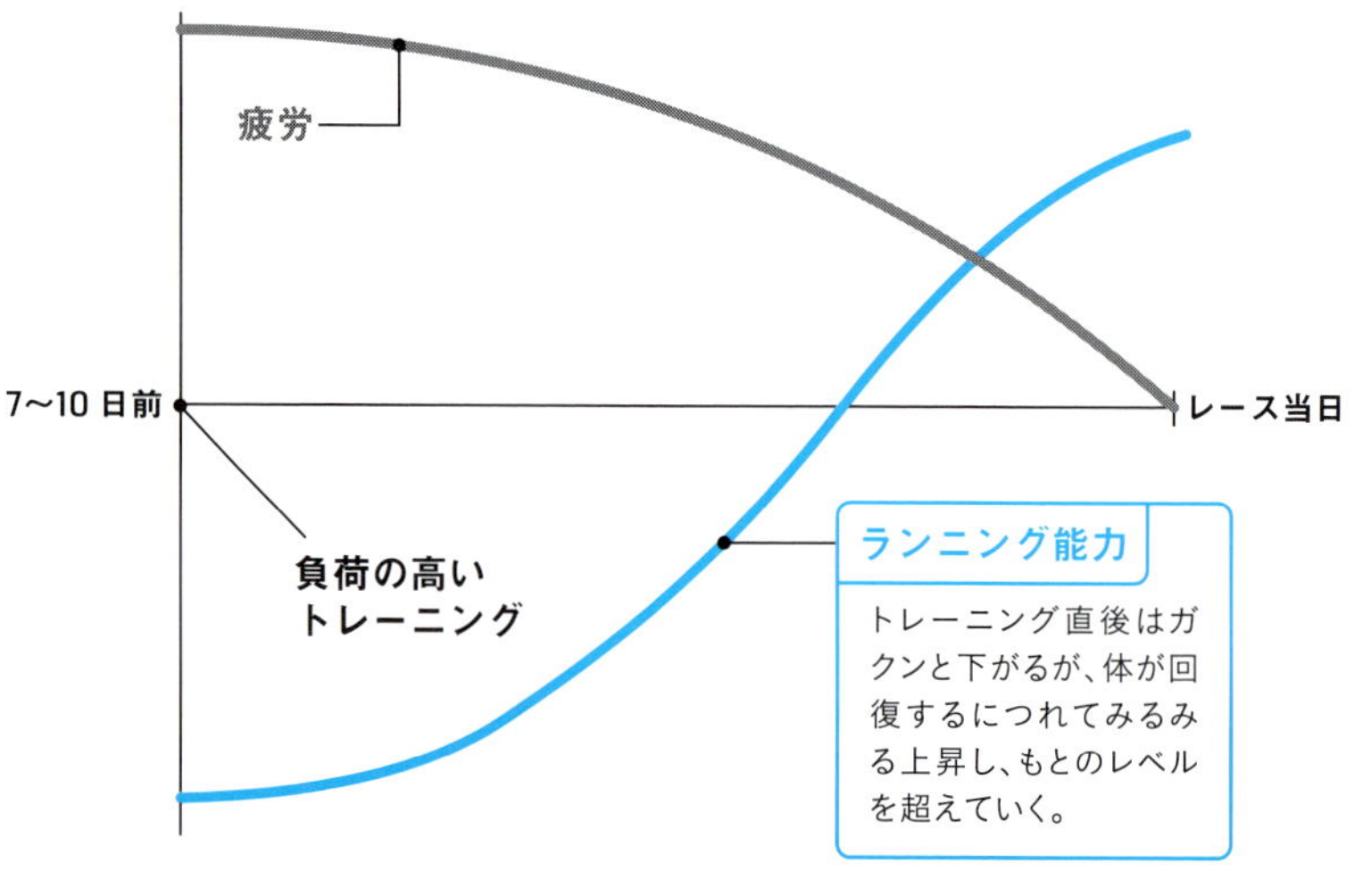
疲労
7～10 日前
レース当日
負荷の高い
トレーニング
ランニング能力
トレーニング直後はガクンと下がるが、体が回復するにつれてみるみる上昇し、もとのレベルを超えていく。

ングをしたときほど、ピークは高くなるのです。

ただし、きついトレーニングを行うと、いつピークを迎えるのか予測が難しくなります。

早くピークがきそうだと予測できた場合は、途中でトレーニングを加えます。浮き上がってきたボールを、もう一度水中に押し込むようにするのです。レース前のコンディショニングを何度か経験すると、このような微調整が上手にできるようになります。

最後のトレーニングは自分に不足している能力を

1週間から10日前にどのようなトレーニングを行うかは、自分に何が足りていないかを考えて決めます。スピードトレーニングが不足していればインターバル走を、スタミナトレーニングが不足していればLSTを、パワーが不足していれば坂道走を行います。

1週間以上前であれば、かなりきついトレーニングを行っても問題はありません。LSTであれば、3〜4時間行っても、1週間もあれば十分に回復します。

足りないトレーニングで負荷をかける

レース前の最後の練習は、自分に足りていないトレーニングで高い負荷をかける。それまで鍛えてきた能力と合わさって、理想的な状態に持っていくことができる。

スピードトレーニング／インターバル走

メニュー例
サブ3レベル　3000m×5本（1本あたり3分55秒〜4分5秒/km程度）
サブ4レベル　1000m×12本（1本あたり5分〜5分10秒/km程度）
ビギナーレベル　400m×20本（1本あたり2分25秒〜2分35秒/km程度）

スタミナトレーニング／LST

メニュー例
サブ3レベル　4時間程度（6分/km程度）
サブ4レベル　3時間程度（6分/km程度）
ビギナーレベル　2時間程度（10分/km程度）

パワートレーニング／坂道走（のぼり坂）

メニュー例
サブ3レベル　400m×10本（1本あたり1分35秒程度）
サブ4レベル　400m×10本（1本あたり2分15秒程度）
ビギナーレベル　400m×10本（1本あたり3分50秒程度）

マラソン振り返りノートをつける

マラソンの経験を無駄にしないために

マラソンで自分の持てる力を発揮するのは、そう簡単なことではありません。しっかりトレーニングし、走る技術を高め、強い体をつくり上げていっても、それが満足できる結果に結びつくとはかぎらないのです。ペース配分のわずかなミス、給水のミス、シューズやウエアの選択ミスなど、ほんのわずかなことで、大きくタイムをロスしたりすることがあります。

もちろん、思わぬ成功を体験することもあるでしょう。レース終盤になってもペースが落ちず、予想外の快走を見せるランナーも実際にいます。

マラソンはそう何回も走れるものではないので、次のレースのためにも、これらの経験は大切にしたいものです。**自分が経験したマラソンは、次のマラソンで成功するために多くのことを教えてくれます。**そこでオススメしたいのが、**「マラソン振り返りノート」**です。

データとともに言葉で状況を記録する

ポイントは記録だけではなく、**レース内容も記入しておくこと**です。レース中にどんなことがあったか、どう考えてどう体を動かして走ったか、それによってどうなったかなどをそのときの距離とともに記入していきます。

自分がどのような状況で、どのような走りをしていたのかを言葉で残すわけです。そうしておけば、**何年経っても、そのレースの経験を自分のために活かすことができます。**

もちろん、タイムなどのデータを残すことも必要です。1kmや5kmごとのタイムがわかれば、自分のペース配分のどこに問題があったのかが見えてきます。コース図や起伏を示した図と一緒にすることで、のぼり坂やくだり坂をどのようなペースで走ったのかも一目瞭然になります。

マラソンの記録と記憶を残すことは、マラソンの楽しみをより大きくしてくれるでしょう。ぜひレース後は、その余韻が残っているうちに、「マラソン振り返りノート」をつけてみてください。

マラソン振り返りノートのつけ方（例）

レース直後ははっきりと覚えていても、数週間、数ヵ月と経過していくと、記憶はあいまいになるもの。しっかり覚えているうちに、言葉と数字で記録をとっておこう。

日付：20×× 年 × 月 × 日　レース名：××マラソン

タイム目標以外で、このレースで成しとげたいことを記入。

レース記録　4時間19分

今回のテーマ欄　後半のペースダウンを少しでも抑える

タイム目標欄　4時間30分

コースの起伏を入れる欄。大会サイトなどで公表されているので、それを記入しよう。

実際のペースの推移を記入。パソコンやスマートフォンなどでペースのグラフをつくれる場合は、それを記入。タイムをそのまま記入してもOK。

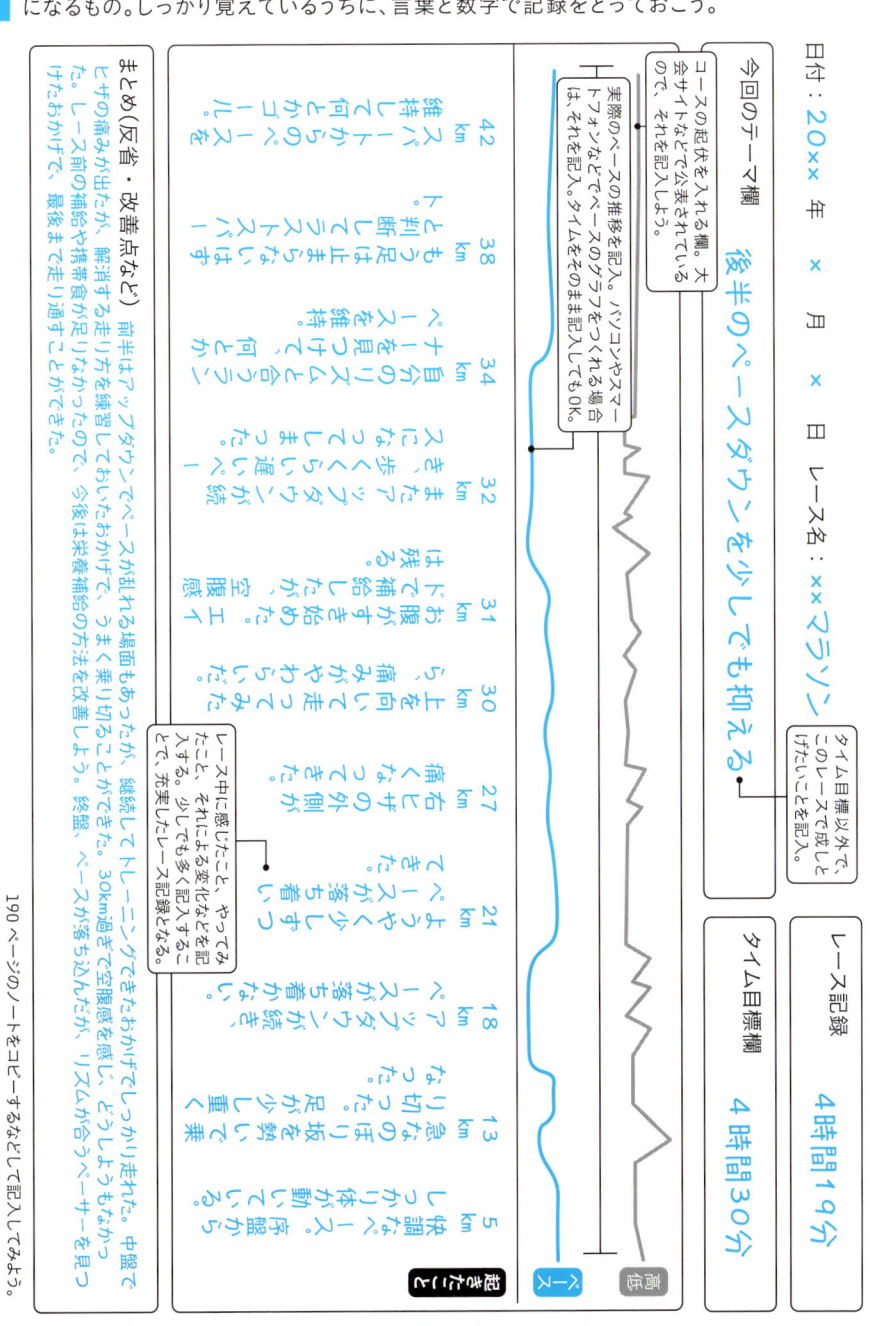

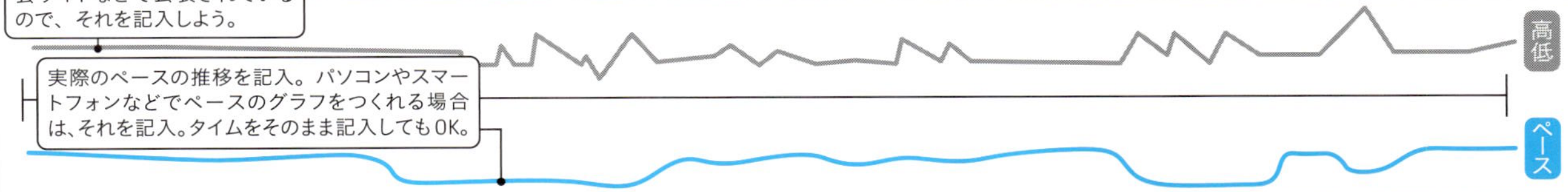

起きたこと

5km　快調なペース。序盤からしっかり体が動いている。

13km　急なのぼり坂を勢いで乗り切った。足が少し重くなった。

18km　アップダウンが続き、ペースが落ち着かない。

21km　ようやく少しずつペースが落ち着いてきた。

27km　右ヒザの外側が痛くなってきた。

30km　上を向いて走ってみたら、痛みがやわらいだ。

31km　お腹がすき始めた。エイドで補給したが、空腹感は残る。

32km　またアップダウンが続き、歩くくらい遅いペースになってしまった。

34km　自分のリズムと合うランナーを見つけて、何とかペースを維持。

38km　もう足は止まらないはずと判断してラストスパート。

42km　スパートからのペースを維持して何とかゴール。

レース中に感じたこと、やってみたこと、それによる変化などを記入する。少しでも多く記入することで、充実したレース記録となる。

まとめ（反省・改善点など）　前半はアップダウンでペースが乱れる場面もあったが、継続してトレーニングできたおかげでしっかり走れた。中盤でヒザの痛みが出たが、解消する走り方を練習しておいたおかげで、うまく乗り切ることができた。30km過ぎで空腹感を感じ、どうしようもなかった。レース前の補給や携帯食が足りなかったので、今後は栄養補給の方法を改善しよう。終盤、ペースが落ち込んだが、リズムが合うペーサーを見つけたおかげで、最後まで走り通すことができた。

190ページのノートをコピーするなどして記入してみよう。

マラソン振り返りノート

日付：　　　年　　　月　　　日　　　レース名：

レース記録

今回のテーマ欄

タイム目標欄

高低

ペース

起きたこと

まとめ（反省・改善点）

主な参考文献

覚張秀樹、矢野雅知著『競技力向上と障害予防に役立つスポーツPNFトレーニング』大修館書店

金子公宥著『絵で見る講義ノート スポーツ・バイオメカニクス入門』杏林書院

網本和編『標準理学療法学専門分野 物理療法学』医学書院

石井喜八著『科学の眼でみたスポーツ動作の隠し味』ベースボール・マガジン社

山地啓司、山西哲郎、沢木啓祐編著『マラソントレーニング』ベースボール・マガジン社

島津晃編『キネシオロジーよりみた運動器の外傷』金原出版

中村隆一、斎藤宏、長崎浩著『基礎運動学』医歯薬出版

飯塚誠市ほか著『食と運動の生理学』弘学出版

Kahle ほか著・越智淳三訳『解剖学アトラス』文光堂

J.Castaing ほか著・井原秀俊ほか訳『図解 関節・運動器の機能解剖 下巻（下肢編）』協同医書出版社

伏木亨ほか著『スポーツと栄養と食品』朝倉書店

石川三知著『トップアスリートになるための食事と栄養学 - ベストな体を作り勝利を目指す実践スポーツ栄養学！』日本文芸社

■著者紹介

鈴木 清和
（すずき きよかず）

スポーツマイスターズコア代表。駒澤大学陸上競技部出身。ACAF認定アスレチックトレーナー。現役時代にランニング障害に悩まされ、スポーツトレーナーや治療院、スポーツ医科学センターなどを経て、痛みの原因と理想の走りを究明。現在はランニング障害専門のランニングクリニック・SMC（スポーツマイスターズコア）を運営しながら、テレビや雑誌などのメディア出演、イベント運営なども精力的に行っている。主な著書に、『痛くならない! 速く走れる! ランニング3軸理論』（池田書店）、『やってはいけないランニング』（青春出版社）、『トップアスリートのランニングフォームで自己記録がぐんぐん伸びる本』（スタジオタッククリエイティブ）、『駒大式 長く速く走る技術』（大和書房）、『初フル挑戦! サブスリー挑戦! マラソンは「骨格」で走りなさい』（SBクリエイティブ）、『「筋肉」よりも「骨」で走れば速くなる! 骨格ランニング』（講談社）など多数。

■モデル紹介

スイング走法モデル
古賀 聖治（こが せいじ）
駒澤大学陸上競技部出身。1998年、3年時に箱根駅伝出場。10区で区間5位を記録した。

ピストン走法モデル
西田 隆維（にしだ りゅうい）
駒澤大学陸上競技部出身。1997年から、4年連続で箱根駅伝に出場。4年時は9区で区間新記録を達成。

■STAFF

撮影	前川 健彦
イラスト	中村 知史／庄司 猛
本文デザイン	小口 翔平＋三森 健太（tobufune）
DTP	荒井 雅美（トモエキコウ）
執筆協力	水城 昭彦
編集協力	パケット

確実に速くなる ランニングの科学

●協定により検印省略

著　者	鈴木 清和
発行者	池田 士文
印刷所	凸版印刷株式会社
製本所	凸版印刷株式会社
発行所	株式会社池田書店

〒162-0851　東京都新宿区弁天町43番地
電話 03-3267-6821（代）／振替00120-9-60072
落丁・乱丁はおとりかえいたします。

ISBN 978-4-262-16632-2

1702710